高等职业教育汽车类专业活页式新形态创新教材

智能网联汽车概论

主　编　张　鹏（湖北交通职业技术学院）

副主编　田兴政（湖北交通职业技术学院）
　　　　王继玲（淄博职业学院）

参　编　王高鹏（湖北交通职业技术学院）
　　　　邬玉琴（湖北交通职业技术学院）
　　　　张　蕾（东风汽车集团股份有限公司猛士汽车科技公司）

机械工业出版社
CHINA MACHINE PRESS

本书共分8章，内容主要包括智能网联汽车概述、智能网联汽车产业架构及关键技术、智能网联汽车环境感知技术、智能网联汽车高精度地图与导航定位技术、智能网联汽车智能决策技术、智能网联汽车控制执行技术、智能网联汽车信息技术、智能网联汽车先进驾驶辅助等。每章末尾配有课后习题，便于学生复习、巩固主要的学习内容，增强学习效果，培养学生独立解决问题的能力和创新能力，拓宽学生的视野。

本书全彩色印刷；配套99个制作精良的微课和视频数字资源，扫描书中二维码即可免费观看学习；活页式，方便教与学。

本书可作为职业院校智能网联汽车技术专业教材，还可作为相关培训机构的参考书。

图书在版编目（CIP）数据

智能网联汽车概论 / 张鹏主编. — 北京：机械工业出版社，2024.6（2025.8重印）
高等职业教育汽车类专业活页式新形态创新教材
ISBN 978-7-111-75733-7

Ⅰ.①智⋯　Ⅱ.①张⋯　Ⅲ.①汽车–智能通信网–高等职业教育–教材
Ⅳ.①U463.67

中国国家版本馆CIP数据核字（2024）第089185号

机械工业出版社（北京市百万庄大街22号　邮政编码100037）
策划编辑：母云红　　　　　责任编辑：母云红
责任校对：孙明慧　牟丽英　　封面设计：张　静
责任印制：单爱军
中煤（北京）印务有限公司印刷
2025年8月第1版第2次印刷
184mm×260mm・12.75印张・296千字
标准书号：ISBN 978-7-111-75733-7
定价：59.90元

电话服务　　　　　　　　　网络服务
客服电话：010-88361066　　机　工　官　网：www.cmpbook.com
　　　　　010-88379833　　机　工　官　博：weibo.com/cmp1952
　　　　　010-68326294　　金　书　网：www.golden-book.com
封底无防伪标均为盗版　　　机工教育服务网：www.cmpedu.com

前　言

从国家战略来看，当前我国已将智能网联汽车与节能汽车、新能源汽车并列作为我国汽车产业发展的重要战略方向。大力发展智能网联是深化供给侧结构性改革，推动新旧动能持续转换，建设制造强国、网络强国、交通强国的重要支撑，是培育经济发展新动能的重要引擎。

智能网联汽车与传统汽车的教学内容差异巨大，且目前职业院校和本科院校汽车相关专业缺乏智能网联汽车教材。本书的编写尝试打破传统汽车的学科知识体系，完全按照智能网联汽车与传统汽车的差异来构建知识体系，反映智能网联汽车的最新技术。本书由车联网的概念讲起，由浅入深、循序渐进地详细介绍了车联网的发展与技术，探讨了车联网的关键技术问题。

本书共分 8 章，内容主要包括智能网联汽车概述、智能网联汽车产业架构及关键技术、智能网联汽车环境感知技术、智能网联汽车高精度地图与导航定位技术、智能网联汽车智能决策技术、智能网联汽车控制执行技术、智能网联汽车信息技术、智能网联汽车先进驾驶辅助等。通过学习本书，学生能熟悉智能网联汽车的基本知识，掌握从事智能网联汽车制造和售后服务的基本技能。

本书既强调基础，又力求体现新知识、新技术，在编写上采用新的形式，语言文字表述通俗易懂；采用大量彩色图片，图文并茂，直观明了；配套 99 个制作精良的微课和视频数字资源，扫描二维码即可免费观看学习，全书数字资源总码见下。本书活页式，方便教与学。

由于编者水平有限，书中难免存在错误和不妥之处，恳切希望广大读者批评指正。

编　者

数字资源总码

二维码目录

页码	二维码名称	页码	二维码名称
III	数字资源总码	82	组合导航系统标定（2个视频）
1	汽车的产生与发展（微课）	82	组合导航系统故障检测
1	汽车的产生（2个视频）	85	智能决策技术的认知（2个视频）
4	智能网联汽车的概念与专业术语（微课）	86	智能决策技术及其组成（微课）
4	汽车的发展及现状（4个视频）	88	决策技术的结构体系（微课）
5	智能网联汽车的定义及其功能（微课）	89	智能决策技术未来的发展趋势（微课）
8	智能网联汽车的技术分级及其发展趋势（微课）	93	智能网联汽车计算平台的硬件需求（微课）
13	智能网联汽车认知（3个视频）	93	智能网联汽车计算平台的应用（2个视频）
19	智能网联汽车的产业发展（微课）	94	现有计算平台的解决方案（微课）
19	智能网联汽车的产业状态（微课）	100	控制执行技术的定义及组成（微课）
19	智能网联汽车的体系架构（微课）	103	控制执行技术的常用控制方法（微课）
19	智能网联汽车的体系架构（3个视频）	106	控制执行技术的未来发展趋势（微课）
25	智能网联汽车关键性技术（微课）	112	汽车底盘概述（微课）
25	智能网联汽车关键性技术（3个视频）	115	线控底盘系统的组成及工作原理（微课）
32	智能网联汽车关键技术发展趋势（微课）	116	线控驱动系统的原理与应用（微课）
36	智能网联汽车环境感知和系统组成（微课）	118	线控转向系统的原理与应用（微课）
36	智能网联汽车环境感知技术的认知	121	线控制动系统的原理与应用（微课）
38	环境感知传感器认知（3个视频）	127	人机交互技术的发展背景（微课）
39	雷达传感器（微课）	129	语音交互技术与车载语音技术（微课）
40	智能网联汽车雷达的应用（3个视频）	131	人机交互技术在智能网联汽车的应用（微课）
40	激光雷达认知与安装（3个视频）	132	智能网联汽车中的信息交互技术（微课）
41	激光雷达故障检测	135	V2X技术的基础概念与应用场景（微课）
45	毫米波雷达认知与安装（2个视频）	139	车载OTA系统原理与应用（微课）
47	毫米波雷达故障检测	142	智能网联汽车大数据特征及数据云平台的应用（微课）
48	超声波传感器认知与安装（3个视频）	151	智能网联汽车ADAS系统（微课）
48	超声波传感器标定（2个视频）	151	自动紧急制动系统（微课）
50	环境感知技术对比及其发展趋势（微课）	151	ADAS系统认知（3个视频）
50	视觉传感器（微课）	152	前方碰撞预警系统（微课）
50	视觉传感器的应用	154	车道偏离预警系统（微课）
61	高精度地图的基本概念（微课）	157	自适应巡航系统（微课）
61	高精度地图及应用（2个视频）	160	车道保持辅助系统（微课）
64	高精度地图的信息采集与应用（微课）	162	车辆盲区监测系统（微课）
67	高精度定位的原理及其应用（微课）	166	驾驶员疲劳预警系统（微课）
67	高精度定位及应用（2个视频）	174	自动泊车辅助系统（微课）
72	卫星导航的工作原理（微课）	182	抬头显示系统（微课）
79	惯性导航的工作原理（微课）		
82	组合导航系统认知与安装（2个视频）		

活页式教材使用注意事项

 根据需要，从教材中选择需要夹入活页夹的页面。

 小心地沿页面根部的虚线将页面撕下。为了保证沿虚线撕开，可以先沿虚线折叠一下。注意：一次不要同时撕太多页。

 选购孔距为80mm的双孔活页文件夹，文件夹要求选择竖版，不小于B5幅面即可。将撕下的活页式教材装订到活页夹中。

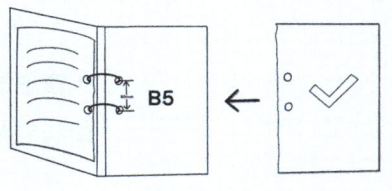

 也可将课堂笔记和随堂测验等学习资料，经过标准的孔距为80mm的双孔打孔器打孔后，和教材装订在同一个文件夹中，以方便学习。

温馨提示：在第一次取出教材正文页面之前，可以先尝试撕下本页，作为练习

目 录

前 言

二维码目录

第1章 智能网联汽车概述 ...001

1.1 汽车的产生 ...001
1.1.1 汽车的诞生 ...001
1.1.2 智能网联汽车的诞生 ...003

1.2 智能网联汽车 ...004
1.2.1 智能网联汽车的发展 ...004
1.2.2 智能网联汽车的定义及相关术语 ...005
1.2.3 智能网联汽车的功能及其技术分级 ...008
1.2.4 智能网联汽车的发展趋势 ...013
1.2.5 智能网联汽车的系统构成 ...015

本章总结 ...016

课后习题 ...016

第2章 智能网联汽车产业架构及关键技术 ...019

2.1 智能网联汽车的产业架构 ...019
2.1.1 智能网联汽车的产业发展 ...019
2.1.2 智能网联汽车的体系架构 ...020

2.2 智能网联汽车关键性技术 ...025
2.2.1 智能网联汽车的未来发展趋势 ...025
2.2.2 智能网联汽车关键性技术 ...026
2.2.3 智能网联汽车关键技术发展趋势 ...032

本章总结 ...034

课后习题 ...035

目 录

第 3 章 智能网联汽车环境感知技术 ...036

3.1 环境感知技术 ...036
- 3.1.1 智能网联汽车环境感知和系统组成 ...036
- 3.1.2 雷达传感器 ...039

3.2 环境感知传感器对比 ...050
- 3.2.1 视觉传感器 ...050
- 3.2.2 智能网联汽车环境感知技术对比及其发展趋势 ...056

本章小结 ...058
课后习题 ...058

第 4 章 智能网联汽车高精度地图与导航定位技术 ...061

4.1 高精度地图 ...061
- 4.1.1 高精度地图的基本概念 ...061
- 4.1.2 高精度地图的信息采集与应用 ...064

4.2 高精度定位 ...067
- 4.2.1 高精度定位的原理及其应用 ...067
- 4.2.2 卫星导航的工作原理 ...072
- 4.2.3 惯性导航的工作原理 ...079

本章小结 ...083
课后习题 ...083

第 5 章 智能网联汽车智能决策技术 ...085

5.1 智能决策技术 ...085
- 5.1.1 智能决策技术的基础概念 ...085
- 5.1.2 智能决策技术及其组成与体系 ...086
- 5.1.3 先进决策理论及其发展趋势 ...089

5.2 计算平台硬件及其解决方案 ...093
- 5.2.1 智能网联汽车计算平台的硬件需求 ...093
- 5.2.2 现有计算平台的解决方案 ...094

| 本章小结 | ... 097 |
| 课后习题 | ... 098 |

智能网联汽车控制执行技术 ... 100

6.1 控制执行技术 ... 100
6.1.1 控制执行技术的定义及其组成 ... 100
6.1.2 控制执行技术的常用控制方法 ... 103
6.1.3 控制执行技术的未来发展趋势 ... 106

6.2 线控底盘 ... 112
6.2.1 汽车底盘概述 ... 112
6.2.2 线控底盘系统的组成及工作原理 ... 115
6.2.3 线控驱动系统的原理与应用 ... 116
6.2.4 线控转向系统的原理与应用 ... 118
6.2.5 线控制动系统的原理与应用 ... 121
6.2.6 车身控制模块 ... 124

本章小结 ... 125
课后习题 ... 126

智能网联汽车信息技术 ... 127

7.1 智能网联汽车人机交互技术的发展及其应用 ... 127
7.1.1 人机交互技术的发展背景 ... 127
7.1.2 语音交互技术的基本工作原理 ... 129
7.1.3 人机交互技术在智能网联汽车的应用 ... 131

7.2 智能网联汽车信息交互技术的发展及其应用 ... 132
7.2.1 信息交互技术的基本概念及其系统组成 ... 132
7.2.2 V2X 技术的基础概念与应用场景 ... 135
7.2.3 车载 OTA 系统原理与应用 ... 139
7.2.4 智能网联汽车大数据特征及数据云平台的应用 ... 142
7.2.5 人机交互技术的应用 ... 144

本章小结 ... 149
课后习题 ... 149

目 录

第 8 章 智能网联汽车先进驾驶辅助 ... 151

8.1 前方碰撞预警系统原理与应用 ... 151
- 8.1.1 前方碰撞预警系统的定义及发展历程 ... 151
- 8.1.2 前方碰撞预警系统的组成 ... 152
- 8.1.3 前方碰撞预警系统的原理及分类 ... 153
- 8.1.4 前方碰撞预警系统的实车应用 ... 154

8.2 车道偏离预警系统原理与应用 ... 154
- 8.2.1 车道偏离预警系统的定义 ... 154
- 8.2.2 车道偏离预警系统的组成 ... 155
- 8.2.3 车道偏离预警系统工作原理 ... 156
- 8.2.4 车道偏离预警系统的实车应用 ... 156

8.3 自适应巡航系统原理与应用 ... 157
- 8.3.1 自适应巡航系统的定义 ... 157
- 8.3.2 自适应巡航系统的组成 ... 157
- 8.3.3 自适应巡航系统工作原理 ... 158
- 8.3.4 自适应巡航系统的实车应用 ... 159

8.4 车道保持辅助系统原理与应用 ... 160
- 8.4.1 车道保持辅助系统的定义 ... 160
- 8.4.2 车道保持辅助系统的组成 ... 160
- 8.4.3 车道保持辅助系统的原理 ... 161
- 8.4.4 车道保持辅助系统的实车应用 ... 161

8.5 车辆盲区监测系统原理与应用 ... 162
- 8.5.1 车辆盲区监测系统的定义 ... 162
- 8.5.2 车辆盲区监测系统的组成 ... 163
- 8.5.3 车辆盲区监测系统的原理 ... 164
- 8.5.4 车辆盲区监测系统的实车应用 ... 164
- 8.5.5 车辆盲区监测系统的升级 ... 166

8.6 驾驶员疲劳预警系统原理与应用 ... 166
- 8.6.1 系统构成 ... 167
- 8.6.2 检测原理 ... 167

8.7 自适应前照灯系统原理与应用 ... 171
8.7.1 自适应前照灯系统的定义 ... 171
8.7.2 自适应前照灯系统的组成 ... 171
8.7.3 自适应前照灯系统的工作原理 ... 172
8.7.4 自适应前照灯系统的实车应用 ... 172

8.8 自动泊车辅助系统原理与应用 ... 174
8.8.1 自动泊车辅助系统的定义 ... 174
8.8.2 自动泊车辅助系统的组成 ... 174
8.8.3 自动泊车辅助系统的原理 ... 175
8.8.4 自动泊车辅助系统的实车应用 ... 176

8.9 交通标志识别系统原理与应用 ... 177
8.9.1 交通标志识别系统的定义及发展 ... 177
8.9.2 交通标志识别原理 ... 178
8.9.3 交通标志识别应用 ... 180

8.10 抬头显示系统（HUD）原理与应用 ... 182
8.10.1 抬头显示系统的组成 ... 183
8.10.2 抬头显示系统工作原理 ... 183
8.10.3 抬头显示系统的应用 ... 185

本章小结 ... 189

课后习题 ... 189

参考文献 ... 192

第 1 章
智能网联汽车概述

知识目标

- 了解智能网联汽车诞生的背景。
- 掌握智能网联汽车的发展历程。
- 掌握智能网联汽车的定义及相关术语。
- 掌握智能网联汽车的技术分级。
- 掌握智能网联汽车的发展趋势。

能力目标

- 能够分辨智能网联汽车与传统汽车的区别之处。
- 能够判断智能网联汽车的技术分级。

素养目标

- 树立安全意识。
- 形成汽车行业相关从业者的专业素养。
- 培养自主学习、查找资料、制订工作计划的能力。

1.1 汽车的产生

汽车的产生与发展（微课）

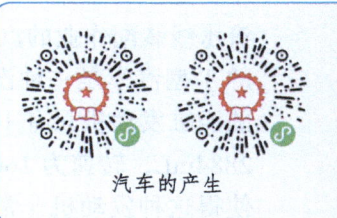

汽车的产生

1.1.1 汽车的诞生

早在 1801 年，法国化学家菲力普·勒本（Philips Lebon）就制造了一种与蒸汽机工作原理截然不同的、让燃料在发动机内部燃烧的发动机，人们后来称这类发动机为内燃机。其采用煤干馏得到的煤气和氢气作为燃料，将上述可燃气体与空气混合后点燃产生膨胀力来推动活塞运动，这项发明被誉为内燃机发展史上具有开拓性的一步。只可惜勒本英年早逝，使内燃机的实用化推迟了几十年。

法国技师艾提力·雷诺（Etience Lenor）在 1860 年研制了第一台二冲程实用化煤气机，

从此开始了内燃机商品化生产。这台内燃机首次安装了蓄电池供电的电火花点火系统。由于该发动机在大气压下工作，点火前不对可燃气进行压缩，因此功率和热效率都很低。

1866年，德国工程师奥托研制出具有划时代意义的立式活塞式四冲程奥托内燃机。翌年，此物荣获巴黎博览会金质奖章。1876年，奥托对四冲程内燃机又做了改进，试制出第一台实用的活塞式四冲程内燃机（图1-1），于1877年8月4日取得专利，并成批投入生产。不过，奥托的内燃机以煤气为燃料，体积较大，质量约1t，还不适用于汽车。

图1-1 活塞式四冲程内燃机

1879年，德国工程师卡尔·本茨首次试验成功一台二冲程试验性发动机，并于1885年制成了第一辆本茨专利机动车（后来作为汽车品牌时被称为"奔驰"）。该车为三轮汽车，采用一台二冲程单缸功率为0.66kW的汽油机，此车具备了现代汽车的一些基本特点，如火花点火、水冷循环、钢管车架、钢板弹簧悬架、后轮驱动、前轮转向和制动手把等。与此同时，德国人戴姆勒在迈巴赫的协助下，于1886年在巴特坎施塔特制成了世界上第一辆"无马之车"。由此，本茨和戴姆勒成为人们公认的以内燃机为动力的现代汽车的发明者，被尊称为"汽车之父"，1886年被称为汽车元年。汽车的诞生，逐渐形成以汽车为主要交通工具的公路交通系统，是近代和现代史上的重要事件之一。

19世纪末，法国的帕纳尔-勒瓦索公司将发动机装在车前部，通过离合器、变速装置和齿轮传动装置把驱动力传到后轮，这种方案后来被称为"帕纳尔系统"。现在人们常称这种方案为前置后驱，目前还有一些汽车制造商采用这种方案，其中大多数是生产大型商用车的厂家，如载货汽车。"帕纳尔系统"的地位是1901年由当时的戴姆勒发动机公司真正确立起来的，它被安装在威廉·迈巴赫设计的一辆汽车上，这种汽车成为全世界汽车制造的样板。

福特汽车公司于1908年10月1日推出的T型车，是世界上第一种以大量通用零部件进行大规模流水线装配作业的汽车，如图1-2所示。亨利·福特的T型汽车是一种没有先例的技术典型。构造简单的四缸发动机只有14.7kW（20马力），工作容积为2884mL，转速为1600r/min。工作负荷低，转速慢，使得这种发动机非常坚固耐用，它可以使用最低劣的汽油，甚至可以用煤油比例很大的混合油。直至1927年夏天T型车停售，它创造了历史，在生产的

图1-2 福特汽车

19年间共售出1500多万辆，畅销全世界，成了便宜和可靠交通的象征。T型车的许多创新永远地改变了汽车制造业。流水组装线是亨利·福特于1913年在福特海兰公园工厂首创的，这不仅仅为汽车制造业，乃至整个工业界都带来了伟大的变革。由T型车推广开来的创新还有许多，如转向盘左置使乘客出入方便。T型车第一个将发动机气缸体和曲轴箱做成单一铸件，第一个使用可拿掉的气缸盖以利于检修，第一个大量使用由福特汽车公司

自己生产的轻质耐用的钒钢合金。T型车灵巧的行星齿轮变速器让新手也觉得换档轻松自如。诸如此类的创新和改进，加之亨利·福特生产的T型车所固有的价值，使得它在世界进一步趋于城市化之际成为最佳的个人交通工具。尽管在这段时间里汽车技术有了迅速的发展，但这种汽车的技术仍没有变化，这从今天的角度看是不同寻常的。其原因大概首先在于，这种设计并不要求汽车很体面，而只把它当成一种"行驶的机器"。价格也起了很大的作用：福特T型汽车有一段时间只卖295美元，普通职业者也能买得起它。

继威廉·迈巴赫和亨利·福特之后，安德烈·雪铁龙于1934年在法国树起了汽车史上的第三个里程碑。1919年这位法国企业家第一个在欧洲实行汽车的流水线生产。不久，雪铁龙汽车公司就成了欧洲成功的大型厂家之一。20世纪20年代中期，汽车生产者讨论了把驱动作用从后轮移到前轮是否更好些的问题。1934年3月24日，一种新型的汽车结构出现了：一款名叫7A的前轮驱动汽车问世。前轮驱动、无底盘的车身结构、通过扭杆实现单轮减振以及液压制动等技术方案都曾有人采用过的，但从未有人把这些集中在一辆汽车上，并且是批量生产的。受雪铁龙委托的安德烈·勒费弗尔及其助手莫里斯·圣蒂拉创造的这种汽车，其设计方案在多年后的今天由于在安全性能方面优于其他驱动形式，成为家用汽车的主流构造。

1.1.2　智能网联汽车的诞生

智能化和网联化是未来汽车工业的发展趋势。目前，智能网联汽车的发展还处于初级阶段——辅助驾驶，这是半自动驾驶和全自动驾驶智能网联汽车逐渐成熟并得到广泛应用所必经的阶段。通过智能化和网联化的发展提高汽车的安全性，可以通过及时预警、合理的路径规划、主动控制来避免交通事故，降低能源消耗、减轻交通拥堵压力，满足消费者更多的安全、节能、舒适等功能需求。随着各项技术的进步、发展成熟以及消费者日益提升的需求，汽车的智能化和网联化势在必行。

智能网联汽车未来的发展趋势，从宏观角度看，它是一个非常重要的移动终端，既满足出行需求，又提供了各类可能的交互场景；从微观角度看，它是一个具备高度集成化的智能移动空间。

新一代智能汽车的发展方向出现了新的趋势，就是自主式的自动驾驶和网联汽车两者的结合，所形成的ICV（Intelligent Connected Vehicle）或CAV（Cooperated Automated Vehicle）的新形式，我们称之为智能网联汽车。这是一种新产品，研发模式、开发模式一定会发生改变，随之而来的应用场景，包括一些增值服务等也会改变，对所有企业都是机遇和挑战并存。

智能网联汽车已经在全球进入快速发展期，未来汽车智能化方向是不是百分之百的自动驾驶、是不是高度自动驾驶不重要，但是在现有汽车上，通过新一代移动互联技术，让它具有很好的基于连接方式的自动化，必定是一个发展趋势，在国际上仍然方兴未艾。当然，研究主体可能不仅仅是传统汽车企业，也不仅仅是互联网企业、信息通信技术（ICT）企业，可能两类企业融合的企业生态是很好的发展模式。

从汽车企业的角度看，辅助驾驶已经取得突破，正在聚焦有条件自动驾驶。但是真正意义上在各种工况、各种条件下的高度自动驾驶还有很长的路要走。高度自动驾驶特定的场景，比如代客泊车，在特定的区域、特定的场景，仍然是汽车量产化的竞争点。

智能网联汽车是一种新的产品形式、新的商业模式、新的生态,跟传统汽车发展模式不一样,可能会从出行服务的角度推进发展。国际上相关企业,不管是传统汽车企业还是ICT企业,都在做这方面的探索。未来基于新一代移动互联技术,包括大数据、云计算、人工智能(AI)等技术已经进入这个领域,对产品发展和开发模式产生了很大影响。需要再次强调的是,汽车产品的安全问题,包括各种功能安全问题、信息安全问题,也是发展的焦点。

2017年12月29日,工业和信息化部(简称工信部)网站发布了由工信部、国家标准委员会共同制定的《国家车联网产业标准体系建设指南》系列文件中对智能网联汽车标准体系框架做出了规定,其中基础类标准主要包括智能网联汽车术语和定义、分类和编码、标识和符号等类。

1)术语和定义标准用于统一智能网联汽车相关的基本概念,为各相关行业协调奠定基础,同时为其他各部分标准的制定提供支撑。

2)分类和编码标准用于帮助各方统一认识和理解智能网联标准化的对象、边界以及各部分的层级关系和内在联系。

3)标识和符号标准用于对智能网联汽车中各类产品、技术和功能对象进行标识与解析、为人机界面的统一和简化奠定基础。

1.2 智能网联汽车

1.2.1 智能网联汽车的发展

伴随着第三次工业革命和信息革命,汽车技术逐渐从机械化向电子化、电控化方向发展。近年来,随着电子技术、计算机技术和信息技术的应用,汽车电子技术、电子控制技术得到了迅猛的发展,大致经历了四个阶段:初级阶段、迅速发展阶段、电子技术逐渐向智能化发展阶段,以及电子技术向智能化、网联化、自动化发展阶段。

智能网联汽车的概念与专业术语(微课)

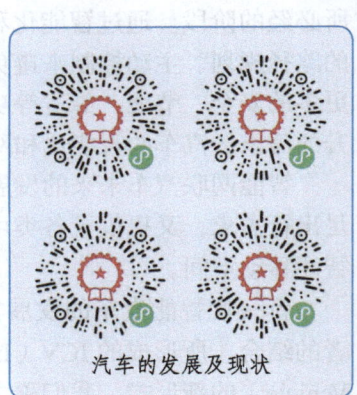

汽车的发展及现状

1. 汽车电子技术发展的初级阶段

20世纪50年代到60年代是汽车电子技术发展的初级阶段,该阶段主要是一些汽车厂家开始研发单一的电子零部件,用于改良汽车某些机械部件的性能。此外,采用简单的电子设备取代以前的机械部件。这阶段具有代表性的汽车电子器件主要有电子式间歇刮水控制器、电压调节器、晶体管无触点点火装置、电子闪光器等。

2. 汽车电子技术迅速发展阶段

20世纪70年代初到80年代中期是汽车电子技术迅速发展阶段,该阶段主要是开发汽车各系统专用的独立控制部分,将电子装置应用于某些机械装置无法解决的复杂控制功能方面,如发动机控制系统、防抱死制动系统(ABS)等。对于电动汽车,电子控制技术还有整车控制、电机控制和电池管理等主要满足用户对能源利用率和汽车性能的需求。

3. 电子技术逐渐向智能化发展阶段

20 世纪 80 年代中期到 90 年代中期是微型计算机在汽车上应用日趋成熟并向智能化发展阶段。该阶段主要是开发可完成各种功能的综合系统及各种汽车整体系统的微机控制,如发动机控制及自动变速器控制为一体的动力传动系统控制,以及防滑转控制系统等。

4. 电子技术向智能化、网联化、自动化发展阶段

20 世纪 90 年代中期至今是汽车电子技术向智能化、网联化、自动化发展的阶段。该阶段微机运算速度和存取位数大大提高,网络和通信技术迅速发展,车辆的智能控制和网络控制技术应运而生。这阶段具有代表性的系统主要有通信与导航协调系统、安全驾驶检测与警告系统、自动防追尾碰撞系统、自动驾驶系统和电子地图等。

1.2.2 智能网联汽车的定义及相关术语

1. 智能汽车

智能汽车的"智能"有以下两种模式:

1)自主式智能汽车(Autonomous Vehicle):依靠自车所搭载的各类传感器对车辆周围环境进行感知,依靠车载控制器进行决策和控制并交由底层执行,实现自动驾驶,如图 1-3 所示。

智能网联汽车的定义及其功能(微课)

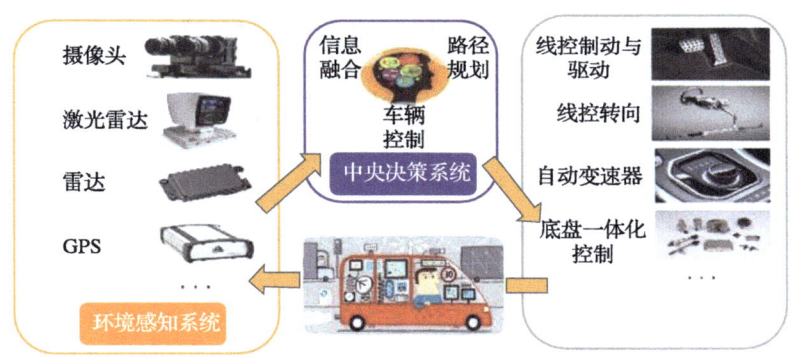

图 1-3 自主式智能汽车控制原理图

2)网联式智能汽车(Connected Vehicle):车辆通过 V2X(Vehicle to Everything)通信的方式获取外界的环境信息并帮助车辆进行决策与控制,如图 1-4 所示。

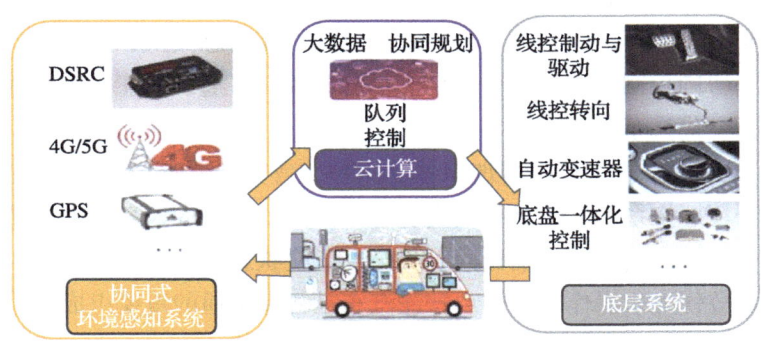

图 1-4 网联式智能汽车控制原理图

这两种智能模式都在各自往前发展，同时也在融合，其融合的结果就是智能网联汽车（Intelligent and Connected Vehicle）。并且当"智能"和"网联"一词一起出现时，"智能"一般做狭义理解，即"自主式智能"；当"智能"单独出现时，一般做广义理解，即涵盖了"自主式智能"和"网联式智能"，因此才有了智能汽车也就代表了智能网联汽车一说。

2. 车联网

以车内网、车际网和车云网为基础，按照约定的通信协议和数据交换标准实现V2X（即车与人、车、路、云等系统）之间进行无线通信和信息交换的大系统网络，是能够实现智能交通管理、智能动态信息服务和车辆智能化控制的一体化网络，如图1-5所示。

车联网包括了车内网、车际网和车云网三个网络层次，三网的融合才是一个完整的"车联网"的概念。

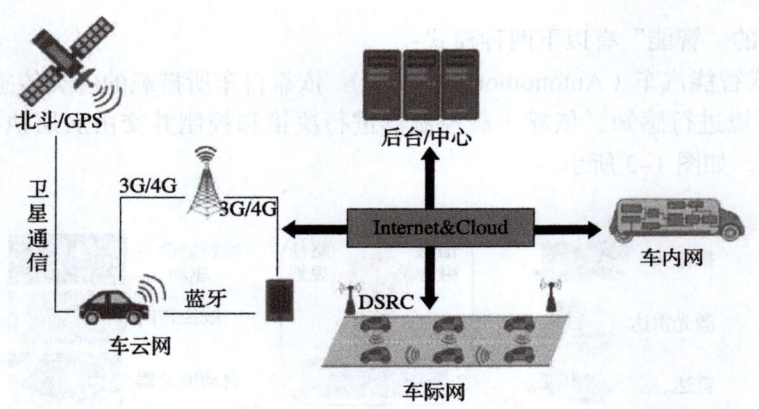

图1-5　车联网系统架构

3. 智能网联汽车

既然我们已经清楚智能网联汽车是由智能和网联两部分组成，那么我们就可以给智能网联汽车下一个明确的定义，并在此基础上了解无人驾驶汽车、车联网、智能交通的概念。

（1）智能网联汽车的定义

智能网联汽车是指搭载先进的车载传感器、控制器、执行器等装置，并融合现代通信与网络技术，实现车与车、路、人、云等系统之间智能信息交换、共享，具备复杂环境感知、智能决策、协同控制等功能，可实现安全、高效、舒适、节能行驶，并最终可实现替代人来操作的新一代汽车，如图1-6所示。

智能汽车是在一般的汽车上增加雷达、摄像头等先进传感器、控制器、执行器等装置，通过车载环境感知系统和信息终端实现与车、路、人等的信息交换，使车辆具备智能环境感知能力，能够自动分析车辆行驶的安全及危险状态，并使车辆按照人的意愿到达目的地，最终实现替代人来操作的目的。智能汽车是智能交通的重要组成部分，智能汽车的初级阶段是具有ADAS的汽车，终极目标是无人驾驶汽车。

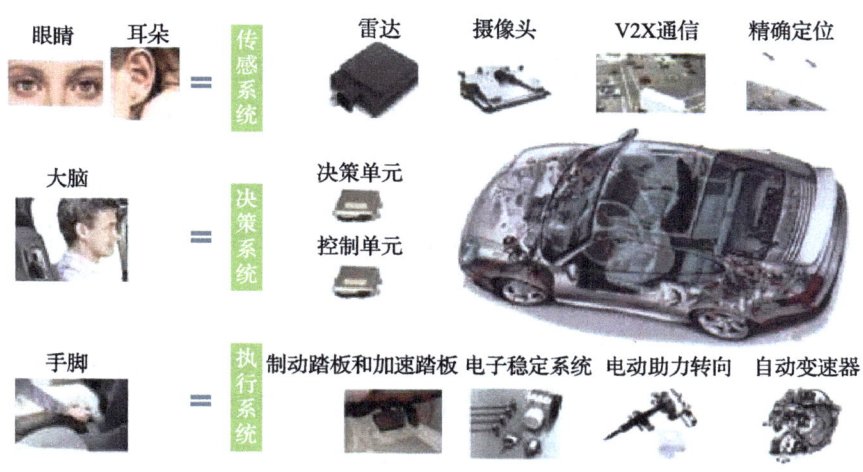

图 1-6 新一代汽车

（2）无人驾驶汽车

如图 1-7 所示，无人驾驶汽车是通过车载环境感知系统感知道路环境，自动规划和识别行车路线并控制车辆到达预定目标的智能汽车。它是利用环境感知系统来感知车辆周围环境，并根据感知所获得的道路状况、车辆位置和障碍物信息等，控制车辆的行驶方向和速度，从而使车辆能够安全、可靠地行驶。无人驾驶汽车是传感器、计算机、人工智能、无线通信、导航定位、模式识别、机器视觉、智能控制等多种先进技术融合的综合体。无人驾驶汽车是汽车智能化、网联化的终极发展目标。

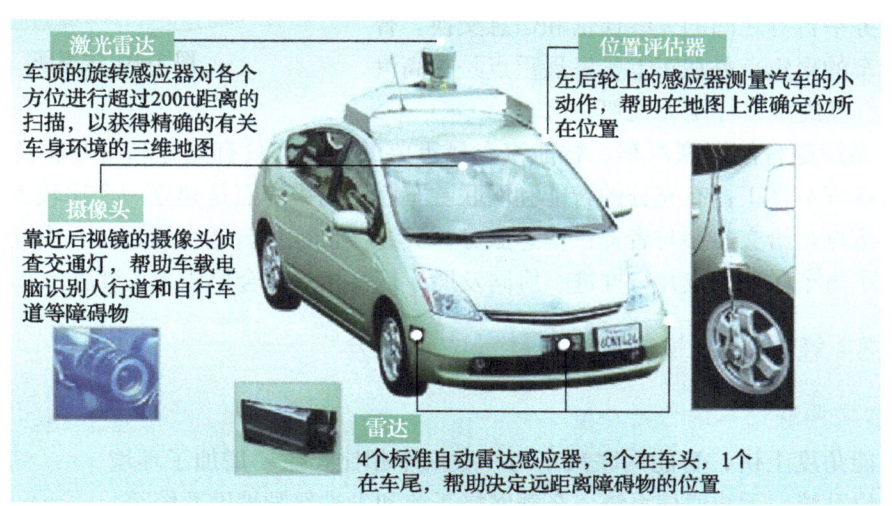

图 1-7 无人驾驶汽车的环境感知系统

（3）车联网（IOV）

IOV 是 Internet of Vehicles 的缩写，是以车内网、车际网和车载移动互联网为基础，按照约定的体系架构及其通信协议和数据交互标准，实现 V2X 无线通信和信息交换，以实现智能化交通管理、智能动态信息服务和车辆智能化控制的一体化网络，是物联网技术在智能交通无处不在的系统领域的延伸。

车联网是指通过应用成熟的总线技术建立一个标准化的整车网络；车际网是指基于特定的无线局域网络的动态网络；车载移动互联网通过4G/5G等通信技术与互联网进行无线连接，三网融合是车联网的发展趋势。

IOV是智能汽车与互联网技术发展的融合产物，是智能交通系统的重要组成部分，目前主要停留在导航系统、电话系统、娱乐系统、自检测系统等基础阶段，在信息安全和节能减排等方面还有待开发。

（4）智能交通系统（ITS）

ITS是Intelligent Transportation System的缩写，是未来交通系统的发展方向，它是将先进的信息技术、计算机处理器技术、数据通信技术、传感器技术、电子控制技术、运筹学、人工智能等有效地集成运用于整个地面交通管理系统，而建立的一种在大范围内、全方位发挥作用的，实时、准确、高效的综合交通运输管理系统。ITS是随着车联网技术、智能汽车的发展而不断发展的，车联网的终极目标是智能交通。

（5）智能网联汽车相关术语的关系

从上文中可以发现智能网联汽车、智能汽车、IOV、ITS有着密切相关性，它们之间的关系如图1-8所示。

智能网联汽车是ITS中的智能汽车与IOV交集的产品。智能网联汽车是IOV的重要组成部分，也是ITS的核心组成部分。智能网联汽车是IOV体系的一个结点，通过车载信息终端实现与道路、行人、业务平台等之间的无线通信和信息交换。智能网联汽车的聚焦点是在车上，发展重点是提高汽车安全性，其终极目标是无人驾驶汽车。

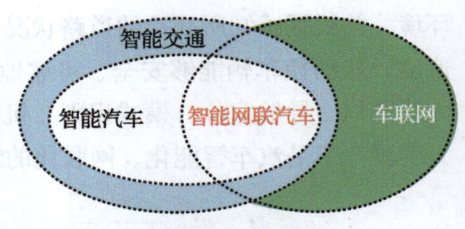

图1-8 关系图

IOV系统是智能网联汽车、智能汽车最重要的载体，只有充分利用互联技术才能保障智能网联汽车真正拥有充分的智能和网联。车联网的聚焦点是建立一个比较大的交通体系，发展重点是给交通参与者提供信息服务，其终极目标是智能交通系统。由此可见，智能网联汽车与车联网应该并行推进、协同发展，最终相互结合形成无人驾驶汽车。

1.2.3 智能网联汽车的功能及其技术分级

1. 智能网联汽车的主要功能

从功能角度上讲，智能网联汽车与一般汽车相比，主要增加了环境感知与定位系统、无线通信系统、车载网络系统和先进驾驶辅助系统等。

（1）环境感知与定位系统

如图1-9所示，环境感知与定位系统主要功能是通过各种传感技术和定位技术感知车辆本身状况和车辆周围状况，为车辆决策模块提供数据。传感器主要包括车轮转速传感器、加速度传感器、微机械陀螺仪、转向盘转角传感器、超声波传感器、激光雷达、毫米波雷达、视觉传感器等。通过这些传感器，系统可以感知

智能网联汽车的技术分级及其发展趋势（微课）

车辆行驶速度、行驶方向、运动姿态、道路交通情况等。定位技术目前主要使用 GPS，中国北斗卫星导航系统发展也很快，是我国大力推广的位置定位系统。

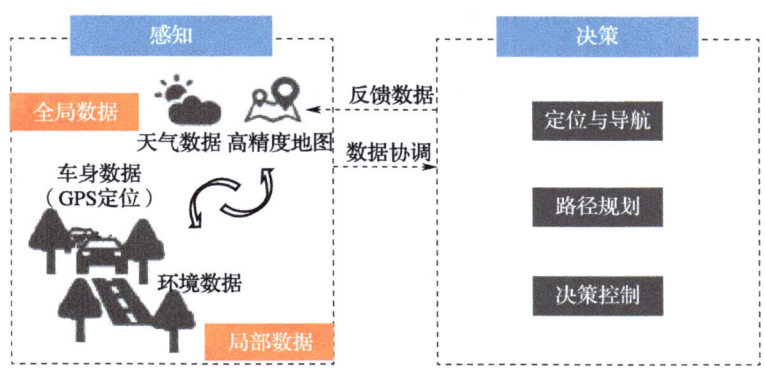

图 1-9　环境感知与定位系统与决策层的交互

（2）无线通信系统

无线通信系统主要功能是各种数据和信息的传输，分为短距离无线通信和远距离无线通信，如图 1-10 所示。短距离无线通信技术为车辆安全系统提供实时响应的保障并为基于位置信息服务提供有力支持。用于智能网络汽车上的短距离无线通信技术没有统一标准，处于起步阶段，但短距离无线通信技术在其他领域应用比较广泛，如蓝牙技术、ZigBee 技术、WiFi 技术、UWB 技术、60GHz 技术、IrDA 技术、DFID 技术、NFC 技术、专用短程通信技术等。远距离无线通信技术用于提供即时的互联网接入，主要有移动通信技术、微波通信技术、卫星通信技术等，在智能网联汽车上的应用主要是 4G/5G 技术。智能网联汽车无线通信技术标准有望实现全球统一。

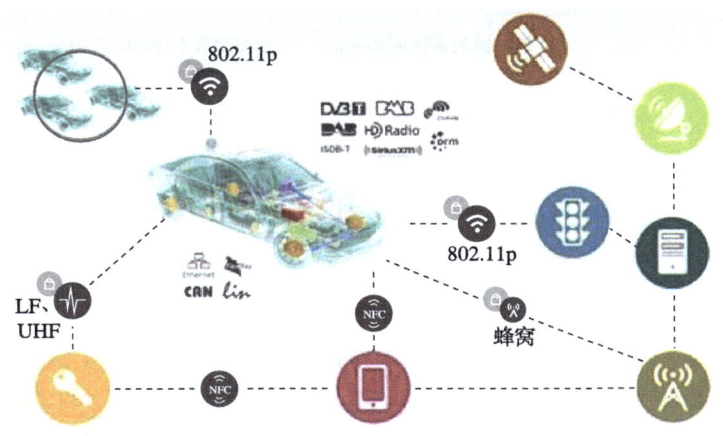

图 1-10　无线通信系统

（3）车载网络系统

车载自组织网络依靠短距离无线通信技术实现 V2X 之间的通信，它是在一定通信范围内可以实现 V2V、V2I、V2P 之间相互交换各自的信息，并自动连接建立起一个移动的网络。典型应用包括车辆行驶安全预警、辅助驾驶、分布式交通信息发布以及基于通信的纵向车辆行驶控制等。

（4）先进驾驶辅助系统（ADAS）

先进驾驶辅助系统（Advanced Driver Assistance Systems，ADAS）（图1-11）主要功能是提前感知车辆及其周围情况，发现危险及时报警，保障车辆安全行驶，是防止交通事故的新一代前沿技术。ADAS是智能网络汽车的重要组成部分，是无人驾驶汽车的关键技术。

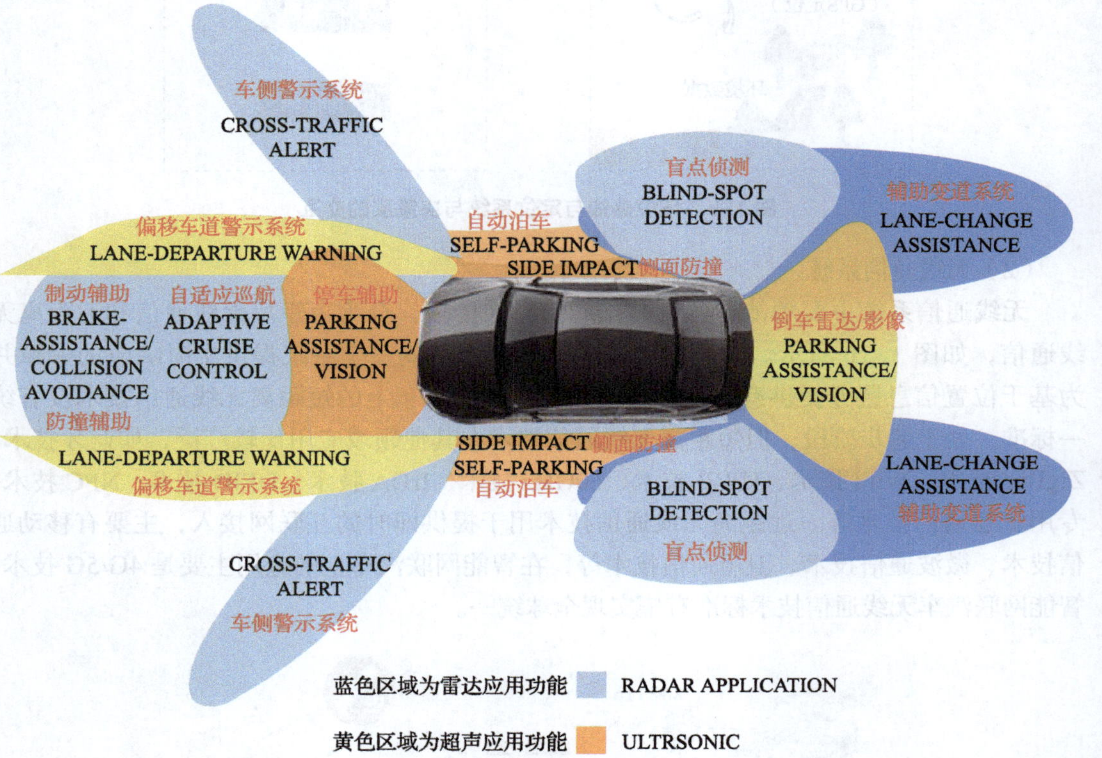

图1-11　ADAS的系统组成

2．智能网联汽车的分级

工信部制定的GB/T 40429—2021《汽车驾驶自动化分级》推荐性国家标准中提出，自动驾驶汽车将以5个要素为主要依据，被划分为0级（应急辅助）、1级（部分驾驶辅助）、2级（组合驾驶辅助）、3级（有条件自动驾驶）、4级（高度自动驾驶）、5级（完全自动驾驶）共6个不同的等级。与SAE分级标准相比，两者在整体分级思路和分级划分标准上大体一致，且都把汽车的自动化程度划分为6种不同的等级。对每一等级自动驾驶汽车的具体界定，两种标准也大体相同，仅在某些方面存在一些区别。

智能网联汽车发展的4个阶段如下。

ICV的发展可大致分为：自主式驾驶辅助（对应美国汽车工程师学会SAE分级L1~L2）、网联式驾驶辅助（对应SAE分级L1~L2）、人机共驾（对应SAE分级L3）、高度自动/无人驾驶（对应SAE分级L4~L5）4个阶段。

目前在全球范围内，自主式驾驶辅助系统已经开始大规模产业化，网联化技术的应用已经进入大规模测试和产业化前期准备阶段，人机共驾技术和无人驾驶技术还处于研发和小规模测试阶段。

（1）自主式驾驶辅助

自主式驾驶辅助系统以 ADAS 为基础，是指依靠车载传感系统进行环境感知并对驾驶员进行驾驶操作辅助的系统（广义上也包括网联式驾驶辅助系统），目前已经得到大规模产业化发展，主要可分为预警系统与控制系统两类。

其中，常见的预警类系统包括：前向碰撞预警（Forward Collision Warning，FCW）、车道偏离预警（Lane Departure Warning，LDW）、盲区预警（Blind Spot Detection，BSD）、驾驶员疲劳预警（Driver Fatigue Warning，DFW）、全景环视（Top View System，TVS）、胎压监测（Tire Pressure Monitoring System，TPMS）等。常见的控制类系统包括：车道保持系统（Lane Keeping System，LKS）、自动泊车辅助（Auto Parking System，APS）、自动紧急制动（Auto Emergency Braking，AEB）、自适应巡航（Adaptive Cruise Control，ACC）等。

美日欧等发达国家和地区已经开始将 ADAS 引入其相应的新车评价体系。美国新车评价规程（United States New Car Assessment Program，USNCAP）从 2011 年起引入 LDW 与 FCW 作为测试加分项，美国公路安全保险协会（IIHS）从 2013 年起将 FCW 系统作为评价指标之一；而欧洲新车评价规程（European New Car Assessment Program，E-NCAP）也从 2014 年起引入了 LDW/LKA 与 AEB 系统的评价，2016 年增加了行人防撞 AEB 的测试，并将在 2018 年加入自动防撞 AEB 系统的测试。2014 年起，汽车驾驶辅助技术已经成为获取 E-NCAP 四星和五星的必要条件。中国的 C-NCAP 也已将 LDW/FCW/AEB 等驾驶辅助系统纳入其评价体系之中。

在引入新车评价体系之外，各国也纷纷开始制定强制法规推动 ADAS 的安装。从 2015 年 11 月开始，欧洲新生产的重型商用车将强制安装车道偏离警告系统（LDW）及车辆自动紧急制动系统（AEB）。2016 年 5 月起，美国各车企被强制要求对其生产的 10% 的车辆安装后视摄像头，这一比例在随后两年中快速提升至 40% 以上。而从 2017 年开始，我国也逐步在大型客车上开始强制安装 LDW 与 AEB 系统。

从产业发展角度，目前 ADAS 核心技术与产品多数掌握在外国公司手中，尤其是在基础的车载传感器与执行器领域，博世、德尔福、天合、法雷奥等企业垄断了大部分市场，Mobileye 等新兴的高技术公司在环境感知系统方面占据了全球大部分市场。TTE 等一些我国台湾省企业占有一定市场份额；近年来，我国内地也涌现了一批 ADAS 领域的自主企业，在某些方面也形成了一定竞争力，但总体仍有差距。

（2）网联式驾驶辅助

网联式驾驶辅助系统是指依靠 ICT 对车辆周边环境进行感知，并可对周围车辆未来运动进行预测，进而对驾驶员进行驾驶操作辅助的系统。通过现代通信与网络技术，汽车、道路、行人等交通参与者都已经不再是孤岛，而是成了智能交通系统中的信息节点。

在美国、欧洲、日本等汽车发达国家和地区，基于车—路通信（Vehicle-to-

Infrastructure,V2I)/车—车通信(Vehicle-to-Vehicle,V2V)的网联式驾驶辅助系统正在进行实用性技术开发和大规模试验场测试。典型的是美国在密歇根州安娜堡开展的示范测试,在美国交通部与密歇根大学等机构的支持下,Safety Pilot 项目于 2013 年完成了第一期 3000 辆车的示范测试,随后又开展第二期 9000 辆以上规模的示范测试,并建设了智能汽车模拟城市(M-City),作为智能网联汽车的专用测试场。通过此示范测试,得到了车联网技术能够减少 80% 交通事故的结论,直接推动了美国政府宣布将强制安装车—车通信系统以提高行驶安全,相关强制标准于 2020 年左右开始实施。美国交通部在 2015 年递交国会的报告中预测,到 2040 年美国 90% 的轻型车辆将会安装专用短距离通信(Dedicated Short Range Communication,DSRC)系统。

除美国外,欧洲以及日本也开展了大量对车联网技术的研究与应用示范。欧盟 eCoMove 项目展示了车联网技术对于降低排放和提高通行效率的作用,综合节油效果可达到 20%;sim 项目自 2014 年起开展荷兰—德国—奥地利之间的跨国高速公路测试,验证基于车联网的智能安全系统。日本 Smartway 系统 2007 年开始使用,可提供导航、不停车收费(Electronic Toll Collection,ETC)、信息服务、驾驶辅助等多种功能,基于车路协同的驾驶安全支援系统(Driving Safety Support Systems,DSSS)2011 年开始使用,可以提供盲区碰撞预警、信号灯预警、停止线预警等多种功能。

我国的清华大学、同济大学、长安汽车等高校与企业合作,在国家 863 计划项目的支持下开展了车路协同技术应用研究,并进行了小规模示范测试,各汽车企业也在开展初步研究。2015 年开始,在工业和信息化部支持下,上海、北京、重庆等多地都开始积极建设智能网联汽车测试示范区,网联式驾驶辅助系统均为测试区设计时考虑的重要因素。

我国的华为、大唐等企业力推的车间通信长期演进技术(Long Term Evolution-Vehicle,LTE-V)系统相比 DSRC,具有兼容蜂窝网、可平稳过渡至 5G 系统等优势,目前已发展成为我国特色的车联网通信系统,并在国际市场与 DSRC 形成了竞争之势。但我国目前也存在缺少类似美日欧的大型国家项目支撑、各企业间未能形成合力等问题,导致网联式驾驶辅助系统发展相对较慢。

(3)人机共驾

人机共驾指驾驶员和智能系统同时在环,分享车辆控制权,人机一体化协同完成驾驶任务。与一般的驾驶辅助系统相比,共驾型智能汽车由于人机同为控制实体,双方受控对象交联耦合,状态转移相互制约,具有双环并行的控制结构,因此要求系统具备更高的智能化水平,如图 1-12 所示。系统不仅可以识别驾驶员的意图,实现行车决策的步调一致,而且能够增强驾驶员的操纵能力,减轻其操作负荷。

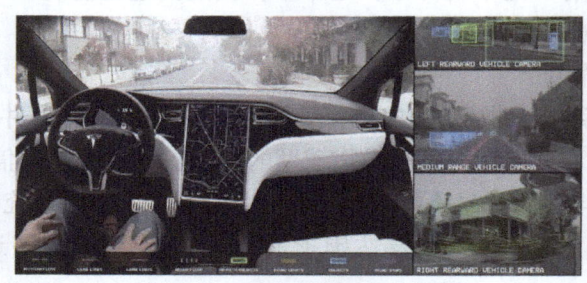

图 1-12 人机共驾

广义的人机共驾包含感知层、决策层和控制层三个层次。

感知层主要是利用特定传感器（如超声波传感器、摄像头、红外热释电等）向人提供环境信息，增强人的感知能力。例如，Mulder 等通过转向盘的力反馈协助驾驶员进行车道保持，既减轻了驾驶负担又提高了车辆安全性。

决策层主要技术包括驾驶员决策意图识别、驾驶决策辅助和轨迹引导。例如，Morris 和 Doshi 等人采用多层压缩方法，建立基于实际道路的驾驶员换道意图预测模型，结果表明，系统能够在实际换道行为发生前 3s 有效预测驾驶员换道意图；Thomas 等人考虑交通管制和物理避障等约束，结合车辆非线性动力学特性，根据模型预测控制方法提出预测轨迹引导模型，辅助驾驶员决策并利用人机交互进行轨迹引导。

人机共驾主要指控制层的控制互补，不同于传统驾驶过程，人机共驾中狭义的人和系统同时在环，驾驶员操控动力学与智能系统操控动力学互相交叉，交互耦合，具有双环交叉的特点。

（4）高度自动/无人驾驶

处于高度自动/无人驾驶阶段的智能汽车，驾驶员不需要介入车辆操作，车辆将会自动完成所有工况下的自动驾驶。其中高度自动驾驶阶段（对应 SAE 分级 L4），车辆在遇到无法处理的驾驶工况时，会提示驾驶员是否接管，如驾驶员不接管，车辆会采取如靠边停车等保守处理模式，保证安全。在无人驾驶阶段（对应 SAE 分级 L5），车辆中可能已没有驾驶员，无人驾驶系统需要处理所有驾驶工况，并保证安全。

目前，以谷歌、百度等为代表的互联网技术公司，其发展思路是跨越人机共驾阶段，直接推广高度自动/无人驾驶系统，而传统汽车企业大多数还是按照渐进式发展路线逐级发展。百度的人机共驾如图 1-13 所示。

图 1-13 百度人机共驾试车

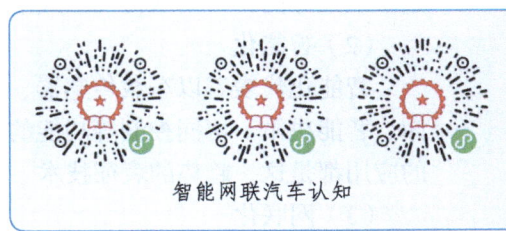

1.2.4 智能网联汽车的发展趋势

当前，以万物互联、大数据、云计算和人工智能等为代表技术的新一轮科技变革方兴未艾，正在引领全球制造业的全面转型升级，并引发产业格局和生态的重构。面对这样的变局，世界各工业强国都制定了相应的应对策略，加大科技创新力度，推动前沿技术发展,欲抢先建立智能制造体系,占得制造业未来发展的战略先机。其中,具有代表性的包括德国的"工业4.0"、美国的"工业互联网"和日本的"机器人革命"等。在这些发展战略中,汽车产业和技术都占据了至关重要的位置,各国纷纷选择汽车产业作为制造业整体升级的突破口,依托汽车产业的基础性、关联性和带动性,加快推进制造业转型。这一战略指向带动全球汽车技术进入了加速进步和融合发展的新时期,并呈现出电动化、智能化、网联化、共享化四大发展趋势,如图 1–14 所示。

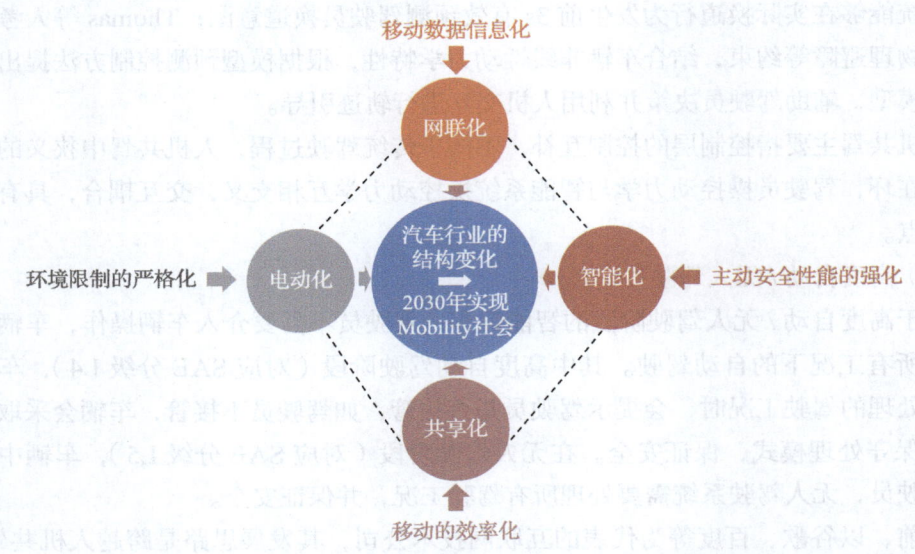

图 1–14　电动化、智能化、网联化、共享化关系

1. 汽车技术发展趋于"四化"

（1）电动化

电动化代表着汽车产业不断降低能源消耗和污染物排放的技术趋势。日新月异的电池技术、越发严格的排放法规即将颠覆汽车行业,电动汽车将成为未来的主流。各国电动化紧跟政策导向,市场取得飞跃式增长。

（2）智能化

智能化代表着以车载传感器、控制器、执行器等装置为基础,实现车辆对复杂环境感知、智能决策、协同控制等功能的技术趋势。各级别的自动驾驶技术、人工智能在汽车上的应用都是这一趋势的表征技术。

（3）网联化

网联化代表着以网络、通信及电子技术为基础,信息技术不断在汽车产品上得到更多应用的技术趋势。这一趋势实际上涵盖了信息技术在汽车产品和汽车产业链整体两方面的应用,包括车联网,以及基于网联的设计/制造/服务一体化等技术。

（4）共享化

共享化代表着汽车整个生产链条都要贯穿始终,从研发到制造,从销售到服务、使用,各个环节都应实现共享。汽车共享化的背后,带来的是出行服务的巨大变革。

2．四大趋势间的关系

汽车技术电动化、智能化、网联化、共享化的发展趋势是密切相关的。其中，网联化技术与智能化技术相互关联、相互影响，网联化是智能化的基础，没有充分的网联化作为支撑，智能化就不可能达到较高的水平。反之智能化技术的应用也对网联化起到了促进作用，使网联化技术可以得到更好的效果。网联化和智能化两者共同指向高度网联化、共享化和高度智能化技术在汽车产业和产品的有效集成，基于充分网联的智能汽车是其最终的核心目标。与此同时，网联化和智能化又对电动化具有极强的推进作用，高度网联的智能汽车产品将实现更大程度地节能减排，从而使汽车低碳化技术发挥更大的效用。汽车的"四化"中，电动化是基础，智能化是关键，网联化是条件，共享化是趋势。智能化主要体现在软件，万物互联的每个节点以及汽车的终端全部在互联网上，共享化是未来的生态，将出现汽车产业的重新"洗牌"。

1.2.5 智能网联汽车的系统构成

智能网联汽车是以汽车为主体，利用环境感知技术实现车辆有序安全行驶，通过无线通信网络等手段为用户提供多样化信息服务。智能网联汽车由环境感知层、智能决策层以及控制和执行层组成，如图1-15所示。

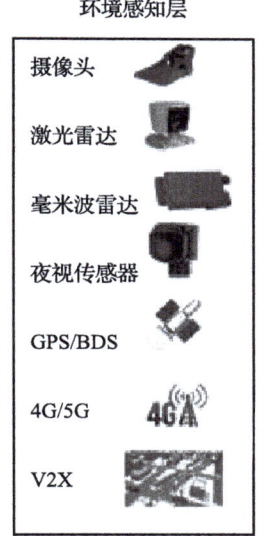

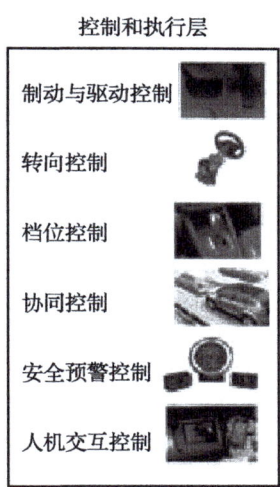

图1-15 智能网联汽车的系统构成

1．环境感知层

环境感知层的主要功能是通过车载环境感知技术、卫星定位技术、4G/5G及V2X无线通信技术等，实现对车辆自身属性和车辆外在属性（如道路、车辆和行人等）静、动态信息的提取和收集，并向智能决策层输送信息。它是车辆各类功能实现的前提。

2．智能决策层

智能决策层的主要功能是接收环境感知层的信息并进行融合，对道路、车辆、行人、交通标志和交通信号等进行识别、决策分析和判断车辆驾驶模式及将要执行的操作，并向控制和执行层输送指令。它是智能网联汽车各项功能得以实现的核心。

3．控制执行层

控制和执行层的主要功能是按照智能决策层的指令，对车辆进行操作和协同控制，并为联网汽车提供道路交通信息、安全信息、娱乐信息、救援信息，以及商务办公、网上消费等，保障汽车安全行驶、舒适驾驶以及智能交互等功能。

控制执行层主要依赖于车辆底盘（转向、制动、驱动等）线控和车身电子电器（转向灯、仪表等），用于实现车辆的自动及智能网联系统与车内驾乘人员的交互。

《 本章总结 》

本章主要讲解了智能网联汽车的定义与分级，智能网联汽车的层次结构、技术架构和技术路线，智能网联汽车的关键技术及发展趋势，我国智能网联汽车的发展总体思路、发展目标、发展重点及关键零部件等。通过学习，学生可以较全面地掌握智能网联汽车的基本知识。

《 课后习题 》

一、名词解释

1. 智能汽车

2. 网联汽车

3. 智能网联汽车

4. 自动驾驶汽车

5. 无人驾驶汽车

二、填空题

1. 智能网联汽车发展的终极目标是_____。
2. 自动驾驶汽车至少包括_____、_____、_____、_____，比较高级的车型还应该配备_____。
3. 我国把智能网联汽车智能化划分为 5 个等级，1 级为_____，2 级为_____，3 级为_____，4 级为_____，5 级为_____。
4. 我国把智能网联汽车网联化划分为 3 个等级，1 级为_____，2 级为_____，3 级为_____。
5. 对应美国 SAE 分级标准，无人驾驶专指_____、_____阶段，汽车能够在限定环境乃至全部环境下完成全部的驾驶任务。

三、选择题

1. 不属于自动驾驶汽车的是（　　）。
   A. L0 级　　　　B. L1 级　　　　C. L2 级　　　　D. L3 级
2. 属于无人驾驶汽车的是（　　）。
   A. L1 级　　　　B. L2 级　　　　C. L3 级　　　　D. L4 级
3. 能够实现 V2X 通信的是（　　）。
   A. 蓝牙　　　　B. WiFi　　　　C. DSRC　　　　D. 4G
4. 不属于智能网联汽车关键零部件的是（　　）。
   A. 近距离超声波传感器　　　　B. 中程毫米波雷达
   C. 激光雷达　　　　　　　　　D. 短程毫米波雷达
5. 自主式驾驶辅助不包括（　　）。
   A. 前向碰撞预警系统　　　　　B. 车道偏离预警系统
   C. 盲区监测系统　　　　　　　D. 车道内自动驾驶系统

四、问答题

1. 智能汽车、智能网联汽车、自动驾驶汽车和无人驾驶汽车之间是什么关系？

2. 驾驶员对车辆控制权分几种？

智能网联汽车概论

3. 智能网联汽车的关键零部件有哪些?

4. 智能网联汽车的关键共性技术有哪些?

第 2 章
智能网联汽车产业架构及关键技术

知识目标
- 了解智能网联汽车的产业标准体系。
- 掌握智能网联汽车关键技术及其发展。

能力目标
- 能够说出一辆智能网联汽车的基本结构。
- 认识智能网联汽车关键零部件。

素养目标
- 树立安全意识。
- 形成汽车行业相关从业者的专业素养。
- 培养自主学习、查找资料、制订工作计划的能力。

智能网联汽车的产业发展（微课）

智能网联汽车的产业状态（微课）

智能网联汽车的体系架构（微课）

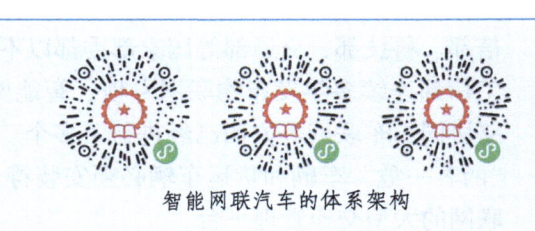
智能网联汽车的体系架构

2.1 智能网联汽车的产业架构

2.1.1 智能网联汽车的产业发展

1. 国外的发展情况

智能网联汽车技术应用可以追溯到 20 世纪 80 年代初，当时美国就开始了智能网联汽车技术的军事化应用，例如，美国国防部高级研究计划局（Defense Advanced Research Projects Agency，DARPA）大规模资助了自动驾驶陆地车辆的军事化应用研发。自 2004 年开始，DARPA 连续举办无人驾驶机器人挑战赛，为智能网联汽车产学研结合和产业技术合作交流开辟了空间。欧洲从 20 世纪 80 年代中期开始进行自动驾驶技术研发，初期比较强调单车自动化和智能化的研究，并呈现产学研相结合的特点，开发测试了不同程度的自动化、智能化车辆，例如，戴姆勒集团 1987 年在欧洲启动了普罗米修斯计划，研发无人驾驶技术，该计划持续到 1995 年，既定目标在奔驰 S600 上完成。日本的自动驾驶研发虽然略晚于欧美，但技术应用较为领先，在90年代末已开始陆续将盲区监测、车道保持等ADAS技术应用到车辆上。

2009年，美国科技巨头谷歌宣布布局自动驾驶，在全球范围内掀起了智能网联汽车产业发展热潮。随之，美、日、欧将智能网联汽车创新发展上升到国家战略，从国家、行业层面协作，形成顶层设计。2010年，美国交通部提出《ITS战略计划2010—2014》，提出大力发展网联技术及汽车应用，将智能网联汽车的发展上升到美国国家战略。2014年，美国交通部与ITS联合项目办公室又共同提出《ITS战略计划2015—2019》，提出了美国ITS未来5年汽车网联化与智能化的发展目标和方向。此后，美国交通部强势主导智能网联汽车发展，成立了交通变革研究中心，进行智能网联汽车大规模示范测试，积极推动智能网联汽车相关法律法规及标准化工作。

2010—2012年，欧盟委员会先后发布"Horizon 2020"战略、《一体化欧盟交通发展路线——竞争能力强、资源高效的交通系统》白皮书、《欧盟未来交通研究与创新计划》等，部署智能交通和智能汽车战略目标，推动关键技术创新应用研究。2013年，日本内阁提出《创造世界领先IT国家宣言》，并启动"国家战略性创新创造项目（SIP）计划"，设立了自动驾驶项目Adus，成立了包括内阁府、警察厅、总务省、经济产业省、国土资源省在内的推进委员会共同推动项目的实施，提出2020年自动驾驶全球领跑并引领全球自动驾驶、车联网标准的战略目标。

2．国内的发展情况

自20世纪90年代起，我国众多高校和研究机构陆续开展自动驾驶的研发工作，例如，国防科技大学先后研制了CITAVT-Ⅰ、CITAVT-Ⅱ型无人驾驶车，并在2011年7月与一汽合作完成长沙到武汉286km的红旗HQ3车型的无人驾驶试验，实现了结构化道路环境下单车智能化的技术储备。

自2009年以来，国家自然科学基金委员会举办"中国智能车未来挑战赛"，吸引多个高校和研究机构参与，为自动驾驶技术的交流和发展起到了良好的促进作用。同时，工信部、科技部、交通部等国家部委都以不同的方式支持智能汽车的发展。从2011年开始，工信部连续多年发布物联网专项，智能网联汽车是其支持的重点领域之一；科技部在车路协同、车联网等方面已经进行了多个"863计划"的国家立项和政策支持；交通部要求"两客一危"车辆和货运车辆必须安装符合规定的车联网终端并上报数据，已形成了全国联网的大型交通管理平台。

2015年，国务院发布《中国制造2025》，将发展智能网联汽车上升为国家战略重要发展方向之一。北汽、上汽、长安等车企相继公布智能网联汽车发展战略，2016年以来，大批初创企业投身智能网联汽车相关领域，我国智能网联汽车产业已经进入爆发式增长预备阶段。

2.1.2　智能网联汽车的体系架构

智能网联汽车集中运用了汽车工程、人工智能、计算机、微电子、自动控制、通信与平台等技术，是一个集环境感知、规划决策、控制执行、信息交互等技术于一体的高新技术综合体，拥有相互依存的价值链、技术链和产业链体系。

1. 智能网联汽车的价值链

智能网联汽车在提高行车安全、减轻驾驶员负担方面具有重要作用，并有助于节能环保和提高交通效率。研究表明，在智能网联汽车的初级阶段，通过先进智能驾驶辅助技术有助于减少30%左右的交通事故，交通效率提升10%，油耗与排放分别降低5%。进入智能网联汽车的终极阶段，即完全自动驾驶阶段，甚至可以完全避免交通事故，提升交通效率30%以上，并最终把人从枯燥的驾驶任务中解放出来，这也是智能网联汽车最吸引人的价值魅力所在。中国智能网联汽车产业链全景图谱如图2-1所示。

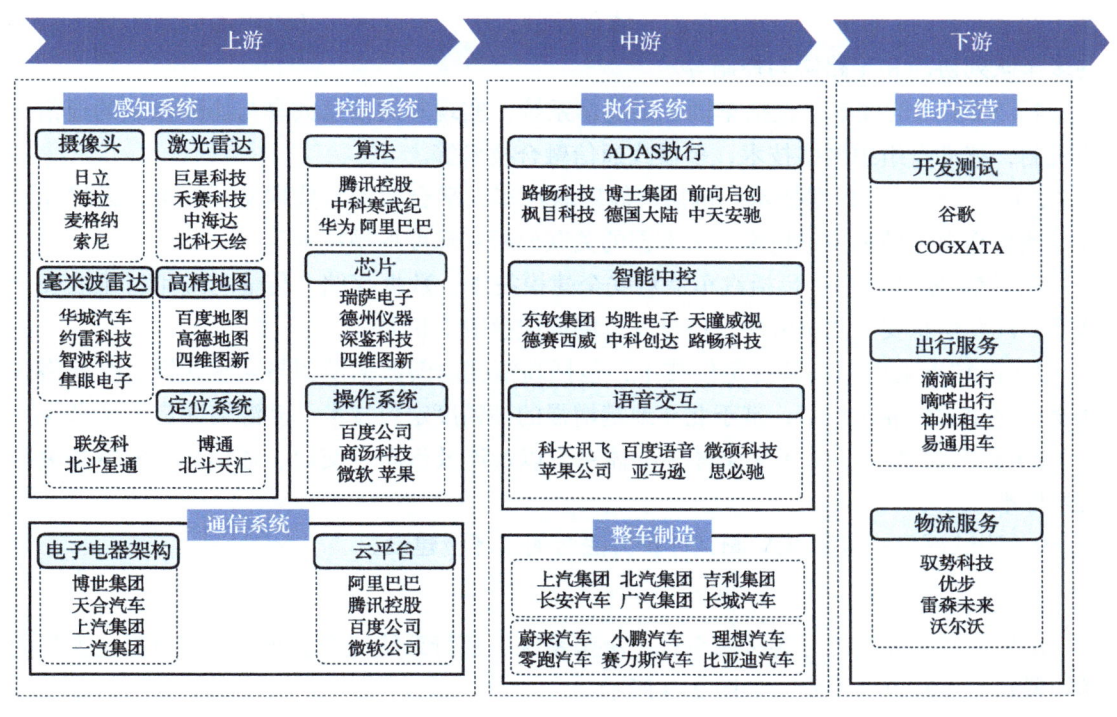

图2-1 中国智能网联汽车产业链全景图谱

2. 智能网联汽车的技术链

从技术发展路径来说，智能汽车分为三个发展方向：网联式智能汽车（Connected Vehicle，CV）、自主式智能汽车（Autonomous Vehicle，AV），以及前二者的融合，即智能网联汽车（ICV 或 CAV）。

智能网联汽车融合了自主式智能汽车与网联式智能汽车的技术优势，涉及汽车、信息通信、交通等诸多领域，其技术架构较为复杂，可划分为"三横两纵"式技术架构（图2-2）："三横"是指智能网联汽车主要涉及的车辆、信息交互与基础支撑三个领域技术；"两纵"是指

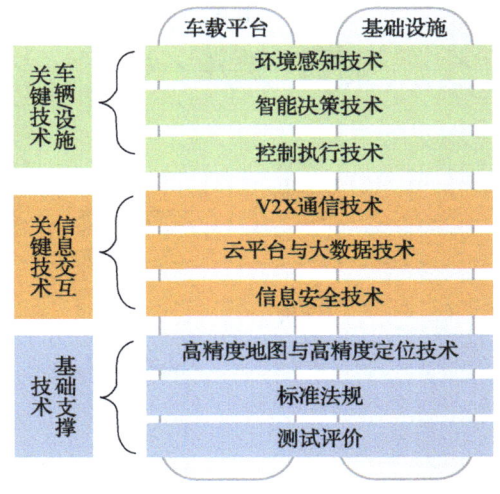

图2-2 智能网联汽车"三横两纵"技术架构

支撑智能网联汽车发展的车载平台以及基础设施条件。

ICV 的"三横"架构涉及的三个领域的关键技术可进行以下细分：

1）环境感知技术：包括利用机器视觉的图像识别技术，利用雷达（激光、毫米波、超声波）的周边障碍物检测技术，多源信息融合技术，传感器冗余设计技术等。

2）智能决策技术：包括危险事态建模技术，危险预警与控制优先级划分，群体决策和协同技术，局部轨迹规划，驾驶员多样性影响分析等。

3）控制执行技术：包括面向驱动/制动的纵向运动控制，面向转向的横向运动控制，基于驱动/制动/转向/悬架的底盘一体化控制，融合车联网（V2X）通信及车载传感器的多车队列协同和车路协同控制等。

4）V2X 通信技术：包括车辆专用通信系统，实现车间信息共享与协同控制的通信保障机制，移动自组织网络技术，多模式通信融合技术等。

5）云平台与大数据技术：包括智能网联汽车云平台架构与数据交互标准，云操作系统，数据高效存储和检索技术，大数据的关联分析和深度挖掘技术等。

6）信息安全技术：包括汽车信息安全建模技术，数据存储、传输与应用三维度安全体系，汽车信息安全测试方法，信息安全漏洞应急响应机制等。

7）高精度地图与高精度定位技术：包括高精度地图数据模型与采集式样、交换格式和物理存储的标准化技术，基于北斗地基增强的高精度定位技术，多源辅助定位技术等。

8）标准法规：包括 ICV 整体标准体系，以及涉及汽车、交通、通信等各领域的关键技术标准。

9）测试评价：包括 ICV 测试评价方法与测试环境建设。

3. 智能网联汽车的产业链

ICV 的产品体系可分为传感系统、决策系统、执行系统三个层次，分别可类比人类的感知器官、大脑以及手脚，如图 2-3 所示。

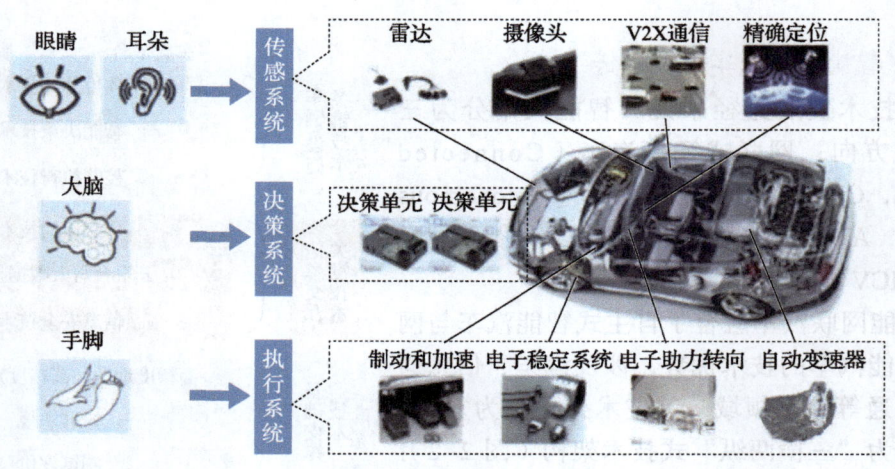

图 2-3 智能网联汽车的三个产品层次

ICV 的产业链涉及汽车、电子、通信、互联网、交通等多个领域，按照产业链上下游关系主要包括芯片厂商、传感器厂商、汽车电子/通信系统供应商、整车企业、平台开发与运营商和内容提供商等。

（1）智能网联汽车产业链形态

1）芯片/计算平台供应商：开发和供应智能网联汽车感知、决策、控制所需的芯片计算平台，支撑智能网联汽车语音识别、图像识别、不同等级自动驾驶等算法的硬件资源提供 CPU、GPU、ASIC 等。

2）先进的传感器供应商：开发和供应智能网联汽车先进的传感器，主要包括机器视觉传感器（单目摄像头、双目摄像头）、雷达传感器（激光、毫米波、超声波）、地图与定位传感器（高精度地图、位置数据）等。

3）车载操作系统供应商：管理和控制车载硬件与车载软件资源的底层程序系统，包括提供 Linux、Android、QNX、IOS 等。

4）通信设备供应商：开发和供应车载移动互联设备、车载短程通信设备等，包括提供 4G/5G 通信模块、V2V 短程通信模块等。

5）信息安全方案供应商：提供覆盖车联网（端—管—云）和车辆（车载终端—车载网关—车内网络—车载控制器）纵深防御的信息安全解决方案，可实现关键信息和一般信息的分域隔离。

6）系统集成供应商：提供智能网联汽车自动驾驶技术研发和集成、车载信息系统技术研发和集成的软硬件供应企业，包括提供自动紧急制动系统、自适应巡航系统、底盘控制系统、车载信息系统等。

7）整车企业：包括传统车企和新兴车企设计智能网联汽车体系架构，确定产品需求，构建智能汽车开发平台，开放车辆信息接口，进行系统集成、匹配及测试。其中新兴车企以新能源整车开发为主。

8）车联网服务提供商：主要提供通信运营服务、车载平台运营服务以及娱乐资讯服务等。

9）出行服务提供商：主要提供共享出行服务。

（2）智能网联汽车产业链特征

1）传统车企争先发布智能网联汽车发展规划，加快智能化、网联化转型与布局。智能网联汽车相关技术的快速发展，给传统车企转型升级带来了紧迫感。宝马、丰田、沃尔沃、通用等传统车企为了维护其在传统汽车制造业产业链中的核心地位，相继发布智能网联汽车发展规划，明确 PA 级、CA 级、HA 级及以上智能化车辆的时间节点，同时设立专门研发中心，加大感知、决策和控制等技术的研发资金投入，与 Tier1 供应商、互联网科技企业、初创公司、通信设备商和运营商、高校及科研机构等开展多方合作，推动智能网联汽车技术研发及产业化应用。

我国自主车企也紧随其后，例如，一汽发布"挚途"技术战略，明确了智能网联汽车发展的各阶段的目标，长安汽车也制定了智能网联汽车技术发展规划，明确搭建基于"互联网+"的设计、制造、服务一体化技术平台；节能与新能源动力总成与底盘机电一体化平台；整车和总成电子控制嵌入式软件技术平台；汽车智能移动技术平台；D-Partner+信息服务技术平台五大平台，同时包含了手机叫车、拥堵跟车、自主泊车、自主驾驶等四项智能化功能。

2）互联网公司/初创企业利用智能算法/芯片等各自优势加快。智能网联汽车的布局，成为智能网联汽车产业链重构的重要参与者。随着物联网、云计算、大数据、移动因特网等新一代信息技术与传统汽车融合步伐的加快，互联网企业及具有信息技术背景的初创企业开始借助智能算法、智能芯片等新技术、新模式对汽车进行颠覆性改造与革新。它们在高度智能化数据分析和决策软硬件能力方面具有优势，并将目光聚焦在智能网联汽车车载感知、决策关键核心技术研发及整体解决方案上，谷歌、苹果、微软等国际互联网巨头以及中国三大互联网巨头"BAT"（百度、阿里巴巴、腾讯）已着手布局智能网联汽车传感器、计算平台、自动驾驶系统、高精度地图等核心领域，Drive.ai、OTTO、景驰科技、地平线机器人、蔚来汽车、驭势、智行者等一批国内外初创企业也积极入局。它们已成为智能网联汽车发展的重要参与者甚至推动者。

3）传统汽车零部件巨头立足自身汽车电子技术优势，不断完善智能网联汽车感知/决策控制的战略布局。博世、大陆、电装、德尔福等企业被称为传统零部件供应商，随着智能网联汽车技术的快速发展，它们各自在智能网联汽车自动驾驶软硬件技术解决方案领域进行雄厚的技术储备和战略布局。

例如，美国德尔福公司2014年与卡内基·梅隆大学的商业公司Ottomatika进行合作，利用Ottomatika的自动驾驶软件优势，结合德尔福的主动安全技术共同打造自动驾驶技术平台，增强自动驾驶决策能力，加入宝马–英特尔–Mobileye的自动驾驶联盟，股权投资激光雷达厂商Innoviz和Quanergy。可以看到，德尔福在感知、决策、控制等自动驾驶核心环节已形成比较完整的产业布局，为后续与整车企业之间的合作奠定基础。被称为汽车电子领域的帝国的博世，在智能网联汽车领域也深耕多年，据统计，博世目前拥有约450项专利，涉及传感器、控制、软件等领域。

从20世纪90年代起，电装就开始面向ADAS研发摄像头、毫米波雷达等。近年来，随着各家布局自动驾驶的动作越来越积极，电装也加快了布局步伐，与东芝合作开展自动驾驶系统研发，收购从事雷达研究的企业富士通天的股权等动作。一方面，通过投资并购的方式完善其自动驾驶技术空白；另一方面，通过与其他企业合作来研发新技术。

4）产业链跨界合作进入深度整合期，各方合纵连横、优势互补，寻求在智能网联汽车产业链上的主导地位。智能网联汽车是一个集环境感知、规划决策、执行控制等功能于一体的综合系统，其高级形式的高度自动驾驶/无人驾驶更是人工智能的重要应用场景，产业链构成错综复杂。传统车企有强大的硬件制造能力及辅助驾驶系统应用经验，零部件供应商有强大的整车系统集成能力，出行服务商有流量和数据，互联网科技巨头在算法、芯片等方面技术领先，为了能在智能网联汽车产业链上占据主导地位，各方跨界合作动作频频，整个智能网联汽车产业链正进入深度整合期。

2.2 智能网联汽车关键性技术

2.2.1 智能网联汽车的未来发展趋势

未来汽车的发展趋势是智能网联汽车。智能网联汽车的终极目标是大幅度降低驾驶员的劳动强度，提高驾乘者的安全性、舒适度、便捷性，依靠科技力量提升汽车的安全、节能和环保性能。

新一代科技革命驱动汽车从交通工具向智能终端转变，全球汽车产业正加速向新能源化、智能网联化、高端化、绿色化发展，由此带来产业形态、能源消费结构、交通出行模式和社会运行方式的深刻变革。2022年，新能源汽车的渗透率提高至22.6%，智能网联汽车产业规模超3500亿元。

随着我国政策扶持力度的不断加大、相关技术的日趋成熟，我国智能网联汽车进入快速发展通道。结合国外技术发展路径和服务能力的提升，可以将其划分为三个阶段：第一阶段实现基础性联网信息服务，主要是定位导航、车载娱乐、远程管理和紧急救援等基本功能；第二阶段实现安全预警、高宽带业务和部分自动驾驶服务；第三阶段实现完全自动驾驶和全部联网。目前我国基本处于第二阶段。智能网联汽车发展技术路线图如图2-4所示。

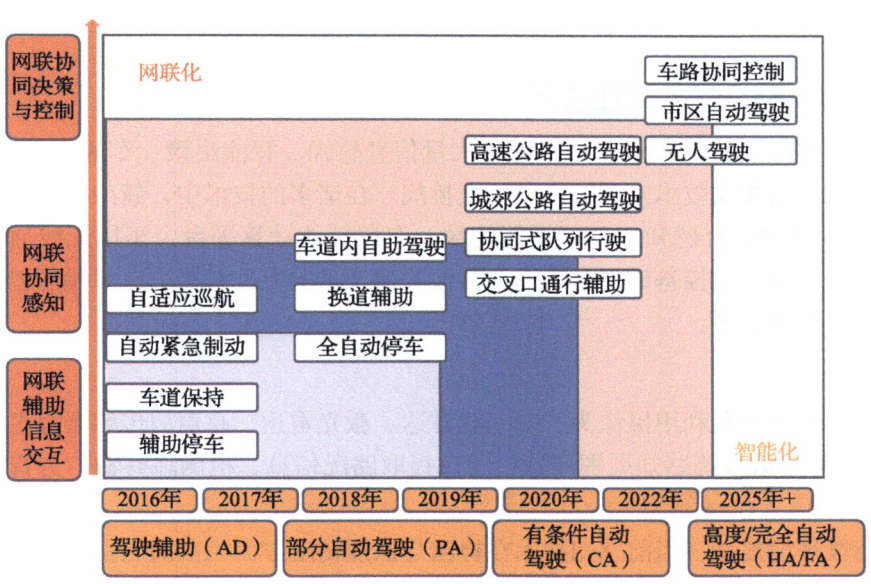

图 2-4 智能网联汽车发展技术路线图

1. 智能网联汽车控制系统发展历程

1）车载计算机和CAN总线：在过去，汽车电子电气架构一直遵循着"一个功能一个盒子"的分布式架构模式，如今，一辆先进的汽车上已经存在超过70个电子控制器，电子控制器之间连接的总线网络上传递着超过1200个信号。

2）汽车域控制与中央控制（EE 架构）：在未来，分布式电子电气架构不再满足未来智能网联汽车的需求，将出现域控制器用于集成特定领域的功能特性，最终可能向基于中央计算机的车辆集中式电子电气架构，甚至车–云协同控制发展。

3）车联网技术：车联网技术从车的内部拓展到车的外部，包括车与车之间的通信、车与路的通信、车与云的通信、车与外部人的通信。

2．智能网联新能源汽车产品、产业、出行服务转型方向

1）新能源汽车技术产品转型：纯电驱动系统、混合动力增程系统、燃料电池动力系统、新型电动底盘结构。

2）智能网联汽车技术产品转型：高级驾驶辅助系统、环境感知决策控制、车路协同安全出行、智能座舱体验愉悦。

3）智慧城市与出行服务转型：网约车出行服务、公交车出行服务、移动平台商务服务、自动驾驶移动送货。

3．智能网联汽车发展趋势

智能网联汽车技术发展的五大趋势包括：人、车、生活融为一体；零事故，零违章，千人千面将成为未来智能网联发展的方向；智能汽车从功能架构向智能架构发展，呈现出大集成、高安全、高体验、快迭代、低延时等特点；智能驾驶将围绕高效便捷、安全辅助两个维度，以及高速公路、城区、停车场三大场景持续发展；软件定义汽车成为实现智能网联汽车最关键手段。

2.2.2 智能网联汽车关键性技术

智能网联汽车在传统汽车技术基础上融合大量信息感知、智能决策、车辆自动控制、网络通信等新技术，对相关技术发展提出了巨大挑战。在诸多的技术中，新型电子电器信息架构、多类别传感器融合感知、新型智能终端、车载智能计算平台、车用无线通信网络、高精度地图与定位、云控基础平台等七大共性关键技术的突破直接决定了我国智能网联汽车产业的整体发展水平。

1．环境感知技术

环境感知系统的任务是利用摄像头、毫米波雷达、激光雷达、超声波传感器等主要车载传感器以及 V2X 通信系统感知周围环境，通过提取路况信息、检测障碍物，为智能网联汽车提供决策依据。

由于车辆行驶环境复杂，当前感知技术在检测与识别精度方面无法满足自动驾驶发展需要，深度学习被证明在复杂环境感知方面有巨大优势，许多学者采用"深度学习"方法对行人、自行车等传统算法识别较为困难的目标物的识别方法进行了研究。

在传感器领域，激光雷达由于具有分辨率高的优势，已经成为越来越多自动驾驶车辆的标配传感器，低成本小型化的固态激光雷达成为研发热点。此外，针对单一传感器感知能力有限的缺点，目前涌现了不同车载传感器融合的方案，用以获取丰富的周边环境信息，具有优良的环境适应能力。

高精度地图与定位技术也是车辆重要的环境信息来源。目前，我国几大图商都在积极推进建设面向自动驾驶的高精度地图。基于北斗地基增强系统的高精度定位系统也已在我国开展应用，将为自动驾驶车辆提供低成本、广覆盖的高精度定位方案。

针对复杂行驶环境下行人及骑车人的有效识别，清华大学研究团队建立了基于车载图像的行人及骑车人联合识别方法，其架构如图 2-5 所示。

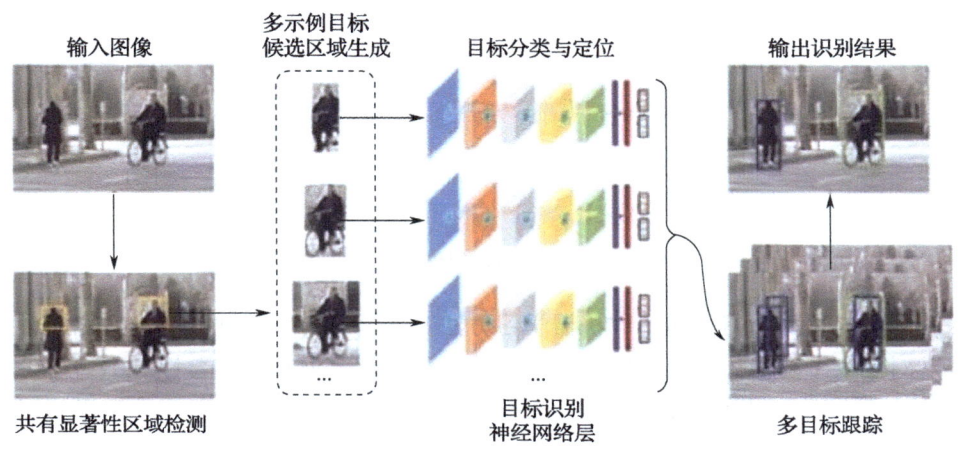

图 2-5　行人及骑车人联合识别架构

行人及骑车人的联合识别架构主要包括图像输入、目标候选区域选择、目标检测、多目标跟踪及结果输出等功能模块。

1）目标候选区域选择模块的作用是从输入图像中选出可能包含待检测目标的区域，该过程要在尽量少选择背景区域的前提下，保证较高的目标召回率。

2）目标检测模块的主要作用是在保证尽量少误检和漏检的同时，将这些候选区域正确分类为待检测目标与背景，并进一步优化目标定位。该模块基于快速区域卷积神经网络目标检测框架，使用综合考虑案例提取、多层特征融合、多目标候选区域输入等多种改进方法的网络结构模型，可以将输入目标候选区域对应的行人、骑车人及背景清楚区分，并实现检测目标定位的回归优化。

3）多目标跟踪模块的作用是综合连续时间内的目标检测结果，先借助 P-N 专家在线学习方法，实现单个跟踪目标的在线学习与检测，再在粒子滤波目标跟踪方法的基础上，融合离线检测器及在线检测器的检测结果，实现多类型目标的长时间稳定跟踪。

2．智能决策技术

决策系统的任务是根据全局行车目标、自车状态及环境信息等，决定采用的驾驶行为及动作的时机。决策机制应在保证安全的前提下适应尽可能多的工况，进行舒适、节能、高效的正确决策。常用的决策方法包括状态机、决策树、深度学习、增强学习等。

状态机是一种简便的决策方法。其用有向图表示决策机制。决策树是一种简单但是广泛使用的分类器，从根到叶子节点实现分类，每个非叶子节点为一个属性上的测试，边为测试的结果。决策树具有可读的结构，同时可以通过样本数据的训练来建立，但是有过拟合的倾向，需要广泛的数据训练。决策树在部分工况的自动驾驶上应用，效果与状态机类似，如图 2-6 所示。

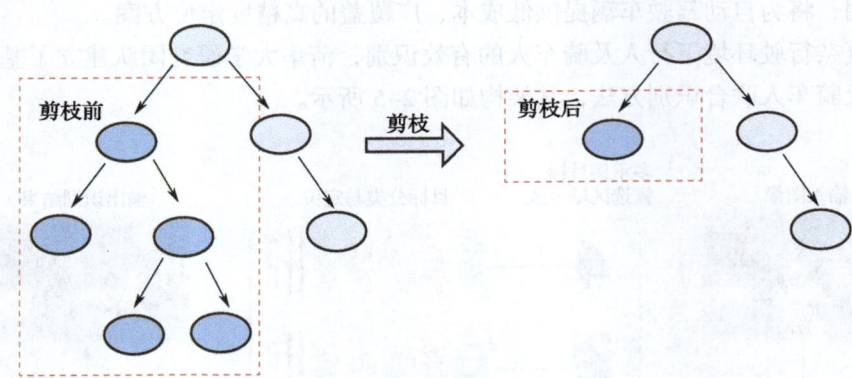

图 2-6　决策树的剪枝

深度学习与增强学习是热门的机器学习方法。在处理自动驾驶方面，它能通过大量的学习实现对复杂工况的决策，并能进行在线的学习优化；但是其综合性能不易评价，对未知工况的性能也不易明确。深度学习由于需要较多的计算资源，一般是计算机与互联网领域研究自动驾驶采用的热门技术。

3．控制执行技术

控制系统的任务是控制车辆的速度与行驶方向，使其跟踪规划的速度曲线与路径。现有自动驾驶汽车多数针对常规工况，因而较多采用传统的控制方法，如比例 – 积分 – 微分（PID）控制、滑模控制、模糊控制、模型预测控制、自适应控制、鲁棒控制等。这些控制方法性能可靠、计算效率高，已在主动安全系统中得到应用。

对于现有的控制器，工况适应性是一个难点，可行的方法是根据工况参数进行控制器参数的适应性设计，如根据车速规划与参考路径曲率调整控制器参数，可灵活地调整不同工况下的性能。线控执行机构是实现车辆自动控制的关键所在。国内目前对制动、转向系统关键技术已有一定研发基础，但是相比博世、德尔福等国外大型企业，在控制稳定性、产品一致性和市场规模方面仍有一定差距。

（1）多目标协同式自适应巡航控制

自适应巡航控制系统中，同时具备自动跟车行驶、低燃油消耗和符合驾驶员特性三类功能，对于全面提升行车安全性、改善车辆燃油经济性、减轻驾驶疲劳强度具有重要的意义。目前的研究多针对单一功能的实现，未考虑三者之间的制约关系，以及车辆建模的不确定性和驾驶员行为的非线性，这导致现有的线性最优控制方法难以解决三类功能之间的矛盾性。针对此问题，清华大学李克强课题组的研究首次提出并建立了车辆多目标协调式自适应巡航控制（Multi-Objective Coordinated Adaptive Cruise Control，MOCACC）系统。其控制架构如图 2-7 所示。

仿真与实车实验结果表明，该课题组开发的多目标协调式自适应巡航控制系统，在保障跟踪性能的前提下可有效降低车辆油耗，且符合期望车距、动态跟车和乘坐舒适性等多类驾驶员特性。图 2-8 所示为 MOCACC 系统与传统自适应巡航控制（Adaptive Cruise

Control，ACC）系统的性能对比，图中的 LQACC 是指线性二次型自适应巡航控制系统。

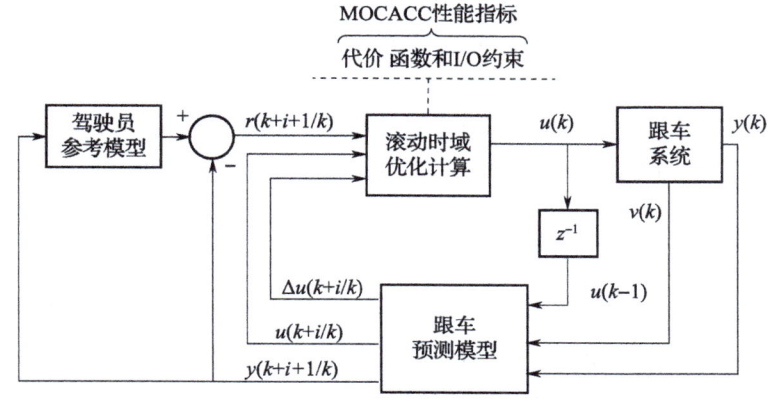

图 2-7 MOCACC 控制构架

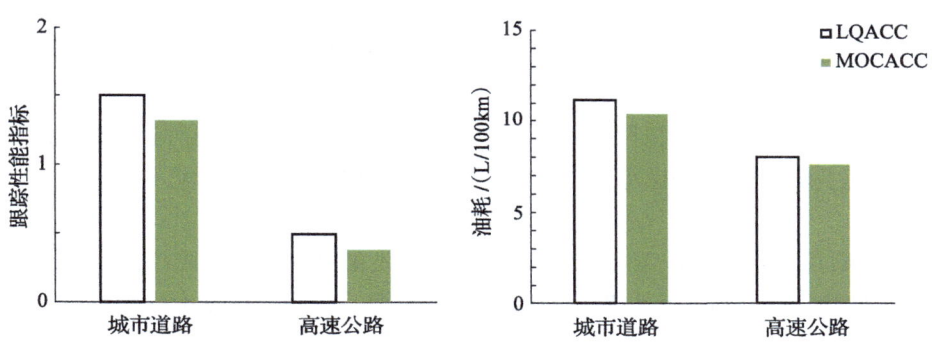

图 2-8 MOCACC 的性能提升效果

（2）多车队列协同式控制

车辆队列化是将单一车道内的相邻车辆进行编队，根据相邻车辆信息自动调整该车辆的纵向运动状态，最终达到一致的行驶速度和期望的构型。一种行之有效的方法是多智能体系统（MAS）方法。在控制领域中，多智能体系统是由多个具有独立自主能力的智能体，通过一定的信息拓扑结构相互作用而形成的一种动态系统。用多智能体系统方法来研究车辆队列的一种框架是"四元素"模型，如图 2-9 所示。

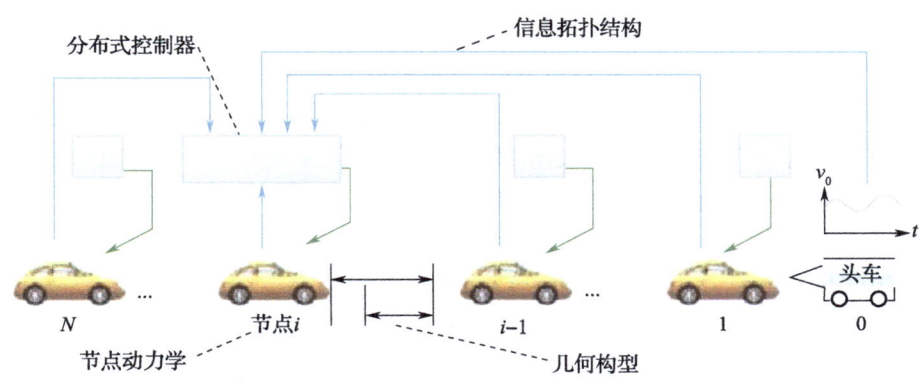

图 2-9 车辆队列的"四元素"模型

车辆队列可以显著降低油耗、改善交通效率以及提高行车安全性。清华大学设计了一类适用于中长距和中速工况需求，对车辆位置控制的精度要求低（车距误差 ±5m 即可），而且整体节能效果不低于 10% 的周期型节能控制方案。控制策略又称加速 – 滑行式策略（Pulse and Gliding，PnG），首先提升发动机负荷至最佳工作点，使车辆加速至较高速度，然后将发动机置于怠速状态，让车辆滑行至原速度；周期重复这一过程，利用车身实现动能的存储与释放，达到节能效果。对于车辆队列而言，周期驾驶实现了车辆动力系特性与车辆运动状态的最佳动态匹配。

4. 人机共驾技术

控制层的控制互补是目前人机共驾领域的核心关注点。人机共驾人机并行控制，双方操控输入具有冗余和博弈特征。由于驾驶员行为特性（如决策意图和操控发力等）的研究不足以及周车环境信息的缺失，传统动力学安全控制系统无法扩展至更广区域。因此，在传统主动安全系统中融入驾驶决策识别及周车轨迹预测信息，构建包含动力学稳定性风险和运动学碰撞性风险的双重安全包络控制系统，是提高人机共驾行驶稳定性和主动安全性的核心。因此，控制层的人机共驾技术按照系统功能，可以分为共享型控制和包络型控制。

1）共享型控制指人机同时在线，驾驶员与智能系统的控制权随场景转移，人机控制并行存在。其主要解决因控制冗余造成的人机冲突，以及控制权分配不合理引起的负荷加重等问题。

2）包络型控制指通过获取状态空间的安全区域和边界条件形成控制包络，进而对行车安全进行监管，当其判定可能发生风险时进行干预，从而保证动力学稳定性和避免碰撞事故。

德国亚琛工业大学学者模仿人马共驾过程，提出了"松、紧"两种共驾模式，探讨了控制权随场景转移的分配机制。美国斯坦福大学学者提出构造稳定性安全区域和碰撞性安全区域，研究了共驾汽车临界危险的预防和干预机制。我国的清华大学、吉林大学和第一汽车集团公司等高校与企业合作，开展了共享控制型的人机共驾研究。人机共驾技术属于智能汽车领域的新研究方向，国内外研究多数停留于原理论证与概念演示阶段，尚缺乏全面系统的基础理论支撑。

5. 通信与平台技术

车载通信的模式，依据通信的覆盖范围可分为车内通信、车际通信和广域通信。

1）车内通信：从蓝牙技术发展到 WiFi 技术和以太网通信技术。

2）车际通信：包括专用的短程通信（DSRC）技术和正在建立标准的车间通信长期演进技术（LTE-V），LTE-V 也是 4G 通信技术在汽车通信领域的一个演化版本。

3）广域通信：指目前广泛应用在移动互联网领域的 3G、4G 等通信方式。

通过网联无线通信技术，车载通信系统将更有效地获得驾驶员信息、自车的姿态信息和汽车周边的环境数据，并将其进行整合与分析。

国外在车联网平台的技术标准化方面比较完善，典型的平台架构是由宝马公司牵头联合 Connexis、WirelessCar 共同开发而成的车联网平台体系框架及开放的技术标准协议

（NGTP），即"下一代车联网架构"，为车联网平台的发展应用提供了更大的灵活性及可扩展性。我国企业基本都是自建服务平台，各平台间数据之间无法互联互通，信息安全管理模式也存在问题。交通运输部针对营运车辆推出的联网联控平台已经实现了全国性重点营运车辆的大规模接入，但没有涉及规模最大的乘用车领域。

基于云控平台的汽车节能驾驶系统框架如图 2-10 所示。

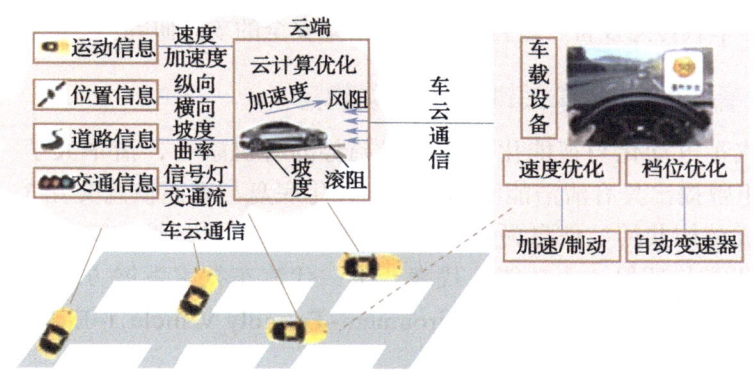

图 2-10　基于云控平台的汽车节能驾驶系统框架

通信与平台技术的应用，极大提高了车辆对于交通与环境的感知范围，也为基于云控平台的汽车节能技术的研发提供了支撑条件。车辆通过车与云平台的通信将其位置信息及运动信息发送至云端，云端控制器结合道路信息（如坡度、曲率等）以及交通信息（如交通流、交通信号灯等）对车辆速度和档位等进行优化，以提高车辆燃油经济性，并提高交通效率。

在云端控制器中，以车辆行驶路段的油耗为优化目标，在车辆动力学约束、交通流速约束和交通信号约束下，对车辆档位和速度轨迹进行优化。利用实车试验，测试基于云控平台的汽车节能驾驶系统性能。实车试验中包含 3 个信号交叉路口以及 1 台车辆，车辆运动信息、油耗信息可通过全球定位系统（Global Position System，GPS）及控制器局域网（Controller Area Network，CAN）总线获取，交通信号信息可从交通信号机中进行采集，利用以上信息对车辆速度进行优化。3 个路口的实车试验结果表明：此系统对不同驾驶员均有提高燃油经济性的效果，通过 3 个交叉路口平均可节油约 15%。

6. 信息安全技术

汽车信息系统安全已成为汽车行业的一个重要发展领域。目前，国际上已经有 ISO 26262 等汽车安全相关标准，美国也已形成 SAEJ 3061/IEEE 1609.2 等系列标准，欧洲 EVITA 研究项目也提供了相关汽车信息安全指南，而我国政府在 2014 年发布的"十二五"规划中才首次将汽车信息安全作为关键基础问题进行研究，和国际发展存在较大差距。

目前急需结合我国智能网联汽车实际，确定网联数据管理对象并实行分级管理，建立数据存储安全、传输安全、应用安全三维度的数据安全体系，建立包括云安全（实现数据加密、数据混淆、数据脱敏、数据审计等技术的应用）、管安全（基于 802.11p/IEEE

1609.2，实现通信加密体系、身份认证体系、证书体系、防重放、防篡改、防伪造等技术应用）、端安全（实现车载安全网关、安全监测监控系统、车载防火墙、车载入侵检测技术的应用）在内的"云－管－端"数据安全技术框架，制定我国智能网联数据安全技术标准。

围绕信息安全技术领域的周边行业，也成就了很多创新研究方向。尤其在信息安全测试评估方面，众多科研机构和创业公司通过干扰车辆的通信设备以及毫米波雷达、激光雷达和摄像头等车载传感设备，进行智能车的信息安全的攻防研究。

2.2.3 智能网联汽车关键技术发展趋势

为实现汽车电动化与智能化两个发展趋势的有机融合，清华大学李克强课题组曾提出具有清洁能源动力、电控化底盘与智能信息交互3个系统，集成结构共用、信息融合与控制协同3项技术，综合实现安全、舒适、节能与环保4个功能，代表着下一代汽车技术发展方向的智能环境友好型车辆（Intelligent Environment-Friendly Vehicle，i-EFV）概念。

智能网联汽车关键技术发展趋势（微课）

在 i-EFV 概念中，通过将智能交通系统（ITS）中的环境识别、驾驶辅助和驾驶员识别技术等先进技术，与搭载电驱动系统的混合动力车辆、纯电动车辆等新能源车辆有机结合，既可获取多源信息以实现新能源车辆的安全行驶并进一步降低能耗，还可实现车辆与交通系统（车辆、行人）、电力系统（充电站）进行协同优化，实现交通系统和电网系统的高效安全运行。

电动车辆智能节能控制示意图如图 2-11 所示。

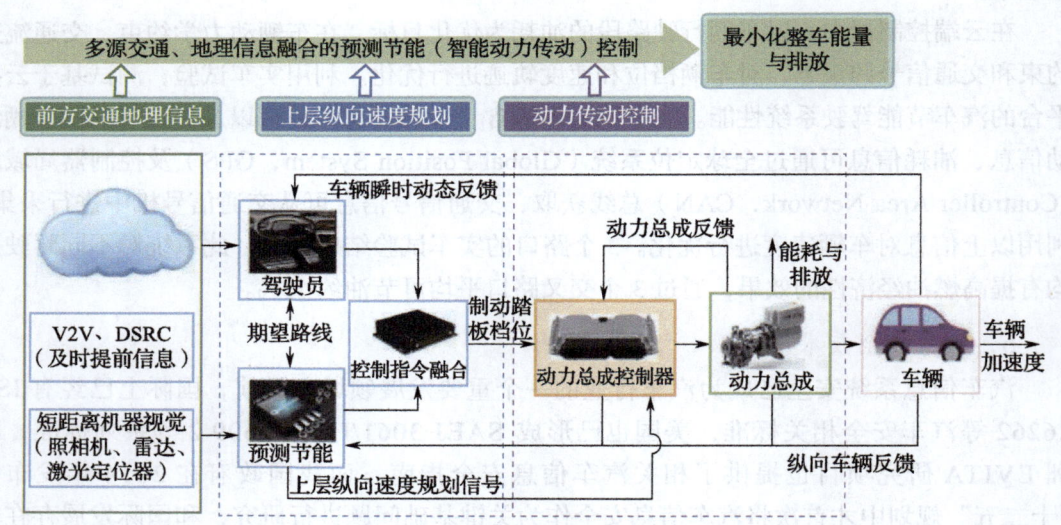

图 2-11 电动车辆智能节能控制示意图

利用 V2X 通信技术使车辆预知前方行驶环境中的交通信息，有利于使车辆适应多变的交通环境，以实现在保证车辆安全行驶的前提下，降低纯电动汽车 i-EFV 行驶能量消耗。

1. 以深度学习为代表的 AI 技术快速发展和应用

以"深度学习"方法为代表的人工智能（AI）技术在智能网联汽车上正在得到快速应用（图 2-12）。尤其在环境感知领域，深度学习方法已凸显出巨大的优势，正在以惊人的速度替代传统机器学习方法。

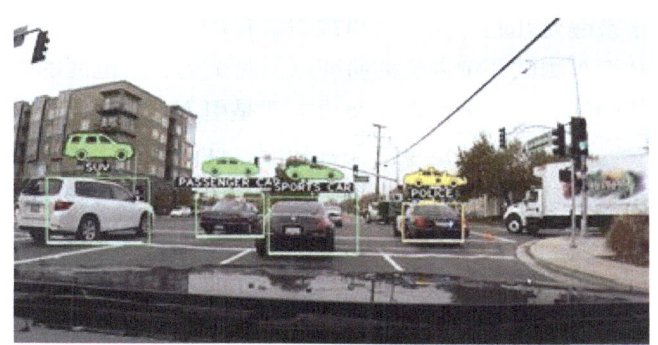

图 2-12　深度学习方法在智能网联汽车上的应用

深度学习方法需要大量的数据作为学习的样本库，对数据采集和存储提出了较高需求；同时，深度学习方法还存在内在机理不清晰、边界条件不确定等缺点，需要与其他传统方法融合使用以确保可靠性，且目前也受限于车载芯片处理能力的限制。

2. 激光雷达等先进传感器加速向低成本、小型化发展

激光雷达相对于毫米波雷达等其他传感器，具有分辨率高、识别效果好等优点，已逐渐成为主流的自动驾驶汽车用传感器；但其体积大、成本高，同时也更易受雨雪等天气条件影响，这导致它现阶段难以大规模商业化应用。

目前激光雷达正在向着低成本、小型化的固态扫描或机械固态混合扫描形式发展，但仍需要克服光学相控阵易产生旁瓣影响探测距离和分辨率，以及繁复的精密光学调装影响量产规模和成本等问题。

3. 自主式智能与网联式智能技术加速融合

网联式系统能从时间和空间维度突破自主式系统对于车辆周边环境的感知能力。

在时间维度，通过 V2X 通信，系统能够提前获知周边车辆的操作信息、红绿灯等交通控制系统信息以及气象条件、拥堵预测等更长期的未来状态信息。

在空间维度，通过 V2X 通信，系统能够感知交叉路口盲区、弯道盲区、车辆遮挡盲区等位置的环境信息，从而帮助自动驾驶系统更全面地掌握周边交通态势。

网联式智能技术与自主式智能技术相辅相成，互为补充，正在加速融合发展。

4. 高速公路与低速区域自动驾驶系统将率先应用

高速公路与城市低速区域将是自动驾驶系统率先应用的两个场景。

高速公路的车道线、标示牌等结构化特征清晰，交通环境相对简单，适合车道偏离预警（LDW）、车道保持系统（LKS）、自动紧急制动（AEB）、自适应巡航控制（ACC）等驾驶辅助系统的应用。目前市场上常见的特斯拉等自动驾驶汽车就是 L1~L2 级自动驾驶技术的典型应用。

而在特定的城市低速区域内，可提前设置好高精度定位、V2X等支撑系统，采集好高精度地图，利于实现在特定区域内的自动驾驶，如自动物流运输车、景区自动摆渡车、园区自动通勤车等。

5．自动驾驶汽车测试评价方法研究与测试场建设成为热点

自从特斯拉汽车被曝光几起重大安全事故后，自动驾驶汽车的安全性越来越多地受到关注，关于自动驾驶汽车测试评价方法的研究以及测试场、示范区的建设成为全球热点。

如何测试自动驾驶汽车？一种潜在的解决方案是引入"普通人类驾驶员"的抽象概念并建立安全基线———系列定性、定量的关键功能、性能指标，表征自动驾驶系统驾驶汽车的安全程度。如果把自动驾驶系统看作一个驾驶员，对其的考核也可以类比驾驶员的考核过程：首先需要"体检"，检查自动驾驶系统对环境感知、车辆控制等的基本能力；其次是理论测试，测试自动驾驶汽车对交通法规的遵守能力；再次是场地考，即在特定场景下的自动驾驶测试；最后是实路考核，将自动驾驶汽车放置于特定开放测试道路内进行实际测试。

在测试场建设方面，美国密歇根大学率先建成了面积约13万 m^2 的智能网联汽车专用测试场M-City。日本、欧洲等多地也已建成或正在积极建设各类智能网联汽车专用测试场。上海嘉定于2016年率先建成我国第一个专业的智能网联汽车测试场（图2-13），重庆、北京等多地也在积极建设。

图2-13　智能网联汽车测试道路

《 本章总结 》

本章主要讲解了智能网联汽车的产业发展、智能网联汽车的体系架构、智能网联汽车的未来发展趋势、智能网联汽车关键性技术、智能网联汽车关键技术发展趋势等。通过学习，学生可以较全面地掌握智能网联汽车导航定位系统的基本知识。

课后习题

一、名词解释

1. "三横两纵"式技术架构

2. 智能决策技术

3. 控制执行技术

4. 云平台与大数据技术

二、填空题

1. 智能网联汽车集中运用了_____、_____、_____、_____、_____、_____等技术。
2. ICV 的产品体系可分为_____、_____、_____三个层次。
3. 智能网联汽车技术发展主要分为_____、_____以及_____。

三、问答题

1. 简述智能网联汽车关键性技术。

2. 行人及骑车人的联合识别架构主要包括哪些功能模块？

3. 智能网联汽车"三横两纵"技术结构具体包含哪些内容？

第 3 章
智能网联汽车环境感知技术

知识目标
- 了解智能网联汽车环境感知技术及其系统组成。
- 能够横向对比不同环境感知传感器的技术指标。

能力目标
- 认识智能网联汽车环境感知传感器。
- 了解不同应用场景下起到主导作用的环境感知传感器。

素养目标
- 树立安全意识。
- 形成汽车行业相关从业者的专业素养。
- 培养自主学习、查找资料、制订工作计划的能力。

智能网联汽车环境感知和系统组成（微课）

3.1 环境感知技术

3.1.1 智能网联汽车环境感知和系统组成

1. 环境感知的定义

智能网联汽车是集感知、决策和控制等功能于一体的自主交通工具，其中，感知系统代替人类驾驶员的视听触觉等功能，融合摄像机、雷达等传感器采集交通环境数据，精确识别各类交通元素，为自动驾驶汽车决策系统提供支撑，如图 3-1 所示。

环境感知就是利用车载激光雷达、毫米波雷达、超声波传感器、视觉传感器以及 V2X 通信技术等，获取道路、车辆位置和障碍物的信息，并将这些信息传输给车载控制中心，为智能网联汽车提供决策依据，是实现 ADAS 的第一步。

智能网联汽车环境感知技术的认知

第3章 智能网联汽车环境感知技术

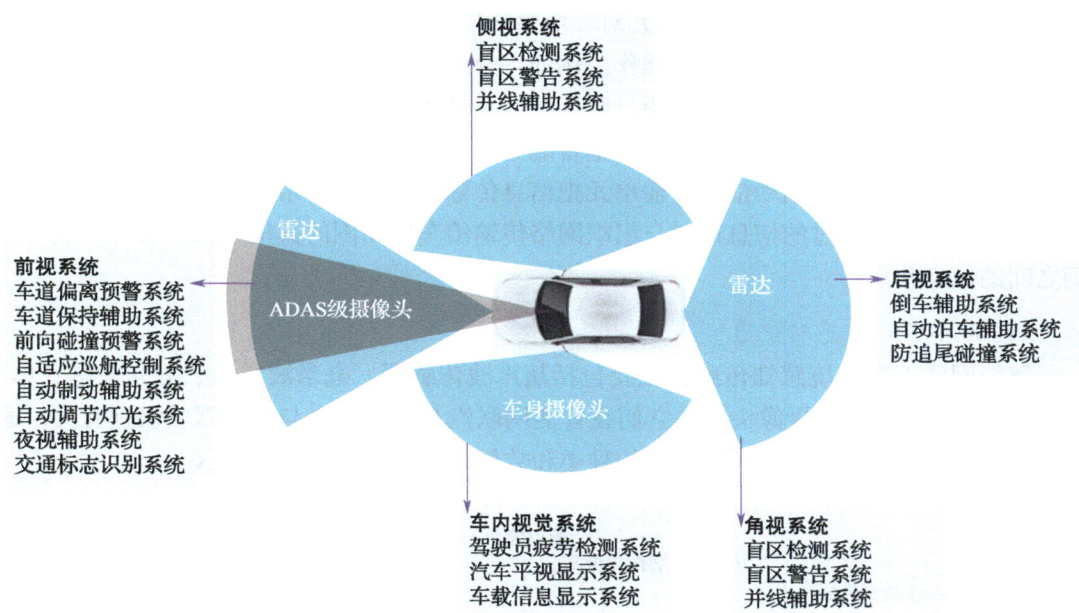

图 3-1 环境感知传感器在智能网联汽车上的应用

2. 环境感知系统的组成

智能网联汽车环境感知系统由信息采集单元、信息处理单元和信息传输单元组成，如图 3-2 所示。

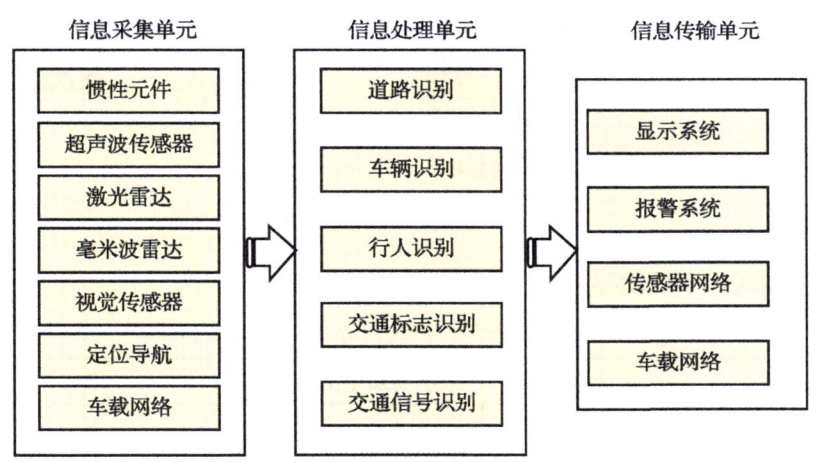

图 3-2 环境感知系统的组成

1）信息采集单元。对环境的感知和判断是智能网联汽车工作的前提与基础，感知系统获取周围环境和车辆信息的实时性及稳定性，直接关系到后续检测或识别的准确性和执行的有效性。

2）信息处理单元。信息处理单元主要是对信息采集单元输送来的信号，通过一定的算法，对道路、车辆、行人、交通标志、交通信号等进行识别。

3)信息传输单元。信息处理单元对环境感知信号进行分析后,将信息送入传输单元,传输单元根据具体情况执行不同的操作。例如,分析后的信息确定前方有障碍物,并且本车与障碍物之间的距离小于安全车距,则这些信息被送入控制执行模块,控制执行模块结合本车速度、加速度、转向角等自动调整智能网联汽车的车速和方向,实现自动避障,在紧急情况下也可以自动制动信息传输单元把信息传输到传感器网络上,实行车辆内部资源共享;也可以把处理过的信息通过自组织网络传输给车辆周围的其他车辆,实现车辆与车辆之间的信息共享。

3. 环境感知传感器配置

智能网联汽车环境感知传感器主要包括超声波传感器、毫米波雷达、激光雷达、单/双/三目摄像头、环视摄像头等,它们在智能网联汽车上的配置与自动驾驶级别有关,通常来说驾驶级别越高,配置的传感器的种类和数量就越多,如图3-3所示。

环境感知传感器认知

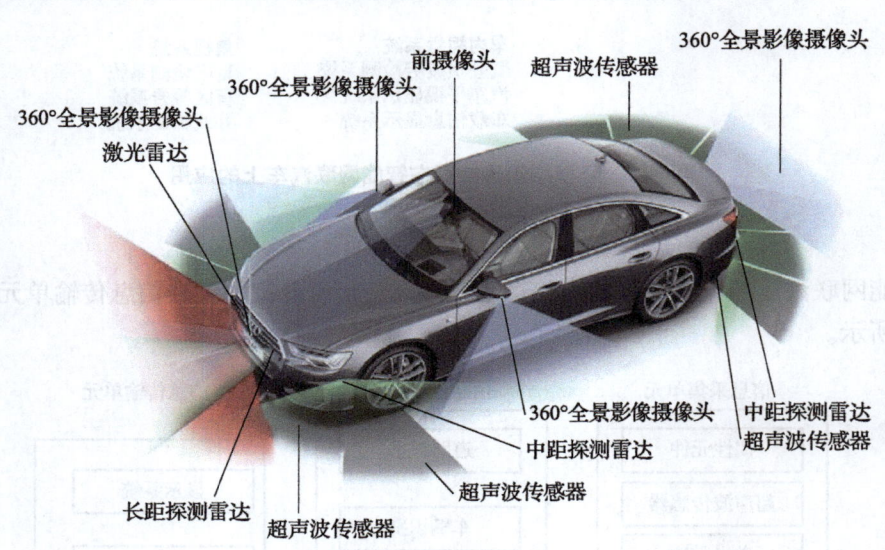

图3-3 环境感知传感器配置

典型智能网联汽车环境感知传感器基本配置见表3-1。

表3-1 典型智能网联汽车环境感知传感器基本配置

传感器	数量/个	最小感知范围	备注
环视摄像头(高清)	4	8m	
前视摄像头(单目)	1	50°/150m	1. 前向和侧向毫米波雷达不能互换
超声波传感器	12	5m	2. 毫米波雷达和激光雷达互为冗余
侧向毫米波雷达/24GHz	4	110°/60m	3. 传感器供应商不同,数据存在出入,仅供参考
前向毫米波雷达/77GHz	1	15°/170m	
激光雷达	1	110°/100m	

随着汽车智能化和网联化的发展,智能网联汽车配备环境感知传感器数量还会逐步增加,预计无人驾驶汽车将会配备40个左右环境感知传感器。

3.1.2 雷达传感器

1. 雷达的分类

智能网联汽车自动驾驶的前提是实时高精度高可靠性道路交通环境感知,传感器作为环境感知与控制系统的信息源、电子眼,是其中的关键部件,也是自动驾驶技术领域研究的核心内容之一。

雷达能够主动探测周边环境、比视觉传感器受外界环境影响更小,是自动驾驶汽车的重要传感器之一。雷达通过向目标发射电磁波并接收回波,从而获取目标距离、方位、距离变化等数据,如图 3-4 所示。雷达可细分为激光雷达和毫米波雷达,超声波传感器在行业内也常被称为超声波雷达。

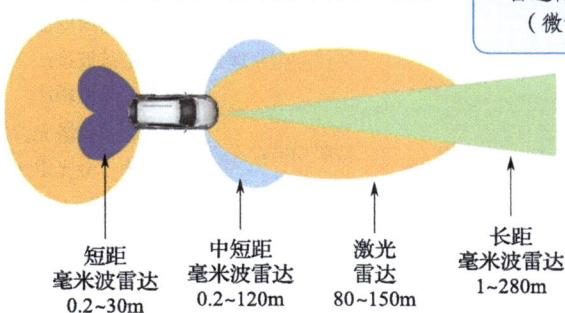

图 3-4 不同雷达工作范围

2. 激光雷达

(1) 激光雷达的定义

激光雷达是工作在光频波段的雷达,它利用光频波段的电磁波先向目标发射探测信号,然后将其接收到的回波信号与发射信号相比较,从而实现对目标的探测、跟踪和识别,从而获得目标的位置(距离、方位和高度)、运动状态(速度、姿态)等信息。

激光雷达根据安装位置的不同,分为两大类,一类安装在智能网联汽车或无人驾驶汽车的四周,另一类安装在智能网联汽车或无人驾驶汽车的车顶,如图 3-5 所示。安装在车辆四周的激光雷达,其激光线束一般小于 8,常见的有单线束激光雷达和四线束激光雷达,适用于 L3 级以下;安装在车顶的激光雷达,其激光线束一般不小于 16,常见的有 16/32/64 线束激光雷达,适用于 L3 级以上,L5 级甚至会使用 128 线束激光雷达。少线束激光雷达主要用于智能网联汽车的先进驾驶辅助系统,多线束激光雷达主要用于制作无人驾驶汽车的高精度地图,并进行道路和车辆的识别等。

图 3-5 激光雷达的安装位置

（2）激光雷达的类型

1）激光雷达按有无机械旋转部件，可分为机械式激光雷达、固态激光雷达和混合固态激光雷达。激光雷达的分类如图3-6所示。

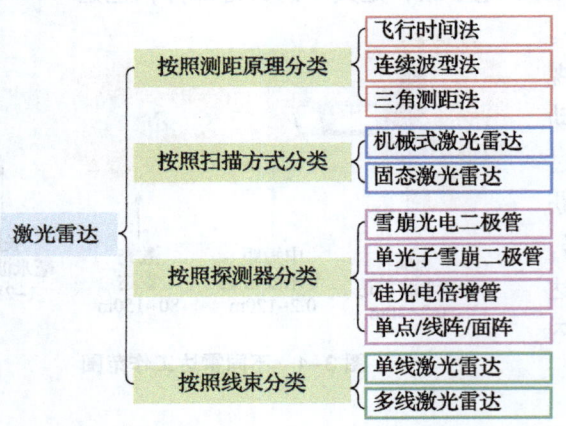

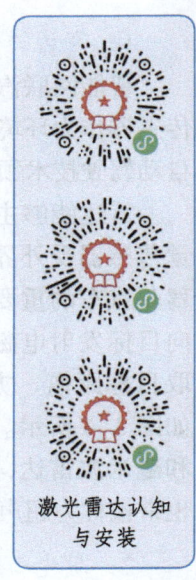

智能网联汽车雷达的应用

激光雷达认知与安装

图3-6 激光雷达的分类

① 机械式激光雷达。机械式激光雷达带有控制激光发射角度的旋转部件，体积较大，价格昂贵，测量精度相对较高，一般置于汽车顶部。

② 固态激光雷达。固态激光雷达则依靠电子部件来控制激光发射角度，无须机械旋转部件，故尺寸较小，可安装于车体内。

③ 混合固态激光雷达。混合固态激光雷达没有大体积旋转结构，采用固定激光光源，通过内部玻璃片旋转的方式改变激光光束方向，实现多角度检测的需要，并且采用嵌入式安装。

2）根据线束数量的多少，激光雷达又可分为单线束激光雷达与多线束激光雷达。

① 单线束激光雷达。单线束激光雷达扫描一次只产生一条扫描线，其所获得的数据为2D数据，因此无法区别有关目标物体的3D信息。但由于单线束激光雷达具有测量速度快、数据处理量少等特点，多被应用于安全防护、地形测绘等领域。

② 多线束激光雷达。多线束激光雷达扫描一次可产生多条扫描线，目前市场上多线束激光雷达产品包括4线束、8线束、16线束、32线束、64线束等。其细分可分为2.5D激光雷达及3D激光雷达，2.5D激光雷达与3D激光雷达最大的区别在于激光雷达垂直视野的范围，前者垂直视野范围一般不超过10°，而后者可达到30°甚至40°以上，这也就导致两者对于激光雷达在汽车上的安装位置要求有所不同。图3-7所示为64线束、32线束和16线束的激光雷达。

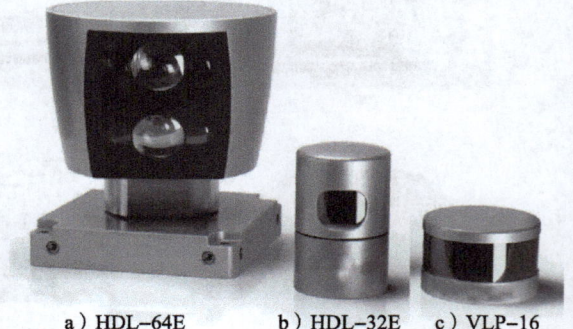

a) HDL-64E   b) HDL-32E   c) VLP-16

图3-7 多线束激光雷达

（3）激光雷达的特点

1）激光雷达具有以下优点：

① 探测范围广。探测距离可达 300m 以上。

② 分辨率高。激光雷达可以获得极高的距离、速度和角度分辨率。通常激光雷达的距离分辨率可达 0.1m；速度分辨率能达到 10m/s 以内；角度分辨率不低于 0.1mrad，也就是说可以分辨 3km 距离内相距 0.3m 的两个目标，并可同时跟踪多个目标。

③ 信息量丰富。可直接获取探测目标的距离、角度、反射强度、速度等信息，生成目标多维度图像。

④ 可全天候工作。激光主动探测，不依赖于外界光照条件或目标本身的辐射特性，它只需发射自己的激光束，通过探测发射激光束的回波信号来获取目标信息。

2）激光雷达具有以下缺点：

① 与毫米波雷达相比，产品体积大，成本高。

② 不能识别交通标志和交通信号灯。

（4）激光雷达系统的组成

智能网联汽车激光雷达系统由收发天线、收发前端、信号处理模块、汽车控制装置和报警模块组成，如图 3-8 所示。

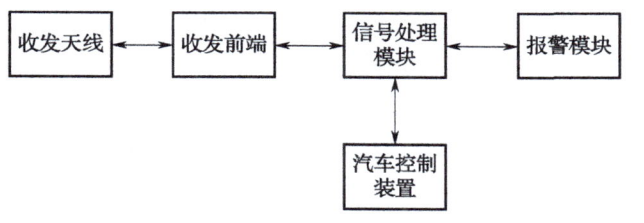

图 3-8　智能网联汽车激光雷达系统的组成

1）收发天线。对于少线束激光雷达，收发天线可安装于车辆保险杠内，向车辆前方发出发射信号，并接收反射信号。

2）收发前端。收发前端是雷达系统的核心部件，负责信号调制、射频信号的发射接收及接收信号解调。

3）信号处理模块。信号处理模块自动分析、计算出与前方车辆的距离和相对速度，并且防止转弯时错误测量临近车道车辆的情况发生。

4）汽车控制装置。汽车控制装置是控制汽车的自动操作系统，能够自动减速或紧急制动，通过限制发动机输出转矩、调节制动力及变速器档位，控制汽车的行驶速度。

5）报警模块。根据设定的安全车距和报警距离，以适当的方式给驾驶员报警，保障汽车安全行驶。

（5）激光雷达的测距原理

激光雷达测距的基本原理是通过测算激光发射信号与激光回波信号的往返时间，从而计算出目标的距离。首先，激光雷达发出激光束，激光束碰到障碍物后被反射回来，被激光接收系统进行接收和处理，从而得知激光从发射至被反射回来并接收之间的时间，即激光的飞行时间，根据飞行时间，可以计算出障碍物的距离。根据所发射激光信号的不同形式，激光测距方式可分为脉冲法激光测距和相位法激光测距两大类，如图3-9所示。

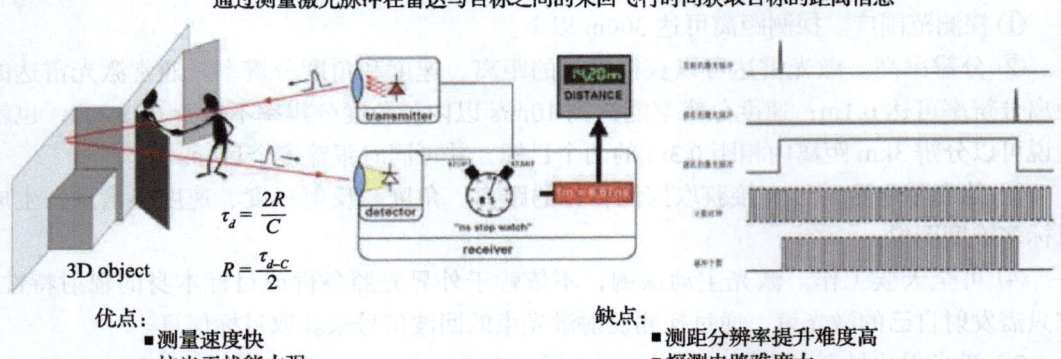

图3-9 激光脉冲测距

1）脉冲法激光测距。脉冲法是通过激光雷达的发射器发出脉冲激光照射到障碍物后会有部分激光反射回来，由激光雷达的接收器接收。同时激光雷达内部可以记录发射和接收的飞行时间间隔，根据光速可以计算出要测量的距离。

2）相位法激光测距。相位法由激光发射器发出强度调制的连续激光信号，照射到障碍物后反射回来，测量光束在往返中会产生相位的变化，通过计算激光信号在雷达与障碍物之间来回飞行产生的相位差，换算出障碍物的距离。

（6）激光雷达的应用

激光雷达具有高精度电子地图和定位、障碍物识别、可通行空间检测、障碍物轨迹预测等功能。

1）高精度电子地图和定位。利用多线束激光雷达的点云信息与车载组合惯导采集的信息，进行高精度电子地图制作；无人驾驶汽车利用激光点云信息与高精度电子地图匹配，以此实现高精度定位。

2）障碍物识别。利用高精度电子地图限定感兴趣区域（ROI）后，根据障碍物特征和识别算法，进行障碍物检测与识别。

3）可通行空间检测。利用高精度电子地图限定ROI后，可以对ROI内部（比如可行驶道路和交叉口）点云的高度及连续性信息判断点云处是否可通行。

4）障碍物轨迹预测。根据激光雷达的感知数据与障碍物所在车道的拓扑关系（道路连接关系）进行障碍物的轨迹预测，以此作为无人驾驶汽车规划（避障、换道、超车等）的判断依据。

IBEO LUX（4线束）激光雷达（图3-10）是德国IBEO公司借助高分辨率激光测量技术推出的第一款多功能汽车智能传感器。

它拥有110°的宽视角，0.3~200m的探测距离。它有三种角度分辨率，根据不同的应用环境来调整，能获

图3-10 IBEO LUX（4线束）激光雷达

得更好的探测结果。比如 ACC（自动巡航控制），在与行驶方向一致时，可增加分辨率至 0.1°，这样可轻易识别远处的物体；对于其他不重要的场合，可适当减少角度分辨率。它在有限的空间内，集七种功能和低成本于一体，能轻松应对路面上的多种危险交通路况，可轻易集成到任何车体和观察到任何角度。因此，IBEO 4 线激光雷达不仅保证了使用的便利性，而且提高了安全性。

LUX 拥有远距离、智能分辨率、全天候等能力，结合 110° 的宽视角，在以下七个方面拥有出色的性能。

1）行人保护。当一个儿童出现在车辆行驶的前方路面上，这是一个典型的需要车辆提供保护的场合。LUX 检测 0.3~30m 视场范围内所有行人，通过分析对象的外形、速度和腿部移动来区分行人与普通物体，传感器在启动安全保护措施（比如安全气囊）前 300ms 时发出警告。这样便可在发生碰撞之前保护了行人以及自身的安全。

2）自动巡航（ACC）启停。对于那些驾驶时间过长的人来说，LUX 的 ACC 功能变得尤为重要，它可在 0~200km/h 的速度范围内实现自动行驶，可在没有驾驶员帮助的情况下自动调整车辆的速度，如有必要，制动停止。宽视场范围使得它能及时地检测到并线的车辆，并且快速判断其横向速度。因此，IBEO 激光雷达能帮助驾驶员舒适地行驶在任何道路上。

3）航线偏离警告。LUX 检测行驶前方的航线标识、道路限制线和潜在的障碍，同时也计算车辆在道路中的位置。如果汽车可能会偏离航线，系统会立即抢先发出警告。

4）AEB（自动紧急制动）。AEB 功能设计用于保护生命，避免来自驾驶员的紧急制动。传感器实时检测车辆行驶前方的所有静止的和移动的物体，并且判断它们的外形。但是 AEB 系统仅在驾驶员不能避免碰撞的情况下才动作，因为它释放最大的压力直到车辆停止，它能充分降低强烈速度冲击和由此带来的并发事故。

5）预碰撞处理。通过分析所有的环境扫描数据，不管是即将发生什么样的碰撞（比如擦碰），预碰撞功能会在碰撞发生的前 100ms 发出警告。LUX 能计算出碰撞的初始接触点并且采取措施以减轻碰撞，提前启动安全系统（比如气囊或者安全带）。

6）交通拥堵辅助。针对城市拥堵路况，LUX 能够在上下班路上消除频繁启停而带来的烦恼。驾驶员只需掌握好汽车转向盘，该功能在车速不足 30km/h 的路况下显得尤为重要。缓和的加/减速度和可靠行人保护功能，使道路驾驶既安全又省心。

7）低速防碰撞功能。行驶途中，哪怕是一小会儿的分神也有可能导致事故的发生，引入低速防碰撞功能，使得以前在 30km/h 以下车速时常发生的类似事故不再发生。LUX 检测并分析前方的路况，汽车会在发生碰撞前自动停驶，从而安全地到达目的地。

3. 毫米波雷达

毫米波雷达是高阶自动驾驶的标配。全球毫米波雷达市场集中度较高，2018 年 CR5（5 个企业集中率）高达 68%。毫米波雷达指工作在 30~300GHz 频域的雷达，具有体积小、质量轻和空间分辨率高等优点，具有全天候、全天时等优秀特性，能够同时识别多个小目标，可以穿透雾、烟、灰尘等环境，精准测量目标的相对距离和相对速度，被广泛应用于自动驾驶汽车车间距离探测，但易受干扰。

（1）毫米波雷达的定义

毫米波雷达是工作在毫米波频段的雷达，如图3-11所示。毫米波是指波长在1~10m的电磁波，对应的频率范围为30~300GHz。毫米波雷达是ADAS核心传感器，主要用于自适应巡航控制系统、自动紧急制动系统、盲区监测系统、行人检测系统等。

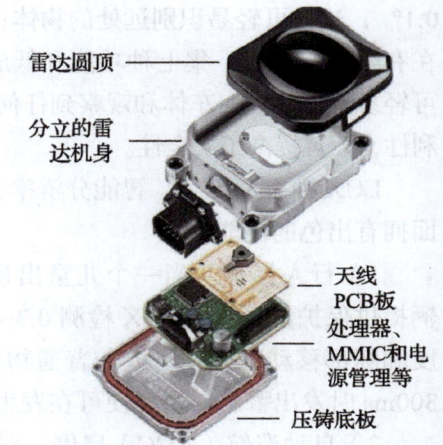

图3-11 毫米波雷达

毫米波位于微波与远红外波相交叠的波长范围，所以毫米波兼有这两种波谱的优点，同时也有自己独特的性质。根据波的传播理论，频率越高，波长越短，分辨率越高，穿透力越强，但在传播过程中的损耗也越大，传输距离越短；相反，频率越低，波长越长，绕射能力越强，传输距离越远。所以与微波相比，毫米波的分辨率高，指向性好，抗干扰能力和探测性能强。与红外波相比，毫米波的大气衰减小，对烟雾和灰尘具有更好的穿透性，受天气影响小。

（2）毫米波雷达的特点

1）探测距离远。毫米波雷达探测距离远，最远可达250m左右。

2）响应速度快。毫米波作为一种典型的电磁波，在空气中以光速传播并且其调制简单，配合高速信号处理系统，可以快速地测量出目标的角度、距离、速度等信息。

3）适应能力强。毫米波具有很强的穿透能力，在雨、雪、大雾等恶劣天气依然可以正常工作，而且不受颜色与温度的影响。

毫米波雷达的缺点是覆盖区呈现扇形，有盲点区域；无法识别道路标线、交通标志和交通信号灯。

（3）毫米波雷达的类型

毫米波雷达可以按照工作原理、探测距离和频段进行分类。

1）按工作原理分类。毫米波雷达按工作原理的不同可以分为脉冲式毫米波雷达与调频式连续毫米波雷达两类。脉冲式毫米波雷达通过发射脉冲信号与接收脉冲信号之间的时间差来计算目标距离；调频式连续毫米波雷达是利用多普勒效应测量得出不同目标的距离和速度。脉冲式测量原理简单，但由于受技术、元器件等方面的影响，实际应用中很难实现。目前，大多数车载毫米波雷达都采用调频式连续毫米波雷达。

2）按探测距离分类。毫米波雷达按探测距离可分为近距离（SRR）、中距离（MRR）和远距离（LRR）毫米波雷达，如图3-12所示。

3）按频段分类。毫米波雷达按采用的毫米波频段不同，划分有24GHz、60GHz、77GHz和79GHz毫米波雷达，主流可用频段为24GHz和77GHz。79GHz有可能是未来的发展方向。

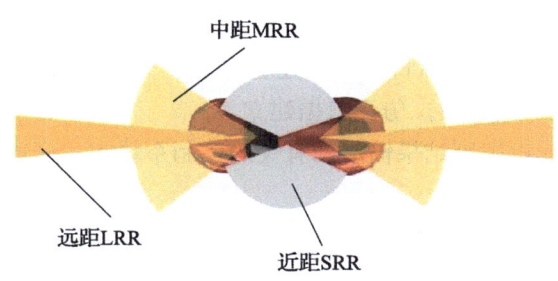

图 3-12 近距离（SRR）、中距离（MRR）和远距离（LRR）毫米波雷达

毫米波雷达认知与安装

77GHz 毫米波雷达与 24GHz 毫米波雷达相比具有以下不同：
① 77GHz 毫米波雷达探测距离更远。
② 77GHz 毫米波雷达的体积更小。
③ 77GHz 毫米波雷达所需要的工艺更高。
④ 77GHz 毫米波雷达的检测精度长距更好。
⑤ 相对于 24GHz 毫米波雷达的射频芯片，77GHz 雷达射频的芯片更不易获取。

（4）毫米波雷达的测量原理

调频式连续毫米波雷达是利用多普勒效应分析发射信号时间得出不同目标的距离和速度，它通过发射源向给定目标发射毫米波信号，并分析发射信号频率和反射信号频率之间的差值，精确测量出目标相对于雷达的距离和运动速度等信息。雷达调频器通过天线发射毫米波信号，发射信号遇到目标后，经目标的反射会产生回波信号，发射信号与回波信号相比形状相同，时间上存在差值；当目标与雷达信号发射源之间存在相对运行时，发射信号与回波信号之间除存在时间差外，还会产生多普勒频率。

（5）毫米波雷达的目标识别流程

毫米波雷达的目标识别是通过分析回波特征信息，采用数学手段通过各种特征空间变换来抽取目标的特性参数，如大小，材质，形状等，并将抽取的特性参数与已建立的数据库中的目标特征参数进行比较、辨别和分类，其流程如图 3-13 所示。

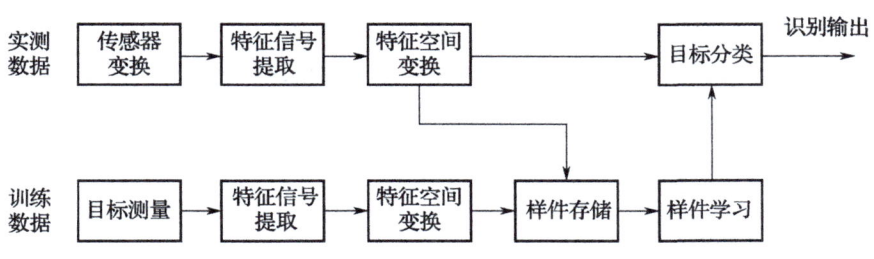

图 3-13 毫米波雷达的目标识别流程

1）特征信息提取。利用发射源与目标处于相对静止状态时的中频信号可以进行目标特征信息的提取，以有效进行目标识别。

2）特征空间变换。特征空间变换是利用梅林变换、沃尔什变换、马氏距离线性变换等正交变换方法，解除不同目标特征间的相关性，加强不同目标特征间的可分离性，最终剔除冗余特征，达到减少计算量的目的。

3)识别算法。识别算法主要有空目标去除、无效目标去除和静止目标去除。

4)目标特征库的建立。目标特征库的建立有三种方法:通过实际试验数据建立、通过半实物仿真数据建立、通过虚拟仿真数据建立。

5)识别结果输出。把识别结果输出到有关的控制系统中,完成相应的控制功能。

(6)毫米波雷达的应用

毫米波雷达广泛应用于智能网联汽车的自适应巡航控制系统、前向碰撞预警系统、自动紧急制动系统、盲区监测系统、自动泊车辅助系统、变道辅助系统等先进驾驶辅助系统(ADAS)中,如图3-14所示。

图3-14 毫米波雷达在先进驾驶辅助系统中的应用

为了满足不同距离范围的探测需要,一辆汽车上会安装多个近距离、中距离和远距离毫米波雷达。其中24GHz雷达系统主要实现近距离(SRR)探测,77GHz雷达系统主要实现中距离(MRR)和远距离(LRR)探测。不同的毫米波雷达在车辆前方、侧方和后方发挥不同的作用。毫米波雷达在智能网联汽车ADAS中的应用如图3-15、图3-16所示。

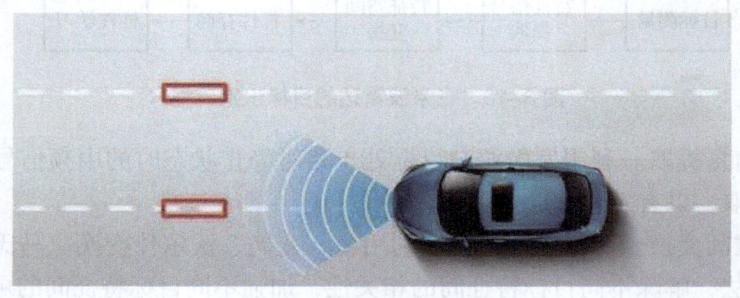

图3-15 基于毫米波雷达的前向碰撞预警系统

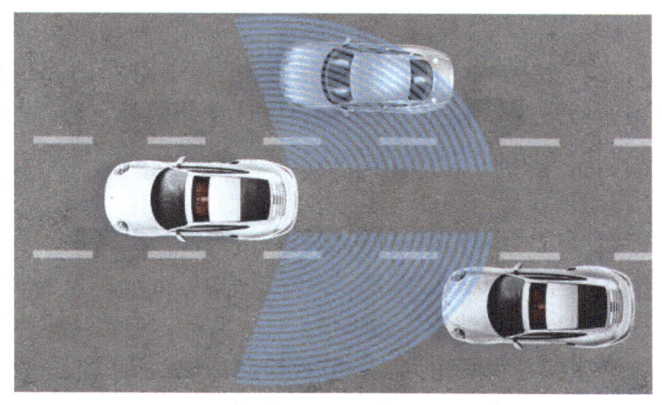

图 3-16 基于毫米波雷达的变道辅助系统

毫米波雷达故障检测

例如自适应巡航控制需要三个毫米波雷达，车辆正中间一个 77GHz 的 LRR，探测距离为 150~250m，角度约为 10°，车辆两侧各一个 24GHz 的 SRR，角度都为 30°，探测距离为 50~70m。

毫米波雷达在智能网联汽车上的布置要点分为正向毫米波雷达布置、侧向毫米波雷达布置和毫米波雷达布置高度三个方面。

1）正向毫米波雷达布置。正向毫米波雷达应该布置在车辆中轴线上，外露或隐藏在保险杠内部。雷达波束的中心平面要求与路面基本平行，考虑雷达系统误差、结构安装误差、车辆载荷变化后，需保证与路面夹角的最大偏差不超过 5°。另外，在某些特殊情况下，正向毫米波雷达无法布置在车辆中轴线上时，允许正向最大偏置距离为 300mm，前置距离过大会影响雷达的有效探测范围。

2）侧向毫米波雷达布置。侧向毫米波雷达在车辆四角呈左右对称布置，前侧向毫米波雷达与车辆行驶方向成 45°夹角，后侧向毫米波雷达与车辆行驶方向成 30°角，雷达波束的中心平面与路面基本平行，角度最大偏差仍需控制在 5°以内。

3）毫米波雷达布置高度。毫米波雷达在垂直方向探测角度一般只有 ±5°，雷达安装高度太高会导致下盲区增大，太低又会导致雷达波束射向地面，地面反射带来杂波干扰，影响雷达的判断。因此，毫米波雷达的布置高度（即地面到雷达模块中心点的距离），一般建议范围从 500mm（满载状态）到 800mm（空载状态），如图 3-17 所示。

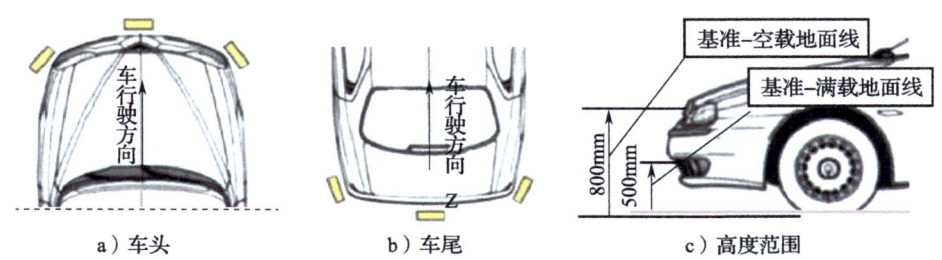

a）车头　　　　　b）车尾　　　　　c）高度范围

图 3-17 毫米波雷达位置

毫米波雷达在布置时，还需要兼顾考虑其他因素，如雷达区域外造型的美观性、对行人保护的影响、设计安装结构的可行性、雷达调试的便利性、售后维修成本等。

4. 超声波传感器

超声波传感器工作在 20Hz 以上，多用于精准测距，基本原理是通过测量超声波脉冲和接收脉冲的时间差，结合空气中超声波传输速度计算的相对距离。常见的超声波传感器安装于汽车前后保险杠以及侧面，用于精确测量障碍物距离。

（1）超声波传感器的定义

声波是声音的传播形式，声波是一种机械波，由声源振动产生。声波通常根据人耳是否能分辨来进行分类，频率为 20Hz~20kHz 的声波称为可听声；频率低于 20 Hz 的声波称为次声波；频率大于 20kHz 的声波称为超声波。

超声波传感器是利用超声波的特性研制而成的传感器，是在超声频率范围内将交变的电信号转换成声信号或者将外界声场中的声信号转换为电信号的能量转换器件。超声波传感器有一个发射头和一个接收头，安装在同一面上。在有效的检测距离内，发射头发射特定频率的超声波，遇到检测面反射部分超声波，接收头接收返回的超声波，由芯片记录声波的往返时间，并计算出距离值。超声波测距传感器可以通过模拟接口和 IC 接口两种方式将数据传输给控制单元，如图 3–18 所示。

超声波传感器认知与安装

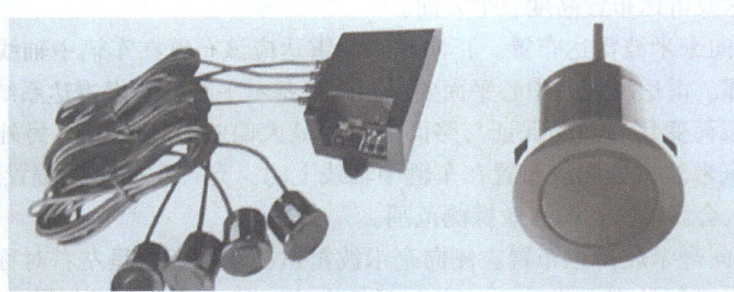

图 3–18　一组典型的超声波测距传感器

（2）超声波传感器的特点

1）超声波传感器有效探测距离一般在 5~10m 之间，但会有个最小探测盲区，一般在几十毫米以内，如图 3–19 所示。

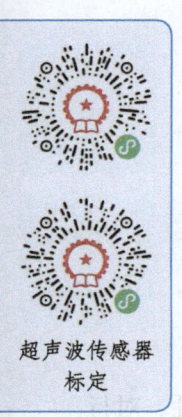

超声波传感器标定

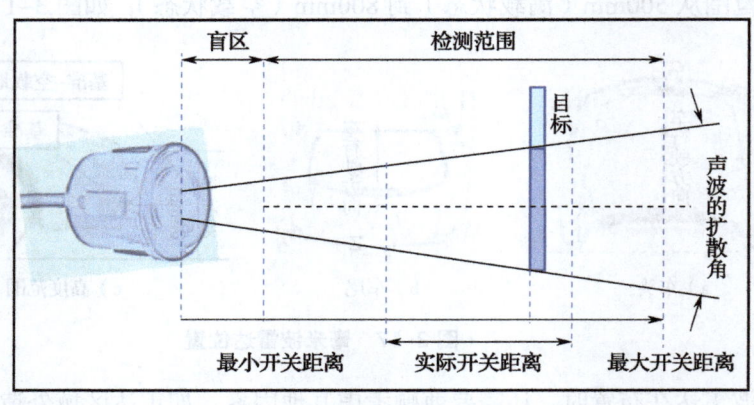

图 3–19　超声波传感器有效探测距离

2）超声波对色彩、光照度不敏感，可适用于识别透明、半透明及漫反射差的物体。

3）超声波对外界光线和电磁场不敏感，可用于黑暗、有灰尘或烟雾、电磁干扰强、有毒等恶劣环境中。

4）超声波传感器结构简单、体积小、成本低，信息处理简单可靠，易于小型化与集成化，并且可以进行实时控制。

（3）超声波传感器的测距原理

超声波传感器的测距原理如图 3-20 所示，超声波发射器发出的超声波脉冲，经媒质（空气）传到障碍物表面，反射后通过媒质（空气）传到接收器，测出超声波脉冲从发射到接收所需的时间，根据媒质中的声速，求得从探头到障碍物表面之间的距离。设探头到障碍物表面的距离为 L，超声波在空气中的传播速度为 v（约为 340m/s），从发射到接收所需的传播时间为 t，当发射器和接收器之间的距离远小于探头到障碍物之间的距离时，则有 $L=vt/2$。

（4）超声波传感器的类型

常见的超声波传感器有两种。第一种是安装在汽车前后保险杠上的，也就是用于探测汽车前后障碍物的传感器，探测距离一般在 15~250cm 之间，称为 PDC（停车距离控制）传感器，也称为 UPA（驻车辅助传感器）；第二种是安装在汽车侧面的，是用于测量停车位长度的超声波传感器，探测距离一般在 30~500cm 之间，称为 PLA（自动泊车辅助）传感器，也称为 APA（泊车辅助传感器）。图 3-21 所示为汽车配备前后向共 8 个 UPA，左右侧共 4 个 APA。

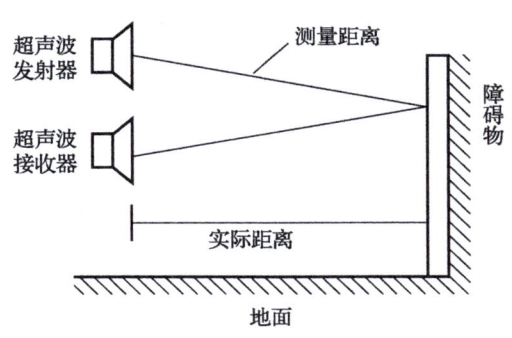

图 3-20 超声波传感器地面测距原理

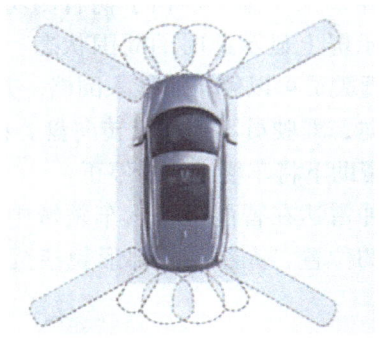

图 3-21 超声波传感器的类型

（5）超声波传感器的主要参数

1）测量范围。超声波传感器的测量范围取决于其使用的波长和频率。波长越长，频率越小，检测距离越大，反之亦然。如具有毫米级波长的紧凑型传感器的测量范围为 300~500mm，波长大于 5mm 的传感器测量范围可达 10m。

2）测量精度。测量精度是指传感器测量值与真实值的偏差。超声波传感器测量精度主要受被测物体体积、表面形状、表面材料等影响。被测物体体积过小、表面形状凹凸不平、物体材料吸收声波等情况都会降低超声波传感器的测量精度。测量精度越高，感知信息越可靠。

3）波束角。超声波传感器产生的超声波以一定角度向外发出，超声波沿传感器中轴线方向上的超声射线能量最大,能量向其他方向逐渐减弱。

以传感器中轴线的延长线为轴线,到一侧能量强度减小一半处的角度,称为波束角。波束角越小,指向性越好。一些超声波传感器具有较窄(6°)的波束角,更适合精确测量相对较小的物体。一些波束角在12°~15°的超声波传感器能够检测具有较大倾角的物体。

4)工作频率。工作频率直接影响超声波的扩散和吸收损失、障碍物反射损失、背景噪声,并直接决定传感器的尺寸。一般选择在40kHz左右,这样传感器方向性尖锐,且避开噪声,提高信噪比;虽然传播损失相对低频有所增加,但不会给发射和接收带来困难。

5)抗干扰性能。超声波为机械波,使用环境中的噪声会干扰超声波传感器接收物体反射回来的超声波,因此要求超声波传感器具有一定的抗干扰能力。

(6)超声波传感器的应用

超声波传感器在智能网联汽车中最常见的应用是自动泊车辅助系统,如图3-22所示。自动泊车辅助系统包含8个PDC传感器(用于探测周围障碍物)和4个PLA传感器(用于测量停车位的长度)。当驾驶员驾驶汽车以30km/h以下速度行驶,但侧面与停车位间距保持在0.5~1.5m时,PLA传感器会自动检测两侧外部空间,探测到的所有合适的空间都会被系统储存下来,按下换档手柄右侧功能键便可在仪表板显示屏上显示此时的周围状态。如果空间足够

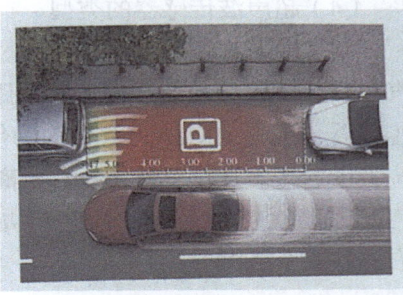

图3-22 自动泊车辅助车道识别

泊车,驾驶员可以停车后挂入倒档,并慢速倒车。系统会按照事先计算好的轨迹自动控制前轮转向,驾驶员不用操纵转向盘。在自动泊车完成之后,驾驶员还可以在前后PDC传感器的帮助下将车辆进一步停正。

各种雷达在智能网联汽车领域中是不可或缺的,它相当于人类的"眼睛",帮助确定物体的位置、大小、外部形貌甚至于材质,在整个人工智能产业中充当着举足轻重的位置。

3.2 环境感知传感器对比

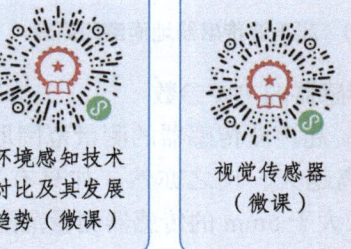

环境感知技术对比及其发展趋势(微课) 　视觉传感器(微课) 　视觉传感器的应用

3.2.1 视觉传感器

1. 视觉传感器的定义

视觉传感器俗称摄像头,主要由光源、镜头、图像传感器、模数转换器、图像处理器、图像存储器等组成,如图3-23所示。其主要功能是获取足够的机器视觉系统要处理的原始图像。把光、摄像头、图像处理器、标准的控制与通信接口等集成一体的视觉传感器常被称为智能图像采集与处理单元,如图3-24所示。内部程序存储器可存储图像处理

算法，并能使用计算机，利用专用组态软件编制各种算法并下载到视觉传感器的程序存储器中，视觉传感器将计算机的灵活性、PLC的可靠性、分布式网络技术结合在一起，用这样的视觉传感器和PLC可以更容易地构成机器视觉系统。

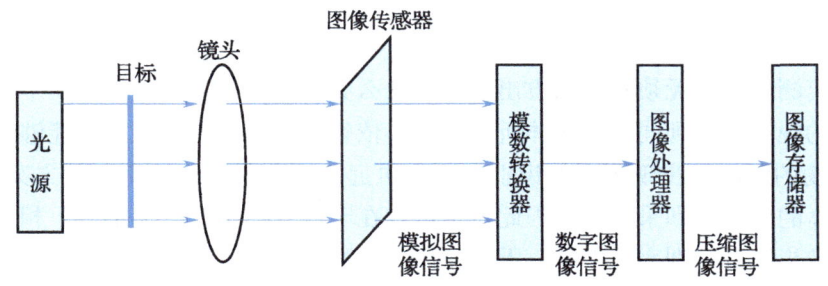

图 3-23　视觉传感器的组成　　　　　图 3-24　智能图像采集与处理单元

2．视觉传感器的特点

1）视觉图像的信息量极为丰富，尤其是彩色图像，不仅包含视野内物体，而且还有物体的颜色、纹理、深度和形状等信息。

2）在视野范围内可同时实现道路检测、车辆检测、行人检测、交通标志检测、交通信号灯检测等，信息获取面积大。当多辆智能网联汽车同时工作时，不会出现相互干扰的现象。

3）视觉信息获取的是实时的场景图像，提供的信息不依赖于先验知识（比如 GPS 导航依赖地图信息），有较强的适应环境的能力。

4）视觉传感器应用广泛，在智能网联汽车中可以前视、后视、侧视、内视、环视等。以前视为例，车道偏离预警、碰撞预警、交通标志识别等功能要求视觉系统在各种天气路况条件下，能够清晰识别车道线、车辆、障碍物、交通标志等。

3．视觉传感器的类型

视觉传感器在智能网联汽车上的应用是以摄像头方式出现的，主要用于车道偏离预警系统、车道保持辅助系统、盲区监测系统、自动制动辅助系统中的障碍物检测和道路检测等。

摄像头一般分为单目、双目、三目和环视摄像头等。

（1）单目摄像头

单目摄像头如图 3-25 所示，一般安装在前风窗玻璃上部，用于探测车辆前方环境，识别道路、车辆、行人等。它先通过图像匹配进行目标识别（各种车型、行人、物体等），再通过目标在图像中的大小去估算目标距离。这就要求在估算距离之前首先对目标进行准确识别，然后要建立并不断维护一个庞大的样本特征数据库，保证这个数据库包含待识别目标的全部特征数据。如果缺乏待识别目标的特征数据，就无法估算目标的距离，导致 ADAS 的漏报。

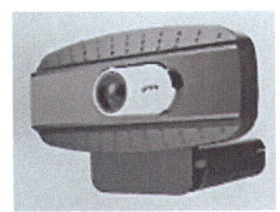

图 3-25　单目摄像头

单目摄像头的优点是成本低廉，能够识别具体障碍物的种类，且识别准确；缺点是由于其识别原理导致其无法识别没有明显轮廓的障碍物，工作准确率与外部光线条件有关，并且受限于数据库，没有自学习功能。

（2）双目摄像头

双目摄像头（图3-26）是通过对两幅图像视差的计算，直接对前方景物（图像所拍摄到的范围）进行距离测量，而无须判断前方出现的是什么类型的障碍物。它依靠两个平行布置的摄像头产生的视差，找到同一个物体所有的点，依赖精确的三角测距，就能够测出摄像头与前方障碍物的距离，实现更高的识别精度和更远的探测范围。使用这种方案，需要两个摄像头有较高的同步率和采样率，因此技术难点在于双目标定及双目定位。相比单目摄像头，双目摄像头没有识别率的限制，无须先识别，可直接进行测量，直接利用视差计算距离，精度更高，无须维护样本数据库。但因为检测原理上的差异，双目视觉方案在距离测算上相比于单目，其硬件成本和计算量级都大幅增加。

图3-26　双目摄像头

（3）三目摄像头

三目摄像头如图3-27所示，其感知范围更大，但同时标定三个摄像头的工作量较大。

（4）环视摄像头

环视摄像头如图3-28所示，一般至少要包括四个摄像头，实现360°环境感知。

摄像头还分为红外摄像头和普通摄像头。红外摄像头既适合于白天工作，也适合于夜间工作；普通摄像头只适合于白天工作，不适合黑夜工作。目前车辆上使用的主要是红外摄像头。

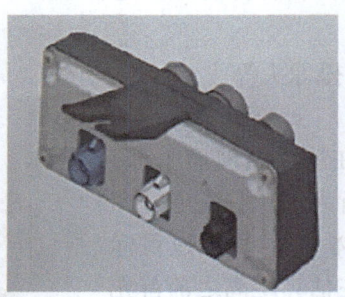
图3-27　三目摄像头

图3-28　环视摄像头

4．视觉传感器的功能

视觉传感器具有车道线识别、障碍物检测、交通标志和地面标志识别、交通信号灯识别、可通行空间检测等功能。

（1）车道线识别

如图 3-29 所示，车道线是视觉传感器能够感知的最基本信息，拥有车道线识别功能，即可实现高速公路的车道保持功能。

图 3-29 车道线识别

（2）障碍物检测

如图 3-30 所示，障碍物种类很多，如汽车、行人、自行车、动物、建筑物等。有了障碍物信息，无人驾驶汽车才可能完成车道内的跟车行驶。

图 3-30 障碍物检测

（3）交通标志和地面标志识别

如图 3-31 所示，交通标志和地面标志可作为道路特征与高精度地图匹配后辅助定位，也可以将这些感知结果进行地图的更新。

图 3-31 交通标志与地面标志

（4）交通信号灯识别

如图3-32所示，交通信号灯状态的感知能力对于在城区行驶的无人驾驶汽车十分重要。

（5）可通行空间检测

如图3-33所示，可通行空间表示无人驾驶汽车可以正常行驶的区域。

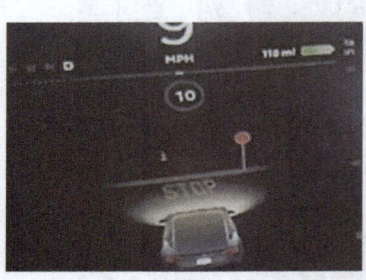
图3-32　交通信号灯识别

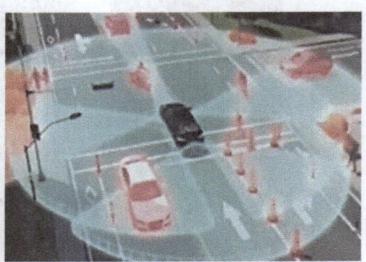
图3-33　可通行空间检测

5. 视觉传感器的环境感知流程

视觉传感器环境感知流程如图3-34所示，一般包括图像采集、图像预处理、图像特征提取、图像模式识别、结果传输等。根据具体识别对象和采用的识别方法不同，环境感知流程也会有所不同。

图3-34　视觉传感器环境感知流程

（1）图像采集

图像采集主要是通过摄像头采集图像，如果是模拟信号，要把模拟信号转换为数字信号，并把数字图像以一定格式表现出来。根据具体研究对象和应用场合，选择性价比高的摄像头。

（2）图像预处理

图像预处理包含的内容较多，有图像压缩、图像增强与复原、图像分割等，要根据具体实际情况进行选择。

（3）图像特征提取

为了完成图像中目标的识别，要在图像分割的基础上提取需要的特征，并将这些特征计算、测量、分类，以便于计算机根据特征值进行图像分类和识别。

（4）图像模式识别

图像模式识别的方法很多，从图像模式识别提取的特征对象来看，图像识别方法可分为基于形状特征的识别技术、基于色彩特征的识别技术以及基于纹理特征的识别技术等。

（5）结果传输

通过环境感知系统识别的信息，传输到车辆其他控制系统或者传输到车辆周围的其他车辆，完成相应的控制功能。

利用视觉传感器进行道路识别的流程如图3-35所示。

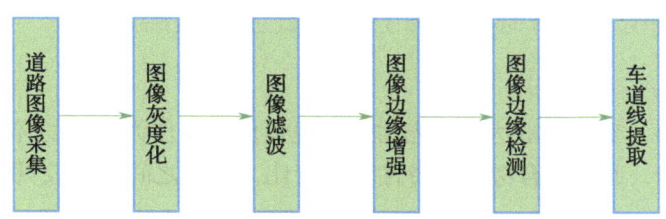

图 3-35　视觉传感器道路识别流程

6．视觉传感器的应用

视觉传感器是智能网联汽车上众多预警、识别等功能的 ADAS 实现的基础。其具体应用见表 3-2。

表 3-2　视觉传感器在智能网联汽车上的应用

ADAS	使用摄像头	功能应用
车道偏离预警系统	前视	检测车辆即将偏离车道线时预警
盲区监测系统	侧视	将后视盲区的影像显示在后视镜或驾驶舱内
自动泊车辅助系统	后视	将车尾影像显示在驾驶舱内
全景泊车系统	前视、侧视、后视	将摄像头采集的影像组成周边全景图
驾驶员疲劳预警系统	内置	检测驾驶员是否疲劳、闭眼并发出警告
行人碰撞预警系统	前视	检测车辆与前方行人可能发生碰撞预警
车道保持辅助系统	前视	检测到即将偏离车道线时，发出警告并纠正
交通标志识别系统	前视、后视	识别前方和道路两侧的交通标志
前向碰撞预警系统	前视	检测到与前车距离小于安全距离并预警

根据不同 ADAS 功能的需要，摄像头的安装位置也有不同，主要分为前视、后视、侧视以及内置，如图 3-36 所示。

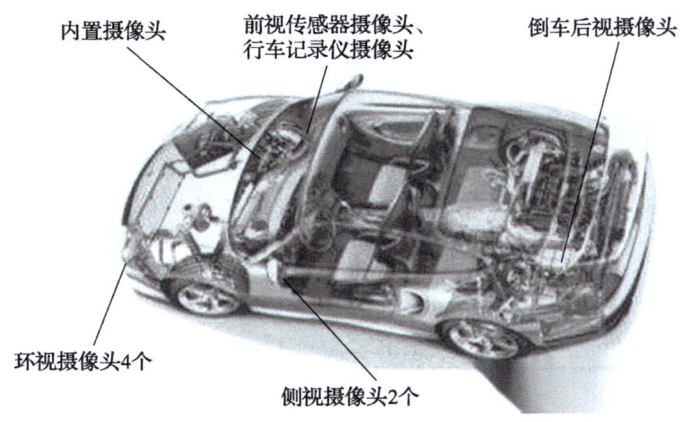

图 3-36　视觉传感器在智能网联汽车上安装位置示意图

3.2.2 智能网联汽车环境感知技术对比及其发展趋势

1. 环境感知传感器对比

超声波传感器、毫米波雷达、激光雷达和视觉传感器作为主要的环境感知传感器。它们之间的相互选择，通常综合考虑其特性和性价比，它们之间的比较见表 3-3。

表 3-3 环境感知传感器对比

传感器类型	超声波传感器	毫米波雷达	激光雷达	视觉传感器
功能	探测低速环境、常用于自动泊车系统	感知大范围内车辆的运行情况，多用于自适应巡航系统	障碍检测、动态障碍检测识别与跟踪、路面检测、定位和导航、环境建模	利用计算机视觉判别周围环境与物体，判断前车距离
优势	成本低，近距离探测精度高，不受光线条件的影响	全天候工作，探测距离远，性能稳定，分辨率较高	精度极高、分辨率高、抗干扰性强、探测范围大	成本低、硬件技术相对成熟、可识别物体属性
劣势	受信号干扰，探测距离短	探测距离受到频段损耗的制约，感知行人能力弱，对障碍物无法精准建模，探测角度小	成本高、工作服装，容易受天气的影响，比如在雨雪、大雾等	易受恶劣天气影响、难以精确测距
近距离探测	弱	强	强	较强
探测角度	120°	10°~70°	15°~360°	30°
最远探测距离		250m	200m	50m
夜间环境	强	强	强	弱
全天候	弱	强	强	弱
主要应用	泊车辅助	自适应巡航控制系统、自动紧急制动系统、前向碰撞预警系统、盲区检测系统	实时建立车辆周边环境的三维模型	车道偏离预警系统、车道保持辅助系统、盲区检测系统、前向碰撞预警系统、交通标志识别系统、交通信号灯识别系统、全景泊车系统
成本	低	适中	高	适中

2. 环境感知技术的发展趋势

传环境感知技术的发展方向是多传感器融合。就是将多个传感器获取的数据、信息集中在一起综合分析以便更加准确可靠地描述外界环境,而提高系统决策的正确性。

(1)多传感器融合的基本原理

多传感器融合的基本原理类似于人类大脑对环境信息的综合处理过程,人类对外界环境的感知是通过将眼睛、耳朵、鼻子和四肢等感官所探测的信息传输至大脑,并与先验知识进行综合分析,实现对其周围的环境和正在发生的事件做出快速准确的评估。而多传感器融合技术是通过各种传感器对环境信息进行感知,并传输信息至信息融合中心,与数据库信息进行综合分析,实现对周围的环境和正在发生的事件做出快速准确的评估。

因此,在使用多种(个)传感器的情况下,要想保证安全性,就必须对传感器进行信息融合。多传感器融合可显著提高系统的冗余度和容错性,从而保证决策的快速性和正确性,是自动驾驶技术发展的必然趋势。

与此同时,由于多传感器的使用会使需要处理的信息量大增,这其中甚至有相互矛盾的信息,如何保证系统快速地处理数据,过滤无用、错误信息,从而保证系统最终做出及时正确的决策十分关键。目前多传感器融合的理论方法有贝叶斯准则法、卡尔曼滤波法、D-S证据理论法、模糊集理论法、人工神经网络法等。事实上,多传感器融合在硬件层面并不难实现,重点和难点都在算法上。多传感器融合软硬件难以分离,但算法是重点和难点,拥有很高的技术壁垒,因此,算法将在未来整个自动驾驶行业中占据价值链的主要部分。

(2)多传感器融合体系

多传感器融合的体系结构分为分布式、集中式和混合式,如图3-37所示。

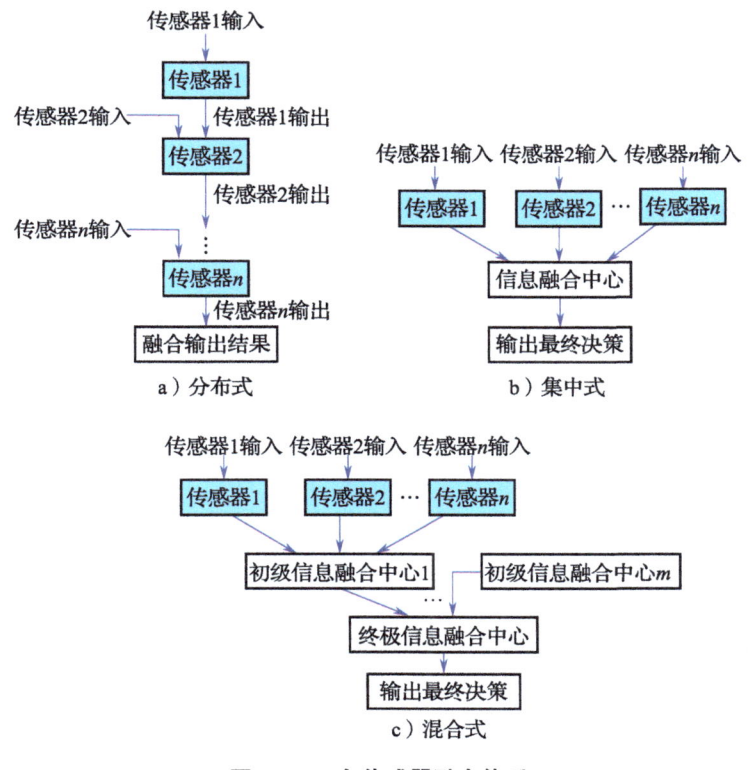

图3-37 多传感器融合体系

1）分布式。先对各个独立传感器所获得的原始数据进行局部处理，然后再将结果送入信息融合中心进行智能优化组合来获得最终的结果。分布式多传感器对通信带宽的需求低，计算速度快，可靠性和延续性好，但跟踪的精度却远没有集中式高。

2）集中式。集中式多传感器将各传感器获得的原始数据直接送至信息融合中心进行融合处理，可以实现实时融合。优点是数据处理的精度高、算法灵活；缺点是对处理器的要求高，可靠性较低，数据量大，故难以实现。

3）混合式。混合式多传感器信息融合框架中，部分传感器采用集中式融合方式，剩余的传感器采用分布式融合方式。混合式融合框架具有较强的适应能力，集合集中式融合和分布式的优点，稳定性强。混合式融合方式的结构比前两种融合方式的结构复杂。这样就加大通信和计算上的代价。

《 本章小结 》

本章主要讲解了智能网联汽车环境感知的定义与环境感知系统的组成，环境感知传感器的类型与配置，超声波传感器、毫米波雷达、激光雷达和视觉传感器，道路识别的定义与分类、道路图像的特点、道路识别的流程与方法，交通标志及交通信号灯识别等。通过学习，学生可以较全面地掌握智能网联汽车环境感知系统的基本知识。

《 课后习题 》

一、名词解释

1. 超声波传感器

2. 毫米波雷达

3. 激光雷达

4. 视觉传感器

5. 传感器融合

二、填空题

1. 智能网联汽车的环境感知系统由_____、_____和_____组成。
2. 视觉传感器包括单目摄像头、_____、_____和_____。
3. 根据所用传感器的不同，道路识别分为基于_____的道路识别和基于_____的道路识别。
4. 道路识别的任务是提取_____，如_____、_____等；确定_____、_____；提取_____。
5. 利用视觉传感器进行交通信号灯识别的流程主要是_____、_____、_____、_____、_____。

三、选择题

1. L3 级以上自动驾驶必不可少的传感器是（   ）。
   A. 超声波传感器　　　　　　　　　B. 毫米波雷达
   C. 激光雷达　　　　　　　　　　　D. 视觉传感器
2. 不适合作为盲区监测系统传感器的是（   ）。
   A. 短程毫米波雷达　　　　　　　　B. 中程毫米波雷达
   C. 远程毫米波雷达　　　　　　　　D. 视觉传感器
3. 在基于特征的交通标志识别中，一般不作为特征的是（   ）。
   A. 颜色特征　　　　　　　　　　　B. 形状特征
   C. 纹理特征　　　　　　　　　　　D. 空间关系特征
4. 行人识别常用的传感器是（   ）。
   A. 超声波传感器　　　　　　　　　B. 毫米波雷达
   C. 激光雷达　　　　　　　　　　　D. 视觉传感器
5. 智能网联汽车最常见的传感器融合是（   ）。
   A. 毫米波雷达与激光雷达的融合　　B. 毫米波雷达与超声波传感器的融合
   C. 毫米波雷达与视觉传感器的融合　D. 激光雷达与视觉传感器的融合

四、问答题

1. 智能网联汽车的环境感知系统中的惯性元件和定位导航,主要作用是什么?

2. 毫米波雷达在智能网联汽车上的应用主要有哪些?

3. 少线束激光雷达和多线束激光雷达在应用上有什么区别?

4. 视觉传感器在无人驾驶汽车上能够实现哪些功能?

5. 运动车辆的识别方法主要有哪些?

第 4 章
智能网联汽车高精度地图与导航定位技术

知识目标
- 了解智能网联汽车高精度地图。
- 了解智能网联汽车高精度导航定位技术。

能力目标
- 了解高精度地图与定位技术的应用场景。

素养目标
- 树立安全意识。
- 形成汽车行业相关从业者的专业素养。
- 培养自主学习、查找资料、制订工作计划的能力。

高精度地图的
基本概念
（微课）

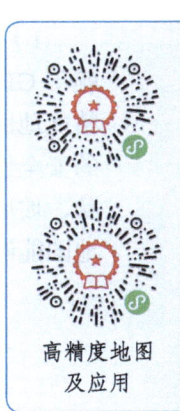

高精度地图
及应用

4.1 高精度地图

4.1.1 高精度地图的基本概念

1. 高精度地图的定义

地图是地理信息空间的载体，它是将客观现实世界中的空间特征以一定的数学法则（即模式化）符号化、抽象化，将空间特征表示为形象符号模型（或称为图形数学模型）。

高精度地图即为高分辨率地图，通俗来讲就是精度更高、数据维度更多的电子地图。精度更高体现在精确到厘米级别，数据维度更多体现在其包括了除道路信息之外的与交通相关的周围静态信息。它是适合高度自动驾驶的地图，高精度地图要在自动驾驶环境中实现它的价值，高精度地图有它特有的地图内容。

2. 高精度地图的功能

对于自动驾驶系统，导航系统需要提供更高精度的路径，引导车辆到达目的地，需要将环境中尽可能丰富的信息提供给自动驾驶系统。作为存储静态、准静态交通信息的数据库，为了满足自动驾驶系统的导航、路径规划要求，高精度地图需要提供更精细、精确的交通信息，如图4-1所示。

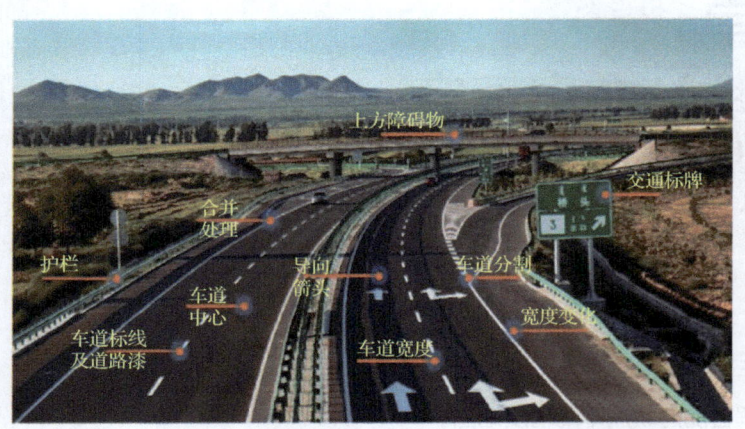

图4-1 高精度地图

高精度地图在自动驾驶中，可以作为自动驾驶的记忆系统，不仅可以用于导航、路径规划，还可以为环境感知和理解提供先验知识，辅助车载传感器实现高精度定位。

高精度地图被普遍认为是L3级及以上自动驾驶不可缺少的关键技术，在智能网联汽车应用领域，高精度地图在高精度定位、辅助环境感知、路径规划等环节都发挥着重要作用。

1) 地图匹配。高精度地图在地图匹配上更多地依靠其先验信息。传统地图的匹配依赖于GPS定位，定位准确性取决于GPS系统的精度、信号强弱和定位传感器的误差。高精度地图不同于传统地图，如图4-2所示。它的适用对象是汽车，为了保证自动驾驶汽车的安全性，地图数据需要保持"高精度、高动态、多维度"等特点，其维度数据有道路形状、坡度、曲率、航向、横坡角等。通过更多维度的数据结合高效率的匹配算法，高精度地图能够实现更高尺度的定位与匹配。

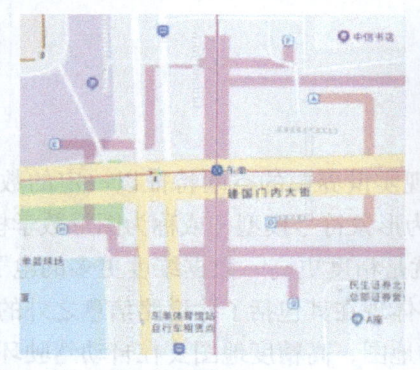
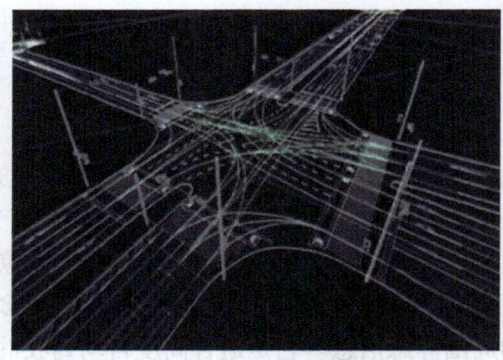

a) 普通导航地图　　　　　　　　b) 高精度导航地图

图4-2 普通导航地图与高精度导航地图对比

2) 辅助环境感知。高精度地图能够提高自动驾驶车辆数据处理效率，自动驾驶车辆感知重构周围三维场景时，可以利用高精度地图作为先验知识减少数据处理时的搜索范围。在高精度三维地图上标记详细的道路信息，可以为车载感知系统提供有效的辅助识别，可以优化感知系统的计算效率，提高识别精度，减少误识别的发生。

3）路径规划。传统的导航地图的路径规划功能往往基于最短路径算法，结合路况为驾驶人给出最快捷的路径。但高精度地图的路径规划是为机器服务的，机器无法完成联想解读等步骤，给出的路径规划必须是机器能够理解的。在这种意义上，传统的特征地图难以胜任，相对而言，高精度矢量地图才能够完成这一点。矢量地图是在特征地图的基础之上进一步抽象、处理和标注，抽出路网信息、道路属性信息、道路几何信息以及标识物等抽象信息的地图。它的容量要小于特征地图，并能够通过路网信息完成点到点的精确路径规划，这是高精度地图使能的一大路径。

4）辅助高精度定位。高精度地图可以提供道路中特征物（如标志牌、龙门架等）的形状、尺寸、高精度位置等语义信息，车载传感器在检测到相应特征物时，就可根据检测到的特征物信息去匹配上述语义信息，由车辆与特征物间的相对位置推算出当前车辆的绝对高精度位置信息，如图4-3所示。

图4-3 高精度地图中车辆与特征物间相对位置信息

3．高精度地图与普通电子地图

普通电子地图是显示给人看的，高精度地图是给车机设备理解的。在传统的导航领域，导航设备主要是给驾驶员提供引导，为了更好地引导驾驶员，电子地图忽略道路细节，将道路抽象为一条线，用颜色区分道路等级，在路口处用语音和示意图引导。高精度地图主要是给自动驾驶汽车设备理解的，描述了精细的车道标线信息及道路参考线和车道参考线信息，也包含了复杂的车道交换引导参考线。

1）精度。普通电子地图精度在10m左右，商用GPS精度为5m。它由道路网络、显示背景、显示文字、索引及其他数据组成，导航软件将卫星定位位置匹配到道路网络上就能起到导航的作用。高精度地图的精度在厘米级别（Google、Here等高精度地图精度在10~20cm级别）。这样的精度基本上是一个车道边线的宽度，在20cm精度情况下才能保证不会发生侧面碰撞。

2）数据维度。普通电子地图数据只记录道路级别的数据，包括道路形状、坡度、曲率、铺设、方向等。高精度地图（精确度厘米级别）不仅增加了车道属性相关（车道线类型、车道宽度等）数据，更有诸如高架物体、防护栏、树、道路边缘类型、路边地标等大量目标数据。高精度地图能够明确区分车道线类型、路边地标等细节。

3）作用及功能。传统地图起的是辅助驾驶的导航功能，本质上与传统经验化的纸质地图是类似的。而高精度地图通过"高精度+高动态+多维度"数据，起的是为自动驾驶提供自变量和目标函数的功能。高精度地图相比传统地图有更高的重要性。

4）使用对象。普通的导航电子地图是面向驾驶员供驾驶员使用的地图数据，而高精度地图是面向机器的供自动驾驶汽车使用的地图数据。

5）数据的实时性。高精度地图对数据的实时性要求更高。根据博世在2007年提出的定义，无人驾驶时代所需的局部动态地图（Local Dynamic Map）根据更新频率划分，可将所有数据划分为四类：永久静态数据（更新频率约为1个月）、半永久静态数据（频率为1h）、半动态数据（频率为1min）、动态数据（频率为1s）。传统导航地图可能只需要前两者，而高精度地图为了应对各类突发状况，保证自动驾驶的安全实现，需要更多的半动态数据以及动态数据，这大大提升了对数据实时性的要求。

6）高精度地图 = 高鲜度 + 高精度 + 高丰富度。不论是鲜度（动态化），还是精度和丰富度，最终目的都是保证自动驾驶的安全与高效率。动态化保证了自动驾驶能够及时地应对突发状况，选择最优的路径行驶；高精度确保了机器自动行驶的可行性，保证了自动驾驶的顺利实现；高丰富度与机器的更多逻辑规则相结合，进一步提升了自动驾驶的安全性。

4.1.2 高精度地图的信息采集与应用

高精度地图的信息采集与应用（微课）

1. 高精度地图的信息采集

（1）高精度地图的数据结构

高精度地图与传统地图相比，具有不同的采集原理和数据存储结构。传统地图依赖于拓扑结构和传统的数据库，将各种元素作为对象堆放在地图上，将道路存储为路径。高精度地图为了提高存储效率和机器可读性，在存储地图时分为矢量层和对象层。

以某厂商高精度地图为例，如图4-4所示，该高精度地图基于国际通用Open Drive规范，并做了一定的修改。一个Open Drive节点背后，有Header节点、Roader节点与Junction节点，每个类型的节点背后还有各自的细分。而道路线、道路连接处、道路

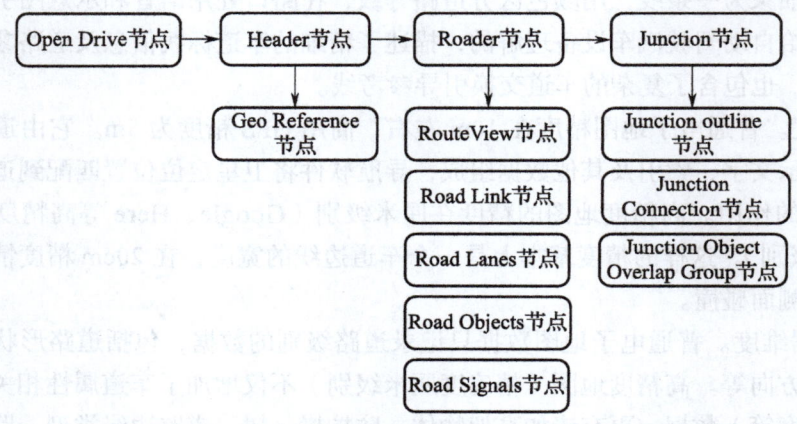

图4-4 某厂商高精度地图的数据结构

对象都从属于 Roader 节点下。Junction 节点下，有着较为复杂的数据处理方式：通过 Connection road 将不同的两条道路连接起来，从而实现路口的数据呈现。介于路口的类型种类复杂，Junction 也常常需要多种连接逻辑。Open Drive 为高精度地图提供了矢量式的存储方式，相比传统的堆叠式更省容量，在未来的云同步方面拥有优势。

（2）高精度地图数据采集过程

高精度地图在生产过程中，通过提取车辆上传感器采集的原始数据，获取高精度地图特征值，构成特征地图；在此基础上，进一步提取、处理和标注矢量图形，包括道路网络信息、道路属性信息、道路几何信息和道路上主要标志的抽象信息。高精度地图数据采集过程包括三个环节，如图 4-5 所示。

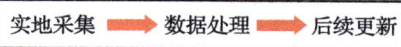

图 4-5 高精度地图数据采集过程

1）实地采集。它是高精度地图制作的第一步，往往通过采集车的实地采集完成。采集的核心设备为激光雷达传感器，通过激光的反射形成环境点云从而完成对各环境对象的识别。

2）数据处理。它包括人工处理、深度学习的感知算法（图像识别）等，一般来说，采集的设备越精密，采集的数据越完整，需要算法去降低的不确定性就越低；而采集的数据越不完整，就越需要算法去弥补数据的缺陷，当然也会有更大的误差。

3）后续更新。它主要针对道路的修改和突发路况，这方面有较多的处理方式，比如众包、与政府的实时路况处理部门合作等。

（3）高精度地图模型

高精度地图维护道路网络的拓扑结构，将车道信息以及道路周边交通引导、提示、交通通行区域边界等对象信息附着在道路拓扑关系上，以形成高精度地图模型。地图模型的属性包括空间位置属性、形状属性，还有基本的静态属性、可扩展的静态属性、动态属性、实时属性及与动态相关的属性，如图 4-6 所示。通常完整的高精度地图通过三个层次来完整表达真实道路信息，第一个层次是参考线，它代表我们传统导航地图的道路；第二个层次是车道标线，它代表车道信息；第三个层次是与路网车道相关的对象，如限速标牌等。因此在定义高精度地图数据模型时通常分为道路模型（图 4-7）、车道模型（图 4-8）、对象模型（图 4-9）三大块。

图 4-6 高精度地图模型属性

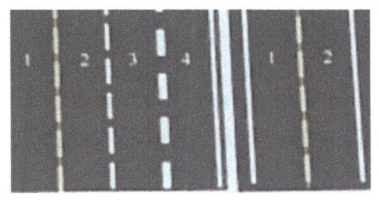

图 4-7 道路模型

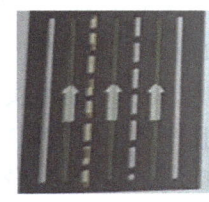

图 4-8 车道模型

图 4-9 对象模型

为了实现和提高路径规划功能，需要将现实世界的道路结构进行抽象，形成以顶点与边组成的拓扑图形结构，图4-7中的边以弧形线段表示，线段中由一系列顺序的点表示线的基本形状走势。在道路拓扑模型中除了要标示出道路走势，还要描述道路的连通关系。这种连通关系通过顶点确定。道路模型除了图形属性，还包括车道数量、道路等级、功能属性等。

2．高精度地图的应用

（1）高精度地图在自动驾驶中的作用

高精度地图数据中提供道路甚至车道的曲率值，当车辆转弯时可以根据曲率进行提前减速，还可以控制前照灯转向辅助。高精度地图也提供隧道等详细信息，车辆在进入前可以提前开启前照灯或调整传感器感光参数。高精度地图提供了坡度，能够辅助车辆控制加速踏板以节省能源。高精度地图提供了各种交通标志和提示信息标牌的精确位置及形状，能够对车辆进行高精度定位。高精度地图的限速信息精确到车道，能够为车辆提供精准的限速信息，智能网联汽车用以精准控制执行器操作。车辆可以根据高精地图进行自主变道。高精度地图还能为车辆提示各种危险区域，车辆可以提前做出应急方案。以上所列仅仅是高精度地图很少一部分跟智能网联汽车相关的属性，高精度地图的充分运用可以助力智能网联汽车获取各方面的先验传感参数，为自动驾驶提供诸多数值化的决策依据。

（2）高精度地图在自动驾驶分级中的地位

高精度地图主要服务于自动驾驶汽车，自动驾驶汽车的传感器像是汽车的"感觉器官"，高精度地图像是汽车的"长周期记忆"。经过传感器实时采集的数据与高精度地图融合后重建的三维场景像是汽车的"工作记忆"，汽车利用融合后的数据进行决策。如果自动驾驶汽车没有高精度地图，它就像是一个失忆的人。

如果车辆依靠自身的传感器与高精度地图来构建"工作记忆"，这仍然是一个个信息孤岛，无法协同。因此，需要引入智能网联汽车的超级大脑——地图云中心。地图云中心接收车辆报告的"工作记忆"与"长周期记忆"的变化，根据变化融合成新的地图信息，并将信息分发共享给其他车辆。

智能网联汽车的自动化、智能化程度越高，对高精度地图的依赖越大。对于L1、L2级别的自动驾驶基本不需要高精度地图，而对于L4、L5级别的智能网联汽车则是必选项，对于L3是可选项（对应ADAS地图是必需的）。

（3）高精度地图的先验感知特征

高精度地图能够辅助汽车超视距感知，当车辆道路环境被其他物体遮挡，或者转弯，或者超出汽车电子设备感知范围时，高精度地图能够帮助车辆对行进方向进行环境的感知。高精度地图能够辅助车辆快速识别道路环境周边固定物体及车道标线。高精度地图能提高自动驾驶车辆数据处理效率，自动驾驶车辆感知重构周围三维场景时，可以利用高精度地图作为先验知识，减小数据处理时的搜索范围。

辅助感知高精度地图提供有车道标线、地面箭头、符号、文字，以及路边护栏、路沿、电话亭、标志牌等信息，自动驾驶车辆可以根据当前位置在高精度地图中快速检索出周边的上述信息，形成基础已知固定环境，同时通过各类传感器的实际探测比对，最终得到准确的固定环境感知。

（4）高精度地图基础上的高精度定位

高精度地图能够辅助车辆进行高精度定位。高精度地图包含了丰富的对象数据，汽车通过传感器对道路周边进行感知，提取出道路周边的要素并与地图中对象进行匹配，地图中的对象拥有精确的位置和形状信息，通过车辆与要素间的距离修正车辆GPS定位的位置。其辅助高精度定位原理与GPS定位相似，车辆只要识别出至少三个要素，就可以通过车辆与三个要素的距离画球面，三个球面相交点就是车辆可能所在的位置，再通过GPS定位信息确定最终位置。

具体的辅助高精度定位原理是：GPS是自动驾驶必备的位置传感器，但是在无基站差分的场景下的定位精度通常都是米级，在城市工况下，由于建筑遮挡精度更差，这样的精度是无法满足自动驾驶需求的；而高精度地图的引入使得基于GPS获取高精度位置成为可能，通过基于高精度地图的辅助感知，自动驾驶车辆能准确知道周边的物体（对象）的高精度位置坐标，同时通过传感器得到车辆周边物体的相对距离，自动驾驶即可基于探测到的物体（对象）高精度坐标和相对距离反算出车辆的高精度位置坐标，从而实现对自身位置的持续修正。

（5）高精度地图对自动驾驶规划的作用

高精度地图能够辅助车辆进行车道级动态路径规划，车辆在拥有高精度定位功能前提下，在无外部环境干扰的情况下，可以根据高精度地图的车道参考线前进到达目的地。由于现实中道路环境存在各种干扰情况，包括其他车辆、行人等，因此车辆需要更复杂的传感器进行感知决策。

（6）高精度地图在V2X中的作用

V2X是智能网联汽车在网联化方面的基础。在V2X环境中，V2X系统与高精度地图分工合作，通过路侧基础设施（信号灯、标志牌等路侧单元）与车辆进行通信，车辆能够直接获取道路基础环境信息，并能够利用基础设施进行高精度定位。高精度地图主要用于车道规划和辅助功能中对不能发射信号的基础设施的感知，如路肩、隔离带等。

高精度地图云中心可以通过与基础设施中的道路边缘计算网格进行通信，实现信息的收集与分发。道路边缘计算网格与车辆进行实时通信，车辆从道路边缘计算网格获取道路环境信息，并上报车辆传感器识别变化的信息。道路边缘计算网格经过初步处理后将数据发送到高精度地图云中心，云中心综合多方证据信息进行处理，提前预测道路环境变化，并将可能引起道路交通恶化的预测信息发送给边缘计算网格通知车辆，车辆可以提前做出决策。

4.2 高精度定位

4.2.1 高精度定位的原理及其应用

1. 高精度定位的定义及分类

（1）高精度定位的定义

在智能网联汽车领域的高精度定位是指在车辆实时运动状态中连续获取车辆高精度位

高精度定位的
原理及其应用
（微课）

高精度定位及应用

置信息的单一或多种模式混合定位的体系。

由于智能网联汽车无法像人类驾驶员一样能够准确感知障碍物、可行驶区域和交通标志标线等交通环境信息,因此需要全球卫星导航系统、惯性导航系统、高精度地图等将智能网联汽车与周边交通环境有机结合,实现超视距感知,降低车载感知传感器的计算压力。

高精度定位是高精度地图有效应用的重要前提,也是智能驾驶系统自主导航、自动驾驶的重要前提。在车载传感器定位受限情况下,它可以为智能驾驶系统提供有效的辅助定位信息。

(2) 高精度定位的分类

卫星定位系统(图 4-10)是一种使用卫星对目标物进行准确定位的技术,它从最初的定位精度低、不能实时定位、难以提供及时的导航服务,发展到现如今的高精度 GNSS 全球定位系统,实现了在任意时刻、地球上任意一点都可以同时观测到 4 颗卫星,以便实现导航、定位、授时等功能。通常将其分为全局定位和局部定位。

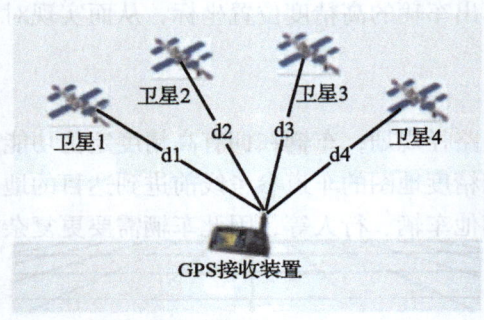
GPS定位

SLAM定位

图 4-10　定位技术

1)全局定位。全局定位(也称为绝对定位)是指通过定位系统直接获取目标在全球坐标系下的位置信息(含三维坐标、速度、方向、时间等全局信息)。单个接收机通常的定位称为单点定位或绝对定位;只利用本接收机的观测量,定位精度较差。差分定位包含两个或两个以上接收机,通过差分校正量提高定位精度。差分定位根据服务区域不同可分为局域差分和广域差分,也可分为地基增强系统和星基增强系统;根据差分修正参量的不同,可分为位置差分、伪距差分和载波相位差分。要得到高精度的定位结果,则需要利用载波相位差分定位提高定位精度。定位中常用到的全局定位系统有全球卫星导航系统(GNSS)、实时动态载波相位差分技术(RTK/CORS/VRS)、惯性导航系统(INS)、星基增强系统(SBAS)。

① GNSS。GNSS 即全球卫星导航系统,是对北斗系统(BDS)、GPS、格洛纳斯(CLONASS)、伽利略(Galileo)系统等这些单个卫星导航定位系统的统一称谓,也可指代所有这些卫星导航定位系统及其增强型系统的相加混合体。GNSS 是以人造卫星作为导航台的星基无线电导航系统,能为在地球表面或近地空间的任何地点的用户提供全天候的三维坐标和速度以及时间信息。

② RTK/CORS/VRS。RTK 即实时动态载波相位差分技术,是一种卫星导航定位技术,是实时处理两个测量站载波相位观测量的差分方法,接收基准站采集的载波相位,在用户

接收机中进行求差及坐标解算。以前的静态、快速静态、动态测量都需要事后进行解算，才能获得厘米级的精度；而 RTK 用于提高基于卫星导航系统的定位精度，它能够实时解算移动站点在指定坐标系的精确位置，达到厘米级的定位效果。它在野外实时定位也能够得到厘米级定位精度。它的出现为工程放样、地形测图、各种控制测量带来了新曙光，极大地提高了野外作业移动测量的效率。

随着卫星定位的飞速进步和应用普及，卫星差分定位在城市测量中的作用已越来越重。当前，连续运行参考站（CORS）已成为 GNSS 应用的发展热点之一。CORS 系统属于地基增强系统，是卫星定位技术、计算机网络技术、数字通信技术等高新科技多方位、高度结晶的产物。CORS 系统由基准站网、数据处理中心、数据传输系统、定位导航数据播发系统、用户应用系统五个部分组成，各基准站与监控分析中心间通过数据传输系统连成一体，形成专用网络，提供国际通用格式的基准站站点坐标和 CNSS 测量数据，以满足各类不同行业用户对高精度定位、快速和实时定位、导航的要求。

VRS 技术全称为虚拟参考站技术，是由 Herbert Landau 博士提出的理论。VRS 系统是一个集 GNSS 硬件、软件和网络通信技术于一体的新型系统。首先在一定区域内架设一定数量的基准站，基站接收卫星信号，然后将信息传送至信息处理中心，用户移动站（如车辆）先将接收机的位置信息发送到数据处理中心，数据处理中心会根据移动站的位置，选择附近几个位置比较好的基准站信息，"虚拟"出一个参考站，然后，将虚拟出的参考站改正数据播发给该移动站，这个虚拟参考站的位置常在移动站周围 5000m 范围内，但实际情况中，一般是几米之内。通过这项技术所获得的差分数据误差就减小了很多，进而对移动墙的定位精度提高也起到了增强作用。

③ INS/Odometer。INS 即惯性导航系统，有时也简称为惯性系统或惯性导航，它是航位推测系统的一种。牛顿第一定律告诉人们：一个物体如果没有外力作用，将保持静止或者匀速直线运动，而且，物体的加速度正比于作用在物体上的外力。如果能够测量得到加速度，那么通过加速度对时间的连续数学积分就可计算得到物体的速度和位置的变化。在 GNSS 信号受到阻挡、干扰等造成接收机不能实现定位的情况下，惯性导航系统能够持续提供定位结果，弥补 GNSS 定位的不足，提高定位精度和有效率。Odometer 是传统车辆轮式里程计发展而来的一种里程传感器，一般用来与惯性导航系统配合，对惯性导航系统的累积误差进行修正，也对定位结果进行里程核实。

④ SBAS。SBAS 即星基增强系统，通过地球静止轨道（GEO）卫星搭载卫星导航增强信号转发器，可以向用户播发星历误差、卫星钟差、电离层延迟等多种修正信息，实现对于原有卫星导航系统定位精度的改进，扩大差分服务范围，从而成为各航天大国竞相发展的手段。目前，全球已经建立起了多个 SBAS 系统，如美国的 WAAS、俄罗斯的 SDCM、欧洲的 EGNOS、日本的 MSAS 以及印度的 GAGAN。中国也在 2015 年 6 月 15 日发布了国内首个广域差分星基增强系统"中国精度"，国际命名为 Atlas。上述 SBAS 系统的工作原理大致相同。首先，由大量分布极广的差分站对导航卫星进行监测，获得原始观测量并送至中央处理设施，后者通过计算得到各卫星的各种定位修正信息，通过上行注入站发给 GEO 卫星，最后将修正信息播发给广大用户，从而达到提高定位精度的目的。

2）局部定位。局部定位（也称相对定位）是指在智能网联汽车运行的局部环境中，通过对周边环境中特殊物体的图像识别或特征匹配,与事先保存的地图信息进行比对获得环境物体和自车的局部相对位置。或者通过传感器探测周边静态物体、运动目标的相对距离和相对角度及相对速度等信息,解算出自车与动态静态目标物之间的相对位置。局部定位最终可以还原出全局位置信息。

① 图像识别匹配。高精度视觉定位包括图像获取、图像识别、图像匹配和测距四个部分。具体过程如下:首先,利用专业相机获取包含特定目标(路牌、路面箭头)的视频、图片,通过深度学习来识别图片中的目标信息,如对识别到的目标进行分类以及通过检测算法得到目标在图片中的位置坐标;其次,结合自身车周围的地图信息(车辆周边路牌、摄像头的经纬度、目标类别和形状等),通过算法将地图信息从三维坐标系(世界坐标系)转换到二维坐标系(图像坐标);最后,根据目标检测获取到的坐标和转换得到的坐标以及目标类别进行汇总。匹配成功后利用算法得到目标与自动驾驶车辆的横向和纵向距离,结合目标的位置反算出自车的位置。自动驾驶中典型的基于图像识别的定位流程如图4-11所示。

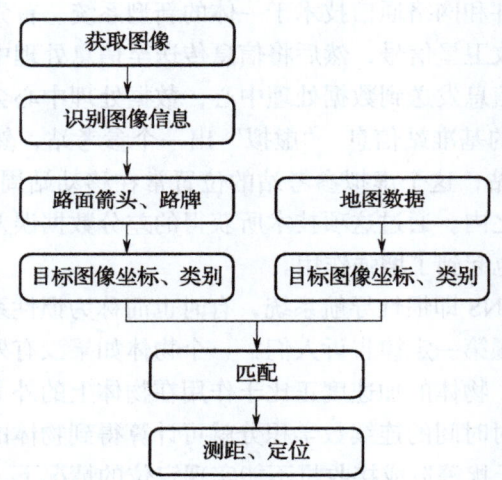

图4-11 自动驾驶中典型的基于图像识别的定位流程

② 道路特征识别。道路特征识别通过视觉手段(图像、激光雷达传感器、毫米波雷达传感器识别图像信息等一种或多种传感器融合形式)检测路面上的车道线等高精度地图对象,或者道路沿途目标如路牌、路面建筑物等,通过一定算法形成道路特征指纹库,回传到云中心,不断积累、融合,形成可供智能网联汽车在运行时调用比对的高精度特征指纹大数据库。其原理和上述图像识别匹配类似,可作为辅助手段用来定位。

目前,比较成熟的几种道路特征定位模式,都是采用基础高精度地图加道路特征库的模式,如 Mobileye REM、TomTom Road DNA、Bosch Road Signature(BRS)。

2. 高精度定位体系架构

网络 RTK 也称基准站 RTK,是近年来在常规 RTK 和差分 GPS 的基础上建立起来的一种新技术,目前尚处于试验、发展阶段。通常把在这个区域内建立多个(一般为三个或三个以上)GNSS 参考站,对该区域构成网状覆盖,并以这些基准站中的一个或多个为基准计算和播发 GNSS 改正信息，从而对该地区内的 GNSS 用户进行实时改正的定位方式称为 GNSS 网络 RTK。

（1）整体架构

网络 RTK 是由差分基准站网、运营中心和接收机组成的。它的基本原理是在一个较大的区域内稀疏地、较均匀地布设多个基准站，构成一个基准站网；那么我们就能借鉴广域差分 GNSS 和具有多个基准站的局域差分 GNSS 中的基本原理和方法来设法消除或削弱各种系统误差的影响，获得高精度的定位结果。

（2）差分站

差分基准站上应配备全频点 GNSS 接收机，该接收机应能同时提供精确的双频伪距观测值。差分基准站的站坐标应精确已知，其坐标可采用长时间 GNSS 静态相对定位等方法来确定。此外，这些站还应配备数据通信设备及气象仪器等。差分基准站应按规定的采样率进行连续观测，开通过数据通信链实时将观测资料传送给数据处理中心。

（3）运营中心

运营中心根据接收终端送来的近似坐标（可据伪距法单点定位求得）判断出该站位于哪个差分基准站所组成的三角形内。然后根据这个差分基准站的观测资料求出接收终端所处位置的系统误差，并播发给接收终端来进行修正以获得精确的结果。在必要时可将上述过程重复多次。差分基准站与运营中心之间的数据通信可采用数字数据网 DON 或无线通信等方法进行。接收终端和运营中心间的双向数据通信则可通过电信网络等方式进行通信。

（4）接收终端

接收终端不仅通过数据链接收来自运营中心的数据，还要采集 GNSS 观测数据，并在系统内组成差分观测值进行实时处理，同时给出厘米级定位结果。接收终端可处于静止状态，也可处于运动状态，可在固定点上先进行初始化后再进入动态作业，也可在动态条件下直接开机，并在动态环境下完成整周模糊度的搜索求解。在整周未知数解固定后，即可进行每个历元的实时处理，只要能保持四颗以上卫星相位观测值的跟踪和必要的几何图形，则接收终端可随时给出厘米级定位结果。

3. 全局独立实时高精度定位的作用

定位技术是自动驾驶的关键核心，与高精度地图一样，高精度定位对自动驾驶也尤为重要。因此，智能网联汽车对全局独立实时高精度定位的需求是必不可少的。

（1）基于卫星及地面差分增强网络的高精度定位能力

仅靠卫星和差分即能实现高精度定位。星基差分是指不依赖视觉、激光雷达及毫米波雷达等传统传感器，只靠卫星和差分（有可能加入民用惯导）就能实时获取自车高精度位置的能力，且精度一般在 2~10cm，对于单车智能和串联驾驶都是必备的基础能力。

（2）自动驾驶中路径规划等都需要高精度定位

自动驾驶车辆在切换至自动驾驶状态前的路径规划需要独立的高精度定位。自动驾驶车辆在结构化道路（车道）运行时也需要高精度定位（瞬时规划、决策控制）来完成自动驾驶，在非结构化道路上自动驾驶一样也离不开高精度定位。

（3）高精度定位通常融合双目视觉和 IMU 系统来实现

双目摄像头用于高精度定位其实有着明显的优势，可以提高计算位置的准确性和可靠性，避免单目摄像头的故障，双目是为了提高计算的准确性，双目和单目区别就是类似于人的双眼和单眼，如果使用两只眼睛去估测前面物体的距离，肯定比单眼更为准确。高精度 IMU 可用作纯惯性导航，近来也用于自动驾驶高精度导航、定位应用。IMU 的缺点是累积误差，因此需要校正。通常误差越小的 IMU，所使用的惯导系统也越精密，价格也越昂贵。

4．智能网联汽车高精度定位的应用

智能网联汽车，尤其是在 L4、L5 级自动驾驶的体系中，对实时动态高精度定位能力的需要是刚性的、不可或缺的。其定位精度一般要求达到厘米级，实时性要求 100Hz 以上，系统可用性要求达到 99.99999% 的级别。

（1）高精度定位在自动驾驶路径规划中的作用

自动驾驶的路径规划是继环境感知系统为路径规划提供了识别之后，决策和执行环节需要频繁迭代调用的核心功能；而高精度定位避障规划、可行驶区域的精确位置，是路径规划的必要前提。尤其是车道级的路径规划、避障规划、执行过程中的规划补偿等关键环节，无一不需要高精度定位能力的随时可用。

（2）高精度定位在自动驾驶决策控制中的作用

高精度定位不仅仅在环境感知和规划环境需要用到，在自动驾驶的决策控制环节同样也需要在更精细的维度上频繁迭代调用，以适应自动驾驶自车和环境的动态变化。

（3）V2X 中的实时位置信息广播

自动驾驶汽车在单车足够智能化的前提下，为了适应整个交通体系的智能化，需要同时朝网联化方向发展。V2X 是智能网联汽车不可或缺的技术。高精度定位信息是 V2X 上最频繁不间断传输的基础信息，构成了 V2X 上运转的众多行驶信息的基础平台。

（4）即时定位与地图构建 SLAM 技术

在新一代的智能汽车感知决策技术中，从机器人技术中发展而来的 SLAM 将是最有前景的新技术之一。而基于多种传感器及其融合的高精度定位技术，是智能汽车 SLAM 的基石。全局实时动态的高精度定位能力是自动驾驶的必备能力，这已成为业界共识。基于 GNSS 系统，结合地基增强系统、传感器融合技术，以达成高精度定位能力，这个模式已成为高精度定位解决方案的首选。

4.2.2 卫星导航的工作原理

GPS 工作的五个逻辑步骤：全球定位系统的基础是三角测量；为了进行三角计算，GPS 接收机利用电磁波电信号的传播时间计算距离；为了测量电磁波信号传播时间，全球定位系统需要有非常精确的时间系统，设计者们使用了一些技巧实现了这种设计；除了距离，还需要知道卫星在太空中的位置；最后，必须修正信号通过大气层时引起的任何延迟。

卫星导航的工作原理（微课）

1．三角测量

我们在这里使用"三角测量"是很不严谨的，这个词大多数人可以理解，但是纯粹主

义者也不会要求全球定位系统是"三角测量",因为没有涉及的角度。但这里的确是"三边",利用三角形几何学知识可知,测边是确定对象相对位置的一种方法。

整个全球定位系统的构思是利用远在太空的卫星作为参考点为地球上的位置定位,它看起来似乎是不可能的,但是它的的确确是正确的,通过我们非常精确地测量出到三颗卫星的距离,就可以计算出我们在地球上的任何位置。

我们的接收机是如何计算出这个距离的,我们将稍后讲解。首先考虑如何利用到三颗卫星的距离准确地找到你的位置。

几何学上的构思如下:

步骤一:假设我们测量到我们到卫星的距离是11000mile(约17702.8km)。我们可能的位置是在一个以这个卫星为中心,半径为11000mile 的球面上,如图4-12所示。

步骤二:我们假设测量出我们距第二颗卫星的距离为12000mile,这意味着,我们不仅在第一个球面上,我们也在以第二颗卫星中心半径为12000mile的球面上。或者换句话说,我们处在这两个球面相交的一个圆上,如图4-13所示。

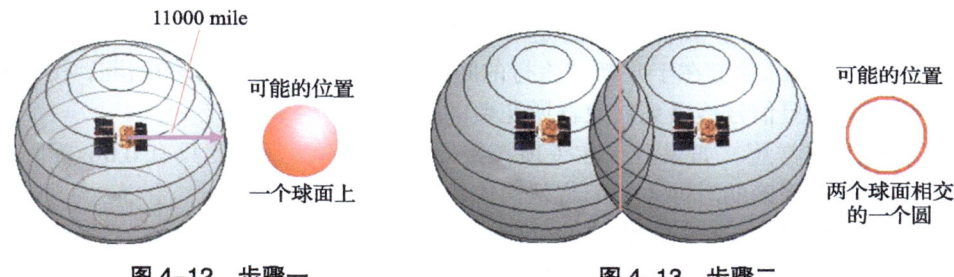

图4-12 步骤一　　　　　图4-13 步骤二

步骤三:如果我们观测到第三颗卫星,并且测量到此卫星的距离为13000mile,这样我们又缩小了我们位置的可能性——第三个球面与步骤二中产生的圆的交集将为两个点。这样,通过在太空中三颗卫星,我们可以将我们位置的可能性缩小到两点,如图4-14所示。

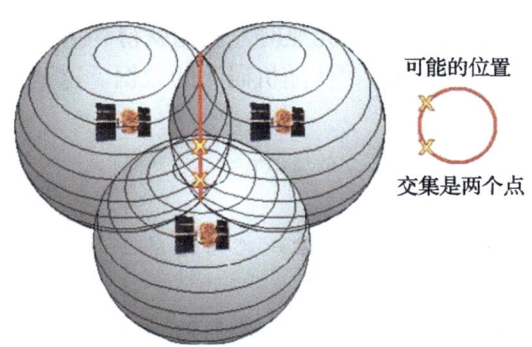

图4-14 步骤三

要决定哪一个是我们真正的位置,我们可以进行第四次测量。但通常这两个点中的一个是不可能的答案(或者距离地球太远,或以不可能的速度在移动),所以可以不需要经过第四次测量即可判断我最终的点。

在接下来的内容中，我们将看到系统如何测量到卫星的距离。

> **知识点**
>
> 1）通过测量到卫星的距离计算位置。
> 2）数学上，我们需要求得四个卫星的距离以确定确切位置。
> 3）如果我们拒绝荒谬的答案或使用其他手段，三个距离参数就已经足够了。
> 4）进行第四个距离的测量是出于一个技术原因的考虑，需要以后加以讨论。

2. 距离测量

我们在前文中看到至少要利用 3 颗卫星才能计算出位置。

数学上的构思如下：

从某种意义上说，整个事情归结为那些"速度乘以时间等于距离"的数学问题，和我们在高中一样，比如："如果一辆车以 60mile/h 的速度行驶 2h，它旅行了多远？"

$$速度（60mile/h） \times 时间（2h） = 距离（120mile）$$

在全球定位系统里，我们衡量的是一个无线电信号，其速度是光的速度，或大约 186000mile/s。问题的关键在于判断"旅行的时间"。时间是比较棘手的问题，我们需要精确的时钟来衡量卫星信号传播到接收器所花费的时间。

首先，时间非常短。如果卫星在头顶，传播的时间大约短暂到只有 0.06s。因此，我们将需要一些真正精确的时钟（我们将很快谈论这些）。

其次，假设我们有精确的时钟，我们怎么衡量信号传播的时间呢？为了解释它，让我们使用一个比喻：假设有一个办法让卫星和接收机在中午 12 点准时同时播放一首歌曲，如果声音可以从太空传到我们这里（这当然是荒谬的），然后在接收机端，我们会听到两个版本的歌曲，一个从我们的接收机传过来，另一个从卫星传过来。这两个版本是不同步的，从卫星传来的版本将会有一个小小的延迟，因为它不得不穿越超过 11000mile 的距离。如果我们想看看从卫星传来的版本究竟延迟了多长时间，我们可以先推迟接收机的版本，直到两者进入完美的同步播放。我们回调接收机版本的时间就等于卫星版本歌曲传播的时间。所以，当我们用这个时间乘以光速时，我们就得到了接收机到卫星的距离。

卫星和接收机使用的是一种叫做"伪随机码"的数据。这基本上解释了全球定位系统是如何工作的。

> **知识点**
>
> 1）测量到卫星的距离是通过测量无线电信号从卫星到达我们所用的时间获得的。
> 2）为了进行这样的测量，我们假设：我们的卫星和接收器都在完全相同的时间产生相同的伪随机码。
> 3）通过比较到达接收器的卫星的伪随机码与接收器的数据码，我们就可以确定其到达我们的位置所花费的时间。
> 4）用光的速度乘以传播的时间即可得到距离。

备注：伪随机码的定义：结构可以预先确定，可重复产生和复制，具有某种随机序列随机特性的序列码。其应用学科：航空科技（一级学科）；航空电子与机载计算机系统（二级学科）。

3．获取精确时间

如果衡量一个无线电信号的传播时间是 GPS 的关键，那么我们就可以使用我们的手表进行计时了吗？答案是不行的，因为如果即使两者的时间只是偏移了 0.001s，以光的速度，就形成了近 200mile 的错误！

在卫星上面，时间几乎是精确的，因为它有非常精确的原子钟。但是对于我们在地面上的接收机呢？无论如何请记住，卫星和接收机必须具有精确同步的伪随机码，才能保证系统的精确工作。如果我们的接收机需要原子钟（需要花费 5 万~10 万美元），那么全球定位系统将是一个跛脚的技术，因为没有人能够负担得起。

幸运的是全球定位系统的设计者想出了一个好办法，让我们能够使用上有更精确时钟的接收机。得益于这一关键的技术，使得每个 GPS 接收机从本质上拥有了类似于原子钟一样精确的时间系统。

秘密在于利用第四颗卫星进行额外的距离测量（图 4-15）。如果三个精确的测量可以确定一个三维空间的点，那么四个不精确的测量同样可以做到。这一观点对于 GPS 来说非常重要，我们将有一个单独的说明部分，显示它是如何工作的。

以下解释如何用额外的测量解决接收机时间的偏差。

如果我们的接收机的时钟是精确的，那么我们所有的以卫星为中心接收机到卫星距离为半径形成的球面将相交于一个点（这点就是我们的位置）。但如果不够精确，第四次测量，作为一个交叉检查工作，将不会与前三次相交。因此，接收机的控制中心会说："那里是我的测量误差，我不能精确同步通用时间。"

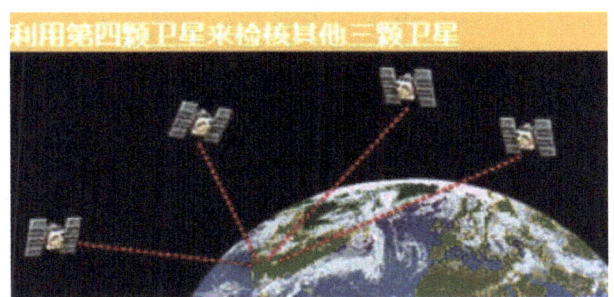

图 4-15 获取精确的时间

因为任何时间偏移会影响我们所有的测量，所以接收机在寻找一个与其有关的校正因子，然后从所有的时间测量中减去它，从而使得它们都相交于一个点。若还不理解，我们可以用数学的方式来解释。

假设卫星 i 的空间位置已知为 $(X_i、Y_i、Z_i)$，而接收机的空间位置为 $(X、Y、Z)$，接收机到卫星 i 的距离为 P_i，由于接收机时间偏差引起的误差而引入的校正因子 q。

由接收机到 3 颗卫星的距离可以得到三个方程：

$$\begin{cases} (X_1 - X)^2 + (Y_1 - Y)^2 + (Z_1 - Z)^2 + q = P_1^2 \\ (X_2 - X)^2 + (Y_2 - Y)^2 + (Z_2 - Z)^2 + q = P_2^2 \\ (X_3 - X)^2 + (Y_3 - Y)^2 + (Z_3 - Z)^2 + q = P_3^2 \end{cases}$$

但是4个未知数（X、Y、Z、q）却只有三个方程，很明显无解，很直观的解决方法就是再加入一个方程，校正因子的问题就迎刃而解了，这就是引用第四颗卫星的原因。

$$\begin{cases} (X_1 - X)^2 + (Y_1 - Y)^2 + (Z_1 - Z)^2 + q = P_1^2 \\ (X_2 - X)^2 + (Y_2 - Y)^2 + (Z_2 - Z)^2 + q = P_2^2 \\ (X_3 - X)^2 + (Y_3 - Y)^2 + (Z_3 - Z)^2 + q = P_3^2 \\ (X_4 - X)^2 + (Y_4 - Y)^2 + (Z_4 - Z)^2 + q = P_4^2 \end{cases}$$

这样带来的效果就是使得接收机的时钟与通用时间得到了同步，恭喜你获得了具有原子钟精度的时间的接收机。一旦得到了这种校正因子，并将它应用到余下的所有测量，我们将得到精确的定位。

这一原则带来一个后果：任何合格的GPS接收机必须有至少四个通道（channels），以便它可以同时进行四个距离测量。随着伪随机码作为时间同步的凭据，以及这额外的第四次测量的技巧让我们实现了与通用时间得到了精确的同步，我们已经得到的方法可以精确测量我们与太空中卫星的距离。但对于三角测量工作，我们不仅需要知道距离，我们还需要知道卫星确切的位置。

> **知识点**
> 1）准确的时间是测量到卫星距离的关键。
> 2）卫星时钟是准确的，因为它装有原子钟。
> 3）接收机时钟不必太准确，但是一个额外的卫星测距可以消除这样的不准确引起的误差。

4. 获取卫星位置

如何知道太空中的卫星在哪里？前面我们假设已知GPS卫星的位置，就可以利用它们作为参考点。但怎么知道它们在哪儿？毕竟它们是在距离地面大约为11000mile的太空中。

11000mile的高度对我们是有帮助的，因为是远在大气层之外，没有大气层的干扰，这意味着它会根据非常简单的数学方式（轨道）运行。根据全球定位系统总体规划，每颗GPS卫星都被注入了非常精确的轨道。

地面上所有的GPS接收机都会包含卫星年历，这些年历会每时每刻告诉我们每颗卫星在天空中的位置。基本轨道是相当准确的，但是为了让轨道更加精确，还要不断地监测GPS卫星，用非常精确的雷达来检查每颗卫星的确切高度、位置和速度。

监测到的偏差被称为"星历误差"，这些偏差是由来自月球和太阳的引力以及太阳辐射对卫星的压力引起的。这些偏差通常很轻微,但如果你想非常准确,就必须考虑这个问题。

一旦美国国防部测量得到了卫星新的确切位置,他们将传递新的位置信息到卫星本身。然后该卫星将在广播时间信号的同时,广播这个修正的位置信息给用户。因此,一个GPS信号不仅包含了计时伪随机码,还包含具有导航信息的星历文件。

> 知识点
> 1)若要想使用卫星作为参考物进行距离测量,我们就必须知道其精确的位置。
> 2)GPS卫星的轨道是非常明确的。
> 3)由美国国防部监测GPS卫星轨道的微小变化。
> 4)轨道的偏差信息将会被发送到GPS卫星,卫星再将这些信息随着时间信号而广播给用户。

5. 误差改正

截至目前,我们一直在抽象地解释全球定位系统的计算方法,好像整个事情是在真空中发生。但在现实世界,有可能很多事情的发生会影响到GPS信号。要使得该系统发挥最大的作用,一个良好的GPS接收机在计算位置时应需要考虑到各种可能的错误。

首先,我们在本教程中的基本假设之一是不完全正确的。我们一直在说,利用光速乘以电磁波信号的传播时间就可以计算出接收机到卫星的距离。但是,光速在真空中是恒定的,在我们的大气中呢?很明显,不是的。大气层的结构示意如图4-16所示,由于GPS信号穿过含有带电粒子的电离层,然后通过对流层中的水蒸气时,它的速度将受到影响,这就产生了与由不精确的时钟引起的同样的偏差,见表4-1。

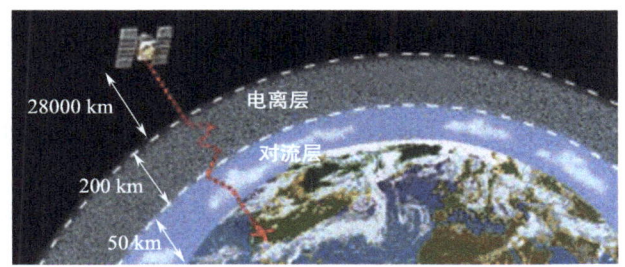

图4-16 大气层的结构示意

表4-1 全球定位系统的误差源概要　　　　　　　　　　　　　(单位:m)

典型误差(每颗卫星)	标准GPS	差分GPS
卫星钟差	1.5	0
轨道误差	2.5	0
电离层	5.0	0.4
对流层	0.5	0.2

（续）

典型误差（每颗卫星）	标准 GPS	差分 GPS
接收机噪声	0.3	0..3
多路径效应	0.6	0.6

有许多方法可以减少这种误差。一方面，我们可以预测研究在一个特定的时间里什么是典型的延迟。这就是所谓的误差建模，这个有一定的帮助，但大气条件很少是典型的。

另一种处理这些由大气诱发的偏差的方法是比较两个不同频率电磁波信号的相对速度。也就是我们经常说的双频接收机，这种"双频"测量是非常复杂的，必须具有先进的双频接收机，如图4-17所示。

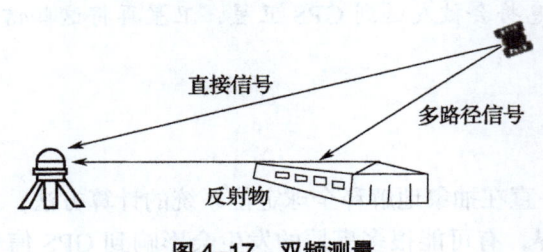

图 4-17 双频测量

当到达地面时，与 GPS 信号有关的问题并没有结束时，信号到达之前接收机可能会受到阻碍的反射。这就是所谓的多路径误差，与在电视上看到的"鬼影"类似。良好的 GPS 接收机能够使用先进的多路径抑制技术，以尽量减少接收到这种反射的信号。

即使卫星是非常复杂的，设计者必须考虑到系统中的一些微小错误。卫星上的原子钟是非常精确的，但它们也并不完美，也可能会发生微小的偏差，而这些将转化为测量传播时间的误差。

而对于卫星的位置，即便是不断地监视，也不能每秒钟都在更新卫星的位置。因此，微小的位置或"星历"的误差可能在监测间隙产生。

与接收机有关的误差是 GPS 性能的体现，也是 GPS 接收机所固有的误差，这些误差主要包括：

1）接收机钟差：如前文所述，利用四颗以上的卫星进行测量可以很好地解决接收机钟差问题。

2）天线相位中心偏差和变化：GPS 天线的几何中心与相位中心（由传入的电磁波信号形成）不一致而形成的偏差，此偏差主要随信号的高度角的变化而变化，与信号传入的方位角关系较小。

3）不同信号通道间的信号延迟偏差：如果通道间的信号延迟偏差都相同时，可被钟差吸收；如果通道间的信号延迟偏差都不相同时，将影响定位精度，以及电离层折射影响的确定。

此外，还有人为的故意误差！很难相信，美国军方会故意降低了花费了 120 亿美元建成的世界上最准确的导航系统的精度。这项政策被称为"Selective Availability"（选择可用性）或"SA"，该政策的目的是确保不让任何敌对方利用 GPS 制造精确的武器。

美国国防部将一些"噪声"引入卫星时钟数据，这些噪声（或误差）将影响到位置的计算；也可能发送轻微轨道数据误差到卫星。这些因素使得 SA 成为 GPS 最大的误差来源。而军事接收机采用了解密密钥以消除 SA 错误，因此更为准确。

2000 年 5 月 1 日，美国政府宣布将停止人为的 GPS 信号误差，由此 GPS 的民用用户可以得到较之前的系统提高至 10 倍的定位精度。停止 SA 政策的决定是基于一个最新的测量技术的持续的努力，使全球定位系统能够满足更多的民用和商业用户。

4.2.3 惯性导航的工作原理

1. 惯性导航技术简介

惯性导航系统（Inertial Navigation System, INS）是一种不依赖于外部信息，也不向外部辐射能量的自主式导航系统。其工作环境不仅包括空中、地面，还可以在水下。惯性导航的基本工作原理是以牛顿力学定律为基础，通过测量载体在惯性参考系的加速度，将其对时间进行积分，并变换到导航坐标系中，就能够得到在导航坐标系中的速度、偏航角和位置等信息。

惯性导航的工作原理（微课）

2. 发展进程

第一代惯性导航技术是指 1930 年以前的惯性技术，奠定了整个惯性导航发展的基础。牛顿三大定律成为惯性导航的理论基础。

第二代惯性导航技术开始于 20 世纪 40 年代火箭技术发展的初期，其研究内容从惯性仪表技术发展扩大到惯性导航系统的应用。

20 世纪 70 年代初期，第三代惯性导航技术发展阶段出现了一些新型陀螺仪、加速度计和相应的惯性导航系统，其研究目标是进一步提高 INS 的性能，并通过多种技术途径来推广和应用惯性技术。

当前，惯性导航技术正处于第四代发展阶段，其目标是实现高精度、高可靠性、低成本、小型化、数字化、应用领域更加广泛的导航系统。

3. 技术组成

惯性导航技术主要包括陀螺仪技术、加速度计技术和航位推测技术。

1）陀螺仪技术是利用高速旋转的陀螺提供运载体角位移或角速度技术。机电陀螺仪是高速旋转的转子，运载体发生角运动时，转子绕垂直于自转轴的一根轴或两根轴发生进动，从而敏感出运载体的角运动。这种装置具有极高的稳定性。根据这一原理，将陀螺仪作为惯性导航的基准和稳定系统。

2）加速度计技术是测量运载体线加速度的技术。可以测量出运载体线加速度，并输出与加速度成比例的电信号，供计算和控制运载体位置使用。

3）航位推测技术是根据已知运载体的初始位置，利用由陀螺仪和加速度计敏感出的运载体运动航向和加速度，推算出运载体当前位置的技术。其原理是从一已知点的位置根据连续测得的运载体航向角和速度推算出其下一点的位置，因而可连续测出运载体的当前位置。

惯性导航系统中的陀螺仪用来形成一个导航坐标系，使加速度计的测量轴稳定在该坐标系中，并给出航向和姿态角；加速度计用来测量运载体的加速度，经过对时间的一次积分得到速度，速度再经过对时间的一次积分即可得到位移。

4. 应用领域

惯性导航技术主要应用在导弹制导、飞机导航、舰船导航、地理勘探、深海探测、小型飞行器自主导航、人机交互领域、移动设备和识别领域等。

车辆在 GPS 导航过程中，在失去 GPS 信号的情况下能够利用自带的加速度计和陀螺仪进行惯性导航，比如在进入隧道的时候可以通过自身所带的惯性导航系统进行导航。

惯性导航技术应用于无人机，可以为无人机提供精确的速度、位置、姿态等信息，从而实现其精确的导航定位。

惯性导航所要解决的基本问题是不断确定载体的姿态、速度和位置。任何物质的运动和变化，都是在空间和时间中进行的。物体的运动或静止及其在空间的位置是指它相对另一物体而言。这就是说，在描述物体的运动时，必须选定一个或几个物体作为参考系。当物体对于参考系的位置有了变化时，就说明该物体发生了运动；反之，如果物体对于参考系没有发生任何位置变化，就说明该物体是静止的。

惯性导航是通过采用惯性仪器或装置（陀螺仪和加速度计），实时测量载体运动相对某一空间基准的三维空间导航坐标系中的加速度，经计算得到载体的实时速度、位置以及姿态信息。为了保证加速度计的输出是导航坐标系中的矢量，根据构建导航坐标系方法和途径的不同，可将惯性导航系统分为两种类型：一种是采用物理平台模拟导航坐标系的系统，称为平台式惯性导航系统；另一种是采用数学算法确定导航坐标系的系统，称为捷联式惯性导航系统。平台式惯性导航系统采用陀螺稳定平台来始终跟踪所需要的导航坐标系，以解决安装在稳定平台上的加速度计输出信号的基准问题。例如，当选择当地水平坐标系为导航坐标系时，通过陀螺的作用使平台始终跟踪当地水平面，三个直角坐标轴始终指向东、北、天空方向，沿这三个坐标轴安装的加速度计分别测量出载体沿东西、南北和垂直方向的运动加速度。将这三个方向上的加速度分量分别积分，便可以得到载体沿这三个方向的速度分量。将这三个方向上的速度分量再分别积分，便得到载体沿这三个方向的位置分量。载体在地球上的位置用经度、纬度和高程表示，它们的时间变化率可由载体沿东、北和垂直方向的运动速度计算得到。

在惯性导航系统中，陀螺仪提供载体的姿态改变量或它相对惯性空间的转动速率。但是，加速度计却不能够将载体的总加速度即相对惯性空间的加速度与地球引力场引起的加速度分离。这些传感器实际上提供的测量值是相对惯性空间的加速度与引力场吸引产生的加速度的代数和，简称比力（Specific Force）。不论是平台式惯导系统，还是捷联式惯导系统，都要用到比力方程。所以，对于惯性导航系统而言，需要联合有关载体转动测量值、比力和引力场的知识来计算相对于事先定义的参考框架中姿态、速度和位置的估计值，以实现其导航功能。

作为一种导航系统，惯性导航也有自己的不足之处，它也存在误差。在分析惯导系统的工作原理时，是将惯导系统视为一个理想的系统。比如，认为指北方位系统的平台系真实地模拟了地理系。但在实际惯导系统中，惯性元件、元件安装以及系统的工程实现中各个环节都不可避免地存在误差。在这些误差因素影响下，惯导系统输出的导航参数不可避免地会有或大或小的误差，没有误差的导航系统是不存在的。研究惯导系统误差的目的在于：通过分析确定各种误差因素对系统性能的影响，对关键元器件提出适当的精度要求；借助误差分析，可以对系统的工作情况和主要部件的质量进行评价；误差分析的结论是建立初始对准的理论基础，使惯导系统开始工作时有一个精确的初始条件；通过分析误差源对系统的影响，采取有效措施进行补偿，从而提高惯导输出参数精度。

惯性导航系统性能的误差因素称为误差源，根据误差产生的原因和性质，惯性导航的误差源可以分为下面几种：

1）元件误差：它包括加速度计和陀螺仪的不完善所引起的误差，主要指陀螺的漂移和加速度计的零位偏差，以及两个元件的刻度因数误差。

2）安装误差：指加速度计和陀螺安装到平台台体上的不准确性造成的误差。

3）初始条件误差：指初始对准及输入计算机的初始位置、初始速度不准所形成的误差。

4）计算误差：指由于导航计算机的字长限制和量化器的位数限制等所造成的计算误差。

5）原理误差：也叫编排误差，是由于力学编排中数学模型的近似、地球形状的差别和重力异常等引起的误差。例如，用旋转椭球体近似作为地球的模型，在导航参数的计算中就会造成误差；力学编排时忽略高度通道造成误差等。

6）外干扰误差：包括两个方面，一是由于飞机机动飞行时的冲击及振动引起的加速度干扰；二是与惯导系统交联的其他导航设备带来的方位误差和位置及速度误差。

惯性导航的误差源不是彼此孤立的。根据其来源、性质和对系统的影响，可以将其中的某几类划归到另几类中去，也可舍去一些次要因素，从而使问题的分析简单明了。理论和实践证明，对惯性系统的工作性能影响较大的还是元件误差、安装误差和初始条件误差。因此，为了减弱这些误差对惯性导航系统的影响，我们需要通过误差改正方程去提高导航的精度。

惯性导航具有很多优点，在很多方面都发挥着重要的作用。一方面，陀螺的精度不断提高，漂移量可达（$6^\circ \sim 10^\circ$）/h；另一方面，随着 RLG、FOG、MEMS 等新型固态陀螺仪的逐渐成熟，以及高速大容量的数字计算机技术的进步，SINS 在低成本、短期中精度惯性导航中呈现出取代平台式系统的趋势。

在航天飞机、宇宙飞船、卫星等民用领域，以及在各种战略及战术导弹、军用飞机、反潜武器、作战舰艇等军事领域开始采用动力调谐式陀螺、激光陀螺和光纤式陀螺的捷联惯导系统，尤其是激光陀螺和光纤式陀螺是捷联惯导系统的理想器件。激光陀螺具有角速率动态范围宽、对加速度和振动不敏感、不需温控、启动时间特别短和可靠性高等优点。组合导航系统通常以惯导系统作为主导航系统，而将其他导航定位误差不随时间积累的导航系统如无线电导航、天文导航、地形匹配导航、GPS 等作为辅助导航系统，应用卡尔曼滤波技术，将辅助信息作为观测量，对组合系统的状态变量进行最优估计，以获得高精度的导航信号。组合导航系统在民用和军事上均具有重要意义。

惯性导航系统能测量飞机各种导航参数，如位置、地速、航迹角、偏航角、偏航距离、风向、风速等；也能测量姿态参数，如俯仰角、倾斜角和航向等；与飞机其他控制系统配合，能完成对飞机的人工或自动驾驶。惯性导航系统的优点是完全自主式的导航系统和系统校准后短时定位精确度高；惯性导航系统的缺点是存在积累误差，随时间定位精度低。惯性导航系统往往在现代飞机上与大气数据系统结合，称为大气数据参照系统。

惯性导航技术在国防科技中占有非常重要的地位，广泛地运用于航天、航空、航海等军事领域；随着惯性技术和计算机技术的不断发展以及成本降低，近几年来，许多国家将其应用领域扩大到民用领域，并发展开辟了更广阔的前景，例如广泛应用于地震、地籍、河流、油田的测量以及摄影、绘图和重力测量等方面。

惯性导航系统在军事上的运用最为广泛，代表了最先进的惯性导航技术。惯性制导的中远程导弹，一般来说命中精度的 70% 左右取决于惯性导航系统的精度，它基本上决定了导弹是否能打准的问题。对于核潜艇，由于潜航时间长，其位置和速度是变化的，而这些数据又是潜艇初始状态参数，直接影响潜艇导弹的命中精度，因而需要提供高精度的位置、速度等信号，而唯一能满足这一要求的导航设备就是惯性导航系统。又比如战略轰炸机，由于要求它经过长时间远程飞行后，仍能保证准确投放武器而命中目标，只有使用惯性导航系统才最为合适，因为这样不依赖外界信息，隐蔽性好，不易受到外界干扰，又不会因途经海洋、过沙漠而影响导航精度。这三大战略武器，如果没有精确的惯性制导或惯性导航配合，就不可能发挥其应有的战略威慑力量。同样，对于各种巡航导弹、战术导弹、舰艇、飞机、坦克等武器，也只有配备了惯性导航系统才能有效发挥其战斗力。

惯性导航技术不断拓展到新的应用领域，其范围已经由原来的陆地车辆、船舶、舰艇、航空飞行器等扩展到了大地测量、资源勘测、地球物理测量、海洋探测、铁路、隧道、航天飞机、星际探测、制导武器等各个方面。在我们日常生活中的必备用品，如摄影机、儿童玩具中，惯性导航技术也被广泛应用。在惯性导航系统研究方面，价格低廉且体积小和高精度、高性能的惯性传感器，是未来一段时间内的发展方向。惯性导航技术将在未来导航定位系统中扮演十分重要的角色。

20 世纪 90 年代以后，惯导系统和 GPS 的互补性在各种国际学术会议和科技文献中得到反复强调，因为与其他导航系统相比，GPS 在精度上具有压倒性的优势，但惯导系统的完全自主的特性是 GPS 所不具备的，所以，惯导与 GPS 相组合已成为导航领域的重要发展方向。随着航行体机动性增大、航程加长、可靠性要求增高，均要求实现多信息的组合提高导航系统的余度和容错能力。因此，出现了地形辅助惯性导航系统、多普勒惯性组合导航系统、合成孔径雷达惯性组合导航系统（INS/SAR）等多种组合导航方式，它们各自取长补短，不仅使组合后的导航精度要高于两个系统单独工作的精度，而且扩大了系统的使用范围，增强了系统的可靠性。

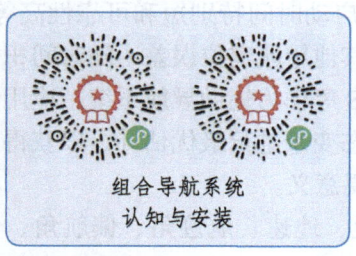
组合导航系统
认知与安装

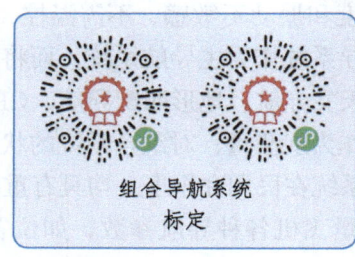
组合导航系统
标定

组合导航系统
故障检测

本章小结

本章主要讲解了智能网联汽车导航定位的定义与全球导航卫星系统的类型，**GPS** 的组成与原理、差分全球定位系统、**GPS/DR** 组合导航定位系统，惯性导航系统的定义、作用和特点，以及高精度地图的定义与作用等。通过学习，学生可以较全面地掌握智能网联汽车高精度地图与导航定位系统的基本知识。

课后习题

一、名词解释

1. 导航定位

2. 全球定位系统

3. 北斗卫星导航定位系统

4. 惯性导航系统

5. 高精度地图

二、填空题

1. 全球导航卫星系统包括美国的_____、中国的_____、俄罗斯的_____以及欧洲空间局的_____。
2. 高精度是指定位精度要达到_____。
3. 差分全球导航定位系统（DGPS）是在 GPS 的基础上利用_____ 技术使用户能够从 GPS 系统中获得更高的精度。DGPS 系统由_____、_____和_____组成。
4. 惯性导航系统一般采用_____ 和_____ 来测量载体参数。
5. 在自动驾驶过程中，高精度地图起到了_____、_____、_____等作用。

三、选择题

1. 不属于 GPS 的是（　　）。
   A. 卫星　　　　B. 控制站　　　　C. 接收机　　　　D. 高精度地图
2. 具有定位和通信功能的是（　　）。
   A. 美国的全球定位系统（GPS）
   B. 中国的北斗卫星导航定位系统（BDS）
   C. 俄罗斯的格洛纳斯（GLONASS）卫星定位系统
   D. 欧洲空间局的伽利略（GALILEO）卫星定位系统
3. GPS 定位时要求接收机至少观测到（　　）颗卫星的距离观测值才能同时确定出用户所在空间位置。
   A. 3　　　　B. 4　　　　C. 5　　　　D. 6
4. RTK 技术是一项能够在野外实时得到（　　）级定位精确的测量方法，这项技术采用了载波相位动态实时差分。
   A. 毫米　　　　B. 厘米　　　　C. 分米　　　　D. 米
5. 高精度地图采集使用的传感器是（　　）和（　　）。
   A. 毫米波雷达　　　B. 超声波传感器　　　C. 激光传感器　　　D. GPS

四、问答题

1. 智能网联汽车的定位技术主要有哪些？

2. GPS 的工作原理是怎样的？

3. BDS 有哪些特点？

4. 为什么无人驾驶汽车必须配备惯性导航系统？

5. 导航地图和高精度地图的主要区别是什么？

第 5 章
智能网联汽车智能决策技术

知识目标
- 了解智能网联汽车智能决策技术。
- 了解智能网联汽车计算平台。

能力目标
- 认识智能网联汽车计算平台硬件组成。

素养目标
- 树立安全意识。
- 形成汽车行业相关从业者的专业素养。
- 培养自主学习、查找资料、制订工作计划的能力。

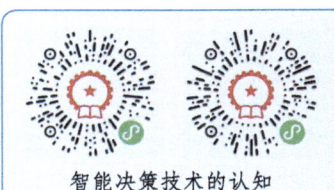

智能决策技术的认知

5.1 智能决策技术

5.1.1 智能决策技术的基础概念

智能网联汽车是集感知、决策和控制等功能于一体的自主交通工具,其中,智能决策是依据感知信息来进行决策判断,确定适当工作模型,制定相应控制策略,替代人类驾驶员做出驾驶决策。这部分功能类似于给智能网联汽车下达相应的任务:一方面要进行预测,例如在车道保持、车道偏离预警、车距保持、障碍物警告等系统中,需要预测本车及相遇的其他车辆、车道、行人等在未来一段时间内的状态;另一方面要进行规划,对于周围的车辆或其他障碍物,智能网联汽车需要在给定的约束条件下,规划出一条可以走的路线。在一套完整的自动驾驶系统中,如果将环境感知模块比作人的眼睛,那么智能决策模块就是自动驾驶的大脑。智能决策技术的功能如图 5-1 所示。

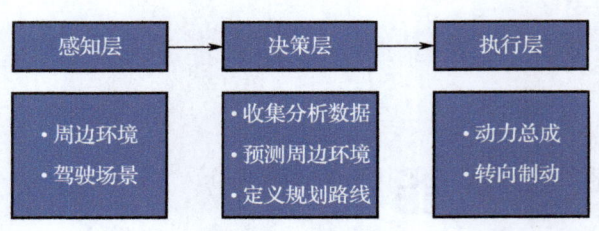

图 5-1　智能决策技术在智能网联汽车上的应用

5.1.2　智能决策技术及其组成与体系

1. 智能决策系统的组成

传统意义上自动驾驶系统的决策控制软件系统包含环境预测、行为决策、动作规划、路径规划等功能模块。

（1）环境预测模块

环境预测模块作为决策规划控制模块的直接数据之一，其主要作用是对感知层所识别到的物体进行行为预测，并且将预测的结果转化为时间空间维度的轨迹传递给后续模块。通常感知层所输出的物体信息包括位置、速度、方向等物理属性，利用这些输出的物理属性，可以对物体做出"瞬时预测"。环境预测模块不局限于结合物理规律对物体做出预测，而是可结合物体和周边环境以及积累的历史数据信息，对感知到的物体做出更为"宏观"的行为预测。例如在图 5-2 所示中，通过识别行人在人行道的历史行进动作预测出行人可能会在人行道上穿越路口，而通过车辆的历史行进轨迹可判断其会在路口右转。

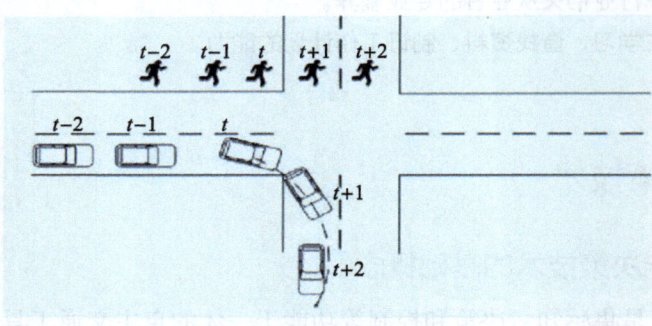

图 5-2　环境预测示意图

（2）行为决策模块

行为决策模块在整个自动驾驶决策规划控制软件系统中扮演着"副驾驶"的角色。这个层面汇集了所有重要的车辆周边信息，不仅包括了自动驾驶汽车本身的实时位置、速度、方向，还包括车辆周边一定距离以内所有相关障碍物信息以及预测的轨迹。行为决策层需要解决的问题，就是在知晓这些信息的基础上，决定自动驾驶汽车的行驶策略。

由于需要考虑多种不同类型的信息，行为决策问题往往很难用单一的数学模型来求解，而是要利用一些软件工程的先进理念来设计规则引擎系统。规则引擎是将业务规则决策从程序代码中分离出来，并使用预定义的语义模块编写业务决策的组件。该组件能实现业务语言建模、业务规则编写、业务规则执行等功能。例如在 DARPA 挑战赛中，美国斯坦福大学的无人车系统利用一系列有限状态机来设计无人车的轨迹和操控指令。现阶段马尔可夫决策过程的模型也开始被越来越多地应用于自动驾驶系统行为层面的决策算法实现当中。简而言之，行为决策层面需要结合环境预测模块的结果，输出宏观的决策指令，供后续的规划模块去更具体地执行。

（3）动作规划模块

自动驾驶汽车规划模块包括动作规划和路径规划两部分。动作规划模块主要是对短期甚至是瞬时的动作进行规划，例如转弯、避障、超车等动作；而路径规划模块是对较长时间内车辆行驶路径的规划，例如从出发地到目的地之间的路线设计或选择。

自动驾驶系统的设计思路是建立若干个行驶状态，通过不同的条件触发行驶状态切换。这种设计思路存在切换过程平顺性较差的问题。在实际的系统设计过程中，主要采用将道路中的真实目标和非真实目标都描述成虚拟质点的方法来强化车辆行驶的平顺性。其中，真实目标主要是指车辆、行人等因素；非真实目标包括限速、红灯、停车点、道路曲率、天气条件等。基于虚拟质点模型方法的优势在于将算法模型统一，有效避免了传统控制算法中因目标或控制模式切换产生的车辆加减速度跳变的问题。

（4）路径规划模块

自动驾驶汽车路径规划模块是指在一定的环境模型基础上，给定自动驾驶汽车起始点和目标点后，按照性能指标规划出一条无碰撞、能安全到达目标点的有效路径。路径规划主要包含两个步骤：建立包含障碍区域与自由区域的环境地图；在环境地图中选择合适的路径搜索算法，快速实时地搜索可行驶路径。路径规划结果对车辆行驶起着导航作用，它引导车辆从当前位置行驶到达目标位置。环境地图表示方法主要分为度量地图表示法、拓扑地图表示法等。

2．决策技术的结构体系

决策层是自主驾驶系统智能性的直接体现，对车辆的行驶安全性和整车性能起着决定性作用，以谷歌和斯坦福等为代表的众多企业和高校做了大量研究。常见的决策体系结构有分层递阶式、反应式以及两者的混合式。

（1）分层递阶式体系结构

分层递阶式体系结构是一个串联系统结构，如图 5-3 所示。在该结构中，智能驾驶系统的各模块之间次序分明，上一个模块的输出即为下一个模块的输入，因此又称为"感知—规划—行动"结构。当给定目标和约束条件后，规划决策就根据即时建立的局部环境模型和已有的全局环境模型决定出下一步的行动，进而依次完成整个任务。

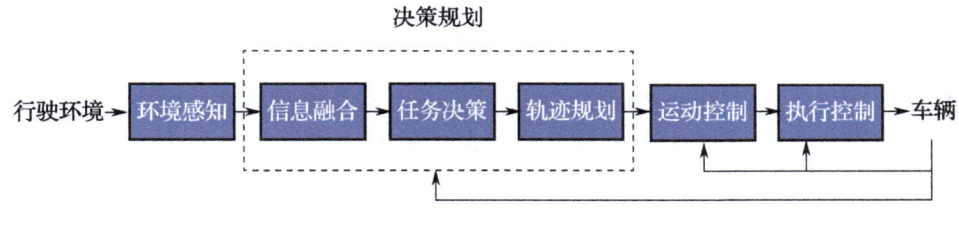

图 5-3　分层递阶式体系结构

由于该结构对任务进行了自上而下的分解，从而使得每个模块的工作范围逐层缩小，问题的求解精度也就相应地逐层提高，具备良好的规划推理能力，容易实现高层次的智能控制。但是它也存在以下不足：

1）它对全局环境模型的要求比较理想化，全局环境模型的建立是根据地图数据库先验信息和传感器模型实时构造信息，所以它对传感器提出很高的要求；与此同时，存在的计算瓶颈问题也不容忽视，从环境感知模块到执行模块，中间存在着延迟，缺乏实时性和灵活性。

2）分层递阶式体系结构的可靠性不高，且其中某个模块出现软件或者硬件上的故障，信息流和控制流的传递通道就会受到影响，整个系统很有可能发生崩溃而处于瘫痪状态。

（2）反应式体系结构

与分层递阶式体系结构不同，反应式体系结构采用并联结构。如图5-4所示，每个控制层可以直接基于传感器的输入进行决策，因而它所产生的动作是传感器数据直接作用的结果，可突出"感知—动作"的特点，易于适应完全陌生的环境。其中，基于行为的反应式体系结构是反应式体系结构中最常用的。反应式体系结构最早于1986年成功应用于移动机器人。其主要特点是存在着多个并行的控制回路，针对各个局部目标设计对应的基本行为，这些行为通过协调配合后作用于驱动装置，产生有目的的动作，形成各种不同层次的能力。虽然高层次会对低层次产生影响，但是低层次本身具有独立控制系统运动的功能，而不必等高层次处理完毕。反应式体系结构中的许多行为主要设计成一个简单的特殊任务，所以感知、规划和控制三者可紧密地集成在一起，占用的存储空间不大，因而可以产生快速的响应，实时性强。同时，每一层只需负责系统的某一个行为，整个系统可以方便灵活地实现低层次到高层次的过渡，而且如果其中一层的模块出现了预料之外的故障，剩下的层次仍能产生有意义的动作，系统的鲁棒性得到了很大的提高。

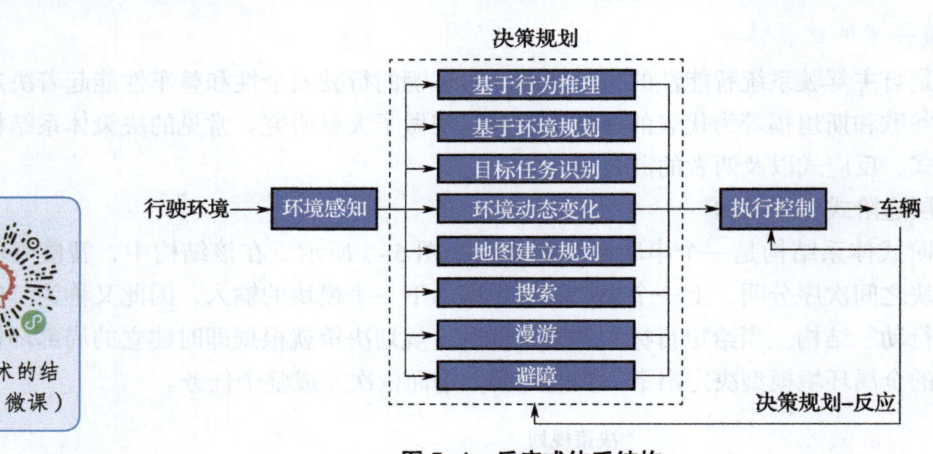

图5-4 反应式体系结构

但是其设计方面也存在一些难点：由于系统执行动作的灵活性，需要特定的协调机制来解决各个控制回路对同一执行机构争夺控制的冲突，以便得到有意义的结果。除此之外，随着任务复杂程度以及各种行为之间交互作用的增加，预测一个体系整体行为的难度将会增大，缺乏较高等级的智能。

（3）混合式体系结构

递阶式体系结构和反应式体系结构各有优劣，都难以单独满足行驶环境复杂多变的使用需求，所以越来越多的业内人士开始研究混合式体系结构，将两者的优点进行有效的结合。如图 5-5 所示，在全局规划层次上，生成面向目标定义的分层递阶式行为；在局部规划层次上，生成面向目标搜索的反应式体系的行为分解。

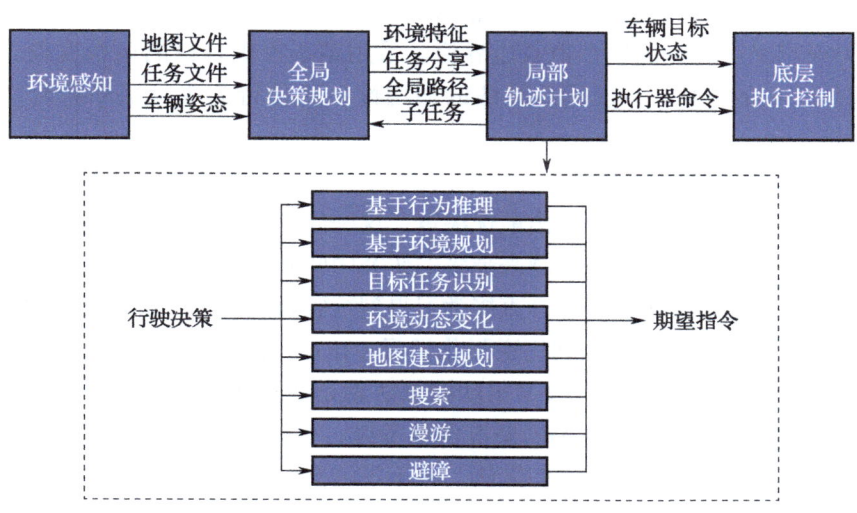

图 5-5　基于功能和行为分解的混合式体系结构

车辆驾驶决策技术是实现自主驾驶的核心，不良驾驶决策将影响车辆自身安全、节能和舒适性，并造成外部交通流效率降低。国内外学者在基于环境信息、车辆状态等方面的智能驾驶决策方法已取得了一些成果，能够在一定程度上满足复杂、动态的实际交通场景。

5.1.3　先进决策理论及其发展趋势

1. 先进决策理论简介

先进的决策理论包括基于多准则的决策方法、基于模糊决策的行为方法、强化学习和数据驱动方法、贝叶斯网络方法等。由于人类驾驶过程中所面临的路况与场景多种多样，且不同人对不同情况所做出的驾驶策略应对也有所不同，因此类人的驾驶决策算法的优化需要非常完善高效的人工智能模型以及大量的有效数据。这些数据需要尽可能地覆盖到各种罕见的路况，而这也是驾驶决策发展的最大瓶颈所在。

智能决策技术未来的发展趋势（微课）

（1）基于多准则的决策方法

行为决策层结合当前的交通信息决策出合理行为执行全局路径规划产生的命令。在早期研究中，例如在 DAPRA 比赛中，多是针对特定比赛的场景设计出一些行为状态，利用外部事件驱动状态机完成状态转移。这类方法执行效率高，缺点是从问题建模的角度看通用性较差，从决策角度看依赖对外部事件反应时的决策也同真实驾驶行为相差较远。但它的成功应用也为解决行为决策问题提供了一种思路。

（2）层次状态机是针对该问题的一种有效建模方法

上层负责根据行驶场景切换状态，下层根据当前道路、交通等的具体情况做出决策，不仅可以降低状态总维数，还可以减少下层的无效计算，提高整体计算效率。基于模糊决策的行为方法，建立层次状态机模型。该模型所得结果符合智能车辆进行合理决策以确保行驶安全性的要求。还可以通过对权重的配置，考虑不同驾驶特性本身变化的存在。建立特性属性时，需要明确属性值及其边界值。但它没有考虑时间对驾驶特性的影响，使得很难确定统一的属性值及边界值。采用基于模糊理论的隶属度概念对不同的行驶行为做出评价决策，不仅提高算法的适用性，还使行为决策结果符合实际驾驶员的操作。

（3）强化学习和数据驱动方法

自动驾驶车辆在复杂环境中做出最优决策，这一问题与强化学习的定义非常吻合。随着深度强化学习技术的快速发展，越来越多的研究团队开始将其应用于自动驾驶决策规划中，将行为决策与运动模块相融合，直接学习得到行驶轨迹。为了解决环境奖励函数不易获得的问题，人们还提出了首先利用逆强化学习（IRL）根据人类专家演示学习，然后再使用强化学习来学习最优策略。数据驱动的方法就是通过大量的案例统计分析，得到模型，使得遇到类似问题的时候，不需要过多地考虑，直接套用数据驱动的模型获得结果。数据驱动的方法其实就是基于经验的方法，只不过这些经验是模型通过大量的样本数据学习得到的。

端到端模型是使用一个深度神经网络，直接根据车辆状态和外部环境信息得出车辆的控制信号。尽管目前的端到端模型存在类似"黑箱"的不可解释性，但相信随着人类对深度神经网络理解的不断加深，这一方法因其突出的简洁高效优势而具有很强的发展潜力。

（4）贝叶斯网络方法

20世纪80年代初，以Judea Pearl为代表的学术界出现了一种新的思路：从基于规则的系统转变为贝叶斯网络。贝叶斯网络是一个概率推理系统，贝叶斯网络在数据处理方面，针对事件发生的概率以及事件可信度分析上具有良好的分类效果。它具有两个决定性的优势：模块化和透明性。因此，我们可以把深度学习的系统作为一个子模块融入其中，专家系统可以是另一个子模块，也融入其中，这意味着我们有了多重的冗余路径选择。这种冗余构成了贝叶斯网络的子节点，将有效强化输出结果的可靠性，避免一些低级错误的发生。透明性是贝叶斯网络的另一个主要优势。对于自动驾驶而言，这尤为关键，因为你可以对整个决策的过程进行分析，了解出错的是哪个部分。可以说贝叶斯网络是理性决策的极佳实现，适合用于设计整个决策的顶层框架。

2．智能决策技术未来的发展趋势

人工智能机器学习、深度神经网络以及联网通信等技术的发展，作为发展的技术路径，也促进了自动驾驶技术由单一的样机演示向具备一定落地应用能力并可以实现自主定位的典型交通场景的方向发展。

（1）人工智能

人工智能是研究、开发用于模拟、延伸和扩展人的智能的理论、方法、技术及应用系统的一门新的技术科学。它意在探索智能的实质，并生产出一种新的能与人类智能相似的方式做出反应的智能机器。重要的应用领域就是自动驾驶，主要目标是使智能网联汽车具备一定的自主学习能力，并能对简单交通环境形成记忆性认知。现阶段人工智能技术在智能网联汽车领域的主要应用体现在以下几个方面。

1）实现对环境物体的识别与认知。利用多目视觉、激光雷达、毫米波雷达等传感器件及识别算法，可以实现对实际道路环境中多曲面物体的准确识别。同时融入深度学习技术后，可对各物体三维空间尺寸及特征信息形成迭代分类，从而使自动驾驶汽车具有对多种类环境物体的识别与认知能力。

2）实现对可行驶区域的检测。利用基于先进传感器的地图采集技术可以提取道路的详细标注（标志、标线、信号灯等）和高精度位置（经度、纬度、高度等）等信息，从而实现自动驾驶汽车对道路平面特征的提取。同时基于深度学习，可实现对道路可行驶、不可行驶区域的认知识别。

3）实现行驶路径的规划与决策。决策规划处理是人工智能技术在自动驾驶中的另一个重要应用场景。现阶段主流的人工智能方法包括状态机、决策树、贝叶斯网络等。伴随着深度学习与增强学习技术的发展，现已实现了对复杂工况的决策并能进行在线优化学习。由于在实际道路中影响驾驶路径规划的因素非常多，势必会占用较多的计算资源。为提高计算效率，日本研究学者提出了"安全场"的研究思路，即形成典型交通场景作为深度学习神经网络的输入，以提高自动驾驶汽车的决策效率，提升路径规划能力。基于机器学习的非结构化道路检测框架如图5-6所示。

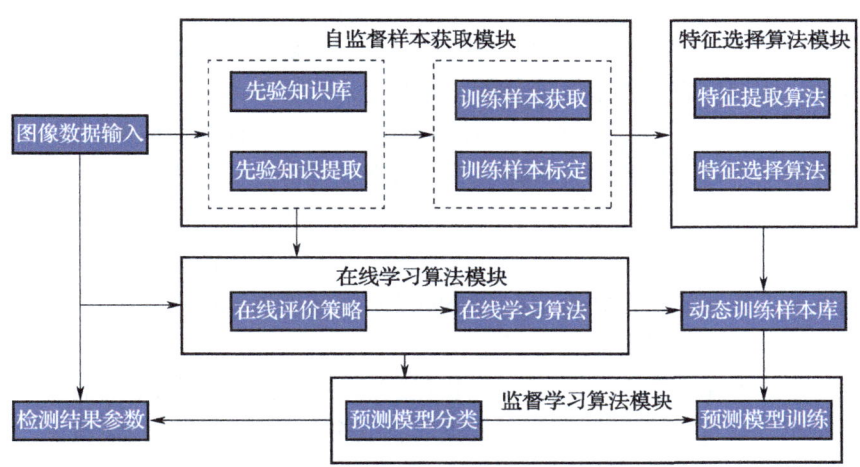

图5-6 基于机器学习的非结构化道路检测框架

（2）智能网联

结合通信技术的发展，运用车与车、车与路、车与人、车与云之间的实时通信技术，可为人工智能技术在自动驾驶技术应用过程中的数据、计算与算法等三大要素提供进一步支持，还可面向多车型、多场景智能驾驶需求，提供解决群体智能驾驶系统协同驾驶所面临的问题。基于智能网联的车云协同自动驾驶系统的具体架构如图5-7所示。

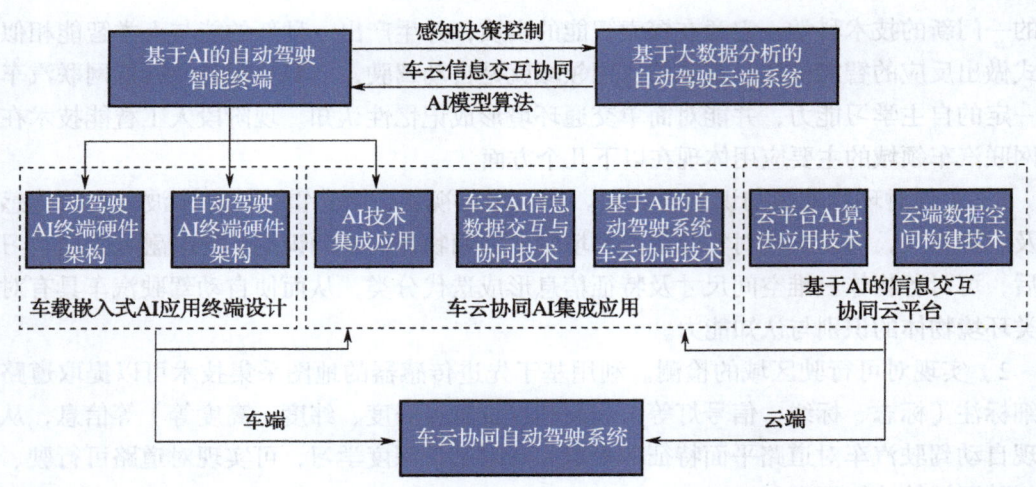

图 5-7 基于智能网联的车云协同自动驾驶系统构建方案示意图

  该架构方案分为基于 AI 的自动驾驶智能终端和基于大数据分析的自动驾驶云端系统两部分,共同形成了一种集复杂环境精确感知,通行智慧决策与行车控制优化执行的车云协同一体自动驾驶系统。车云协同技术在不同的行车工况与应用场景中,可实现精准的行车环境感知,智慧通行决策与优化行车动作控制,并实现车端与云端之间的信息数据交互与协同。

  基于智能网联的自动驾驶系统车云协同技术主要解决多源异构数据融合不足和前端设备计算力不够的问题,即将车身传感器节点的采样数据(如 GPS/INS 数据、毫米波雷达数据)和多媒体数据(如摄像头图像)按一定频率传输到云端数据库,同时进行在线处理、离线处理、溯源处理和复杂数据分析,并基于人工智能集成应用算法的智能驾驶控制模型,为车辆决策提供可靠、高效的协同控制方案。人工智能算法应用技术云平台是自动驾驶云端系统的核心部分,其结合机器学习、数据挖掘等相关技术,对感知融合信息进行分析,为车辆控制规划提供决策依据。同时,利用虚拟化技术及网络技术整合大规模可扩展的计算、存储、数据、应用等分布式计算资源,完成人工智能模型算法的学习训练,实现在云端训练人工智能模型,并通过车云协同技术将其部署到嵌入式平台,使人工智能算法在车端自动驾驶系统上得到深度应用。

  目前,网联技术在自动驾驶领域的应用主要集中在信息服务和顶层监控,通过智能网联的技术路线实现高度自动驾驶仍需要解决信息安全、传输时延、网络覆盖等棘手问题,才能真正落地应用。

  (3)智能计算平台

  自动驾驶汽车从交通运输工具逐步转变为新型移动智能终端。汽车功能和属性的改变导致其电子电气架构随之改变,进而需要更强的计算、数据存储和通信能力作为基础,车载智能计算平台是满足上述要求的重要解决方案。

  车载智能计算平台主要完成的功能是以环境感知数据、导航定位信息、车辆实时数据为依据,云端智能计算平台数据和其他 V2X 交互数据等作为输入,基于环境感知定位、智能规划决策和车辆运动控制等核心控制算法,输出驱动、传动、转向和制动等执行控制指令，实现车辆的自动控制，并向云端智能计算平台及 V2X 设备输出数据。它还能够通过人机交互界面，实现车辆驾驶信息的人机交互。

5.2 计算平台硬件及其解决方案

5.2.1 智能网联汽车计算平台的硬件需求

1. 智能网联汽车计算平台的硬件需求

智能网联汽车计算平台的硬件需求(微课)

智能网联汽车计算平台的应用

如今，打开一辆智能网联汽车的行李舱，都是一堆计算设备，不但没有地方放置行李，而且还要解决它的整个系统稳定性问题。当硬件传感器接收到环境信息后，数据会被导入计算平台，由不同的芯片进行运算。计算平台的设计直接影响自动驾驶系统的实时性及鲁棒性。对于自动驾驶这样的复杂任务，在设计软件的同时，还必须考虑与之匹配的硬件效能，这里包括性能、功耗和功能安全。为了保证自动驾驶的实时性要求，我们需要保证软件响应的最大延迟在可接受的范围内，对于计算资源的要求也因此变得极高，目前，自动驾驶软件的计算量达到了 10TOPS（每秒万亿次操作）的级别，这使得我们不得不重新思考对应的计算架构。事实上，整个数字半导体和计算产业的产业驱动力，正在从手机转向自动驾驶，后者所需要的计算量比手机要大两个数量级。

在 2016 年江苏乌镇举行的世界互联网大会上，百度无人车出现在公众面前。人们在体验过后，提出非常有趣的一点："这辆无人车平稳地行驶了起来，但位于行李舱的车载计算机噪声较大，可以听到风扇在运行的声音。"为什么呢？因为它使用的是 CPU+GPU+FPGA 的计算平台，计算所需要的功率非常大，GPU 尤其恐怖，如果没有强力风扇来散热的话，夏天很容易烧坏机器。

功能安全是另一个巨大的挑战，这里面其实包含了多个方面的要求：处理器要符合至少 ASIL-B 等级的要求，可靠性需要能够保证在至少十年的使用期内不出问题。高通在手机领域有非常强的实力，而且向汽车电子进军的努力也从未停止，2018 年高通斥资 370 亿美元重金收购了汽车电子企业 NXP，这从另一个侧面折射出汽车电子的门槛之高。

2. 智能网联汽车计算平台的实现

为了解智能网联汽车计算平台的要点，我们介绍一个行业领先的 L4 级自动驾驶汽车现有的计算平台硬件实现，包括现有的不同芯片制造商所提供的无人驾驶计算解决方案。这个 L4 级自动驾驶汽车的计算平台由两个计算盒组成。每个计算盒配备了一颗英特尔至强 E5 处理器（12 核）和 4~8 颗 NVIDIA K80GPU 加速器，彼此使用 PCE 总线连接。CPU 运算峰值速度可达 400f/s，功率需求 400W。每个 GPU 运算峰值速度可达 8TOPS，功率需求 300W。因此，整个系统能够提供 64.5TOPS 的峰值运算能力，其功率需求为 3000W。计算盒与车辆上安装的 12 个高精度摄像头相连接，以完成实时的物体检测和目标跟踪任务。车辆顶部还安装了一个激光雷达传感器装置以完成车辆定位及避障功能。为了保证可靠性，两个计算盒执行完全相同的任务，一旦第一个计算盒失效，第二个计算盒可以立即接管。在最坏的情况下,两个计算盒都在计算峰值运行,这意味着将产生超过 5000W 的功耗并积聚大量的热量,散热问题不容忽视。此外,每个计算盒的成本预计为 2 万~3 万美元,这是普通消费者根本无法承受的。

5.2.2 现有计算平台的解决方案

回顾计算机的发展历史,20 世纪 50 年代是大型机的时代,那个时候一台大型机可以占据实验楼的一整个楼层,需要一个庞大的团队来操作,价格高到数百万美元;20 世纪 70 年代小型机占据主导,小型机可以安装进一个房间,价格也降到数万美元;20 世纪 80 年代是 PC 时代,可以摆放到桌面,价格又降低了一个数量级。如今是手机,可以装进口袋。贯穿其中的是三个主要方面的进步:体积、功耗和成本。人工智能所需要的处理器,从 2012 年开始业界已经开始广为关注,比如从 GPU 到 FPGA,再到 TPU。业界也将沿着之前计算机走过的路,重构人工智能所需要的处理器。目前,现有的针对无人驾驶的计算平台解决方案有以下几种。

1. 基于 GPU 的解决方案

GPU 在浮点运算、并行计算等部分的计算方面能够提供数十倍至上百倍的 CPU 性能。利用 GPU 运行机器学习模型,在云端进行分类和检测,其相对于 CPU 耗费的时间大幅缩短,占用的数据中心的基础设施更少,能够支持(比单纯使用 CPU 时)10~100 倍的应用吞吐量。凭借强大的计算能力,在机器学习快速发展的推动下,目前 GPU 在深度学习芯片市场非常受欢迎,很多汽车生产商也在使用 GPU 作为传感器芯片发展无人车,GPU 大有成为主流的趋势。据相关研究公司预计,到 2024 年,深度学习项目在 GPU 上的花费将从 2015 年的 4360 万美元增长到 41 亿美元,在相关软件上的花费将从 1.09 亿美元增长到 104 亿美元。

凭借具备识别、标记功能的图像处理器,在人工智能还未全面兴起之前,NVIDIA 就先一步掌控了这一时机。2019 年,NVIDIA 发布了 DRIVE AGX 系列计算平台,针对无人驾驶作业进行加速。NVIDIA DRIVE AGX Xavier 在 30W 的功耗下可以提供 30TOPS 的计算性能。DRIVE AGX 其实是 NVIDIA PX2 平台的延续。在第一代 PX2 平台中,每个 PX2 由两个 TegraSoC 和两个 PascalGPU 图形处理器组成,其中每个图像处理器都有自己的专用内存并配备有专用的指令以完成深度神经网络的加速。为了提供高吞吐量,每个 TegraSoC 使用 PCI-E Gen2×4 总线与 Pascal GPU 直接相连,其总带宽为 4GB/s。此外,两个 CPU-GPU 集群通过千兆以太网相连,数据传输速度可达 70Gbit/s。借助于优化的 I/O 架构与深度神经网络的硬件加速,每个 PX2 能够每秒执行 24 兆次深度学习计算。这意味着当运行 AlexNet 深度学习典型应用时,PX2 的处理能力可达 2800f/s。NVIDIA PX2 平台芯片如图 5-8 所示。

图 5-8 NVIDIA PX2 平台芯片

2. 基于 DSP 的解决方案

DSP 以数字信号处理大量数据。DSP 的数据总线和地址总线分开,允许取出指令和执行指令完全重叠,在执行上一条指令的同时就可取出下一条指令,并进行译码,这大大提高了微处理器的速度。另外,它还允许在程序空间和数据空间之间进行传输,因此增加了器件的灵活性。它不仅具有可编程性,而且其实时运行速度可达每秒数以千万条复杂指令程序,远远超过通用微处理器。它的强大数据处理能力和高运行速度是最值得称道的两大特色。它的运算能力很强,速度很快,体积很小,而且采用软件编程,具有高度的灵活性,因此为从事各种复杂的应用提供了一条有效途径。

德州仪器(TI)提供了一种基于 DSP 的无人驾驶的解决方案。其 TDA2x SoC 芯片,如图 5-9 所示,拥有两个浮点 DSP 内核 C66x 和四个专为视觉处理设计的完全可编程的视觉加速器。相比 ARM Cortex-15 处理器,视觉加速器可提供 8 倍的视觉处理加速且功耗更低。类似设计有 CEVA XM4。这是另一款基于 DSP 的无人驾驶计算解决方案,专门面向计算视觉任务中的视频流分析计算。使用 CEVA XM4 每秒处理 30 帧 1080p 的视频仅消耗功率 0.003W,是一种相对节能的解决方案。

图 5-9 TDA2x SoC 芯片

3. 基于 FPGA 的解决方案

作为 GPU 在算法加速上强有力的竞争者,FPGA 硬件配置最灵活,具有低能耗、高性能及可编程等特性,十分适合感知计算。更重要的是,FPGA 相比 GPU 价格便宜(虽然性价比不一定最好)。在能源受限的情况下,FPGA 相对于 CPU 与 GPU 有明显的性能与能耗优势,FPGA 低能耗的特点很适合用于传感器的数据预处理工作。此外,感知算法不断发展意味着感知处理器需要不断更新,FPGA 具有硬件可升级、可选化的优势。使用 FPGA 需要具有硬件的知识,对许多开发者来说有一定难度,因此 FPGA 也常被视为一种行家专属的架构。不过,现在也出现了用软件平台编程 FPGA 的方法,弱化了软、硬件语言间的障碍,让更多开发者使用 FPGA 成为可能。随着 FPGA 与传感器结合方案的快速普及,视觉、语音、深度学习的算法在 FPGA 上进一步优化,FPGA 极有可能逐渐取代 GPU 与 CPU,成为无人车、机器人等感知领域上的主要芯片。譬如,百度的机器学习硬件系统就用 FPGA 打造了 AI 专有芯片,制成了 AI 专有芯片版百度大脑——FPGA 版百度大脑。在百度的深度学习应用中,FPGA 与相同性能水平的硬件系统相比,耗能率更低。将其安装在刀片服务器上,可以完全由主板上的 PCI-Express 总线供电。并且使用 FPGA 可以将一个计算得到的结果直接反馈到下一个,不需要将结果临时保存在主存储器,所以存储带宽要求也相应降低。

Altera 公司的 Cyclone V SoC 芯片如图 5-10 所示,是一个基于 FPGA 的无人驾驶解决方案,现已应用在奥迪无人车产品中。Altera 公司的 FPGA 专为传感器融合提供优化、可结合分析来自多个传感器的数据以完成高度可靠的物体检测。类似的产品有 zynq 专为无人驾驶设计的 Ultra ScaleMPSoC。当运行卷积神经网络计算任务时，Ultra ScaleMPSoC 运算效能为 $14f/s \cdot W^{-1}$，优于 NVIDIA Tesla K40 GPU 的 $4f/s \cdot W^{-1}$。同时，在目标跟踪计算方面，Ulra ScaleMPSoC 在 1080p 视频流上的处理能力可达 60f/s。

图 5-10　Altera 公司 Cyclone V SoC 芯片

4．基于 ASIC 的解决方案

Mobileye 是一家基于 ASIC 的无人驾驶解决方案提供商。其 Eyeq5 SoC 装备有四种异构的全编程加速器，分别对专有的算法进行了优化，包括计算机视觉、信号处理和机器学习等。Eyeq5 SoC 同时实现了两个 PCI-E 端口以支持多处理器间通信。

这种加速器架构尝试为每一个计算任务适配最合适的计算单元，硬件资源的多样性使应用程序能够节省计算时间并提高计算效能。Mobileye Eyeq5 SoC 结构示意图如图 5-11 所示。

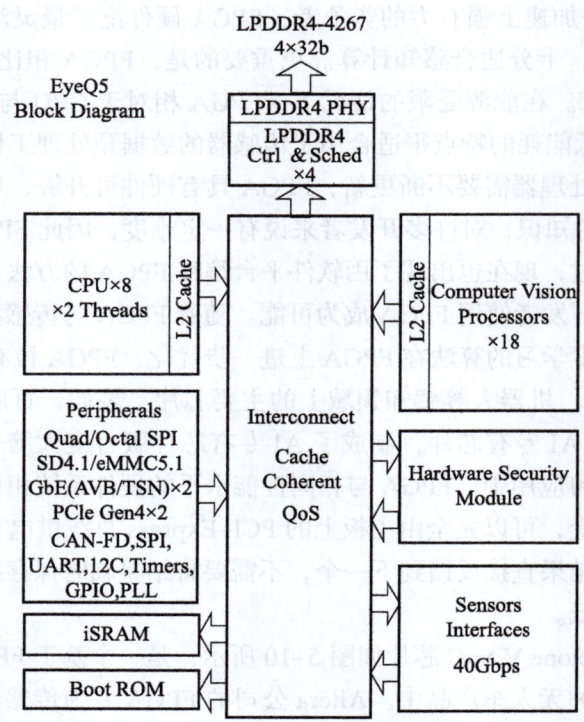

图 5-11　Mobileye Eyeq5 SoC 结构示意图

此外，Nervana 是人工智能 ASIC 芯片供应商，一直努力将机器学习功能全力引入芯片中。得到英特尔的支持后，Nervana 正计划推出其针对深度学习算法的定制芯片 Nervana Engine。据 Nervana 相关人员表示，相比 GPU，Nervana Engine 在训练方面可以提升 10 倍性能。借助 Nervana Engine 芯片在深度学习训练方面优于传统 GPU 的能耗和性能优势，英特尔也相继推出了一系列适应深度神经网络的特殊处理器。

5．其他芯片解决方案

谷歌公布了 AlphaGo 战胜李世石的"秘密武器"——TPU（张量处理单元）芯片，它使得深度神经网络模型在性能上优于传统硬件。在 Google 2016 I/O 大会上 TPU 首次被提及，然而谷歌早在 2013 年就开始研发 TPU，并且在 2014 年就已将其应用于谷歌的数据中心。TPU 专为谷歌 TensorFlow 等机器学习应用打造，能够降低运算精度，在相同时间内处理更复杂、更强大的机器学习模型并将其更快地投入使用。其性能把人工智能技术往前推进了差不多 7 年，相当于摩尔定律 3 代的时间。相比更适合训练的 GPU，TPU 更适合做训练后的分析决策。这点在谷歌的官方声明里也得到了印证：TPU 只在特定机器学习应用中起辅助作用，公司将继续使用其他厂商制造的 CPU 和 GPU。因此，TPU 目前还是用于辅助 CPU 和 GPU。谷歌公司 TPU 芯片如图 5-12 所示。

图 5-12 谷歌公司 TPU 芯片

2016 年 4 月 16 日，MIT Technology Review 报道，DARPA 投资了一款由美国 Singular Computing 公司开发的"SI"概率芯片。模拟测试中，使用 SI 追踪视频里的移动物体，每帧处理速度比传统处理器快了近 100 倍，而能耗还不到传统处理器的 2%。专用概率芯片可以发挥概率算法简单并行的特点，极大地提高系统性能。其优点包括算法逻辑异常简单，不需要复杂的数据结构，不需要数值代数计算；计算精度可以通过模拟不同数目的随机行走自如控制；不同的随机行走相互独立，可以大规模并行模拟；模拟过程中，不需要全局信息，只需要网络的局部信息。"SI"概率芯片如图 5-13 所示。

图 5-13 "SI"概率芯片

《 本章小结 》

本章主要讲解了智能决策技术的基础概念、智能决策技术及其组成与体系、先进决策理论及其发展趋势、智能网联汽车计算平台的硬件需求、现有计算平台的解决方案等。通过学习，学生可以较全面地掌握智能网联汽车智能决策技术的基本知识。

课后习题

一、名词解释

1. 环境预测

2. 反应式体系

3. 基于多准则的决策方法

4. 贝叶斯网络方法

二、填空题

1. 智能网联汽车是集感知、决策和控制等功能于一体的自主交通工具，其中，_____是依据感知信息来进行决策判断，确定适当工作模型，制定相应控制策略，替代人类驾驶员做出驾驶决策。
2. 传统意义上自动驾驶系统的决策控制软件系统含_____、_____、_____、_____等功能模块。

三、选择题

1. （多选）现阶段人工智能技术在智能网联汽车领域的主要应用体现在（　　）。
   A. 实现对环境物体的识别与认知　　B. 实现行驶路径的规划与决策
   C. 实现对可行驶区域的检测　　D. 实现模糊行为决策
2. （多选）当硬件传感器接收到环境信息后，数据会被导入计算平台，由不同的芯片进行运算。计算平台的设计直接影响自动驾驶系统的实时性及鲁棒性。对于自动驾驶这样的复杂任务，在设计软件的同时，还必须考虑与之匹配的硬件效能，这里包括（　　）。
   A. 性能　　　　B. 功能安全　　　　C. 价格　　　　D. 功耗

3. （多选）现有的计算平台解决方案有（　　）。
   A. 基于 GPU 的解决方案
   B. 基于 FPGA 的解决方案
   C. 基于 DSP 的解决方案
   D. 基于 ASIC 的解决方案

四、问答题

1. 简述决策技术的结构体系。

2. 路径规划主要包含哪些步骤？

3. 常见的决策体系结构有哪些？

第 6 章
智能网联汽车控制执行技术

知识目标
- 了解智能网联汽车控制执行技术的组成、常用控制方法和未来发展趋势。
- 熟悉智能网联汽车线控底盘的组成及其结构原理。

能力目标
- 认识智能网联汽车线控底盘驱动、控制、转向、制动系统的关键结构部件。

素养目标
- 树立安全意识。
- 形成汽车行业相关从业者的专业素养。
- 培养自主学习、查找资料、制订工作计划的能力。

6.1 控制执行技术

6.1.1 控制执行技术的定义及其组成

控制执行技术的定义及其组成（微课）

1. 控制执行技术的定义

如果说环境感知系统相当于驾驶员的眼睛，决策规划系统相当于驾驶员的大脑，那么执行控制系统就相当于驾驶员的手脚。

具体而言，自动驾驶控制执行系统是指系统做出决策规划以后，替代驾驶员对车辆进行控制，反馈到底层模块执行任务。

可以说，执行控制系统是自动驾驶汽车行驶的基础，车辆的各个控制系统需要通过总线与决策系统相连接，并能够按照决策系统发出的总线指令精确地控制加速程度、制动程度、转向幅度、灯光控制等驾驶动作，以实现车辆的自主驾驶。

智能网联汽车的控制执行技术是在环境感知技术的基础上，根据决策规划的目标轨迹，通过纵向和横向控制系统的配合使汽车能够按照跟踪目标轨迹准确稳定行驶，同时使汽车在行驶过程中能够实现车速调节、车距保持、换道、超车等基本操作。车辆的控制执行技术包括纵向、横向以及垂直方向的运动控制。借助融合驱/制动、转向、悬架的底盘控制技术以及应用移动通信和感知系统的车队协同和车路协同，是实现被控车辆的速度、行驶方向与预设的速度曲线、行驶路线保持同步的重要前提条件。

2．控制执行技术的组成

自动驾驶控制的核心技术是车辆的纵向控制和横向控制技术。纵向控制，即车辆的驱动与制动控制；横向控制，即转向盘角度的调整以及轮胎力的控制。实现了纵向和横向自动控制，就可以按给定目标和约束自动控制车辆运行。所以，从车辆本身来说，自动驾驶就是综合纵向和横向控制。

（1）车辆纵向控制

车辆纵向控制是在行车速度方向上的控制，即车速以及本车与前后车或障碍物距离的自动控制。自适应巡航控制和紧急制动控制都是典型的自动驾驶纵向控制案例。这类控制问题可归结为对驱动电机、发动机、传动和制动系统的控制。各种电机—发动机—传动模型、汽车运行模型和制动过程模型与不同的控制器算法结合，构成了各种各样的纵向控制模式，典型结构如图6-1所示。

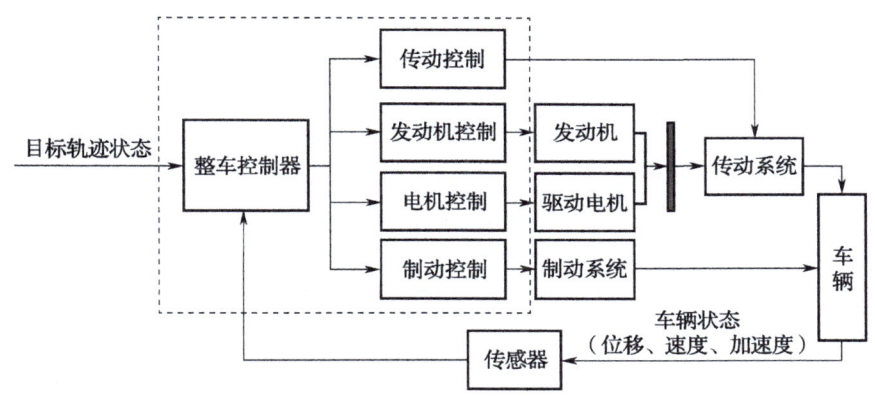

图6-1 纵向控制典型结构

此外对轮胎作用力的滑移率控制是纵向稳定控制中的关键部分，滑移率控制系统通过控制车轮滑移率调节车辆的纵向动力学特性来防止车辆发生过度驱动滑移或制动抱死，从而提高车辆的稳定性和操纵性能。防抱死制动系统（ABS）在汽车制动时，自动控制制动力的大小，使车轮不被抱死，处于边滚边滑（滑移率在20%左右）的状态，以保证地面能够给车轮提供最大的制动力。某些智能滑移率控制策略利用充足的环境感知信息设计了随道路环境变化的车轮最优滑移率调节器，从而提升轮胎力作用效果。

智能控制策略，如模糊控制、神经网络控制、滚动时域优化控制等，在纵向控制中也得到了广泛研究和应用，并取得了较好的效果，被认为是最有效的方法。而传统控制的方法，如PID控制和前馈开环控制，一般是建立发动机和汽车运动过程的近似线性模型，在此基础上设计控制器，这种方法实现的控制，由于对模型依赖性大及模型误差较大，所以精度差、适应性差。从目前的论文和研究的项目看，寻求简单而准确的电机—发动机—传动、制动过程和汽车运动模型,以及对随机扰动有鲁棒性和对汽车本身性能变化有适应性的控制器仍是研究的主要内容。

目前,应用的系统如自适应巡航控制、防碰撞控制,都是自主系统,即由车载传感器获取控制所需信息,而往往缺乏对 V2X 车联网信息的利用。在智能交通环境下,单车可以通过 V2X 通信信息系统获得更多周边交通流信息以用于控制。在纵向控制方面,可利用本车及周边车辆位置、当前及前方道路情况、前车操纵状态等信息实现预测控制,达到提高速度,减小车间距的同时保证安全,即达到安全、高效和节能的目的。

纵向控制系统作为自动驾驶汽车最重要的控制系统之一,是解决交通堵塞、降低交通事故发生率的有效方式之一。纵向控制系统对危险场景的反应速度快,避撞控制精确、有效,可最大限度避免交通事故的发生以及人员的伤亡。此外,纵向控制系统在保证行驶安全的前提下,还可缩短车间距离,有效提高道路通行率,减轻因堵车造成的环境污染。

(2)车辆横向控制

车辆横向控制是指垂直于运动方向上的控制,对于车辆也就是转向控制。其目标是控制车辆自动保持期望的行车路线,并在不同的车速、载荷、风速、路况下有很好的乘坐舒适性和稳定性。

横向控制系统基本结构如图 6-2 所示。控制目标一般是车中心与路中心线间的偏移量,同时受舒适性指标约束。

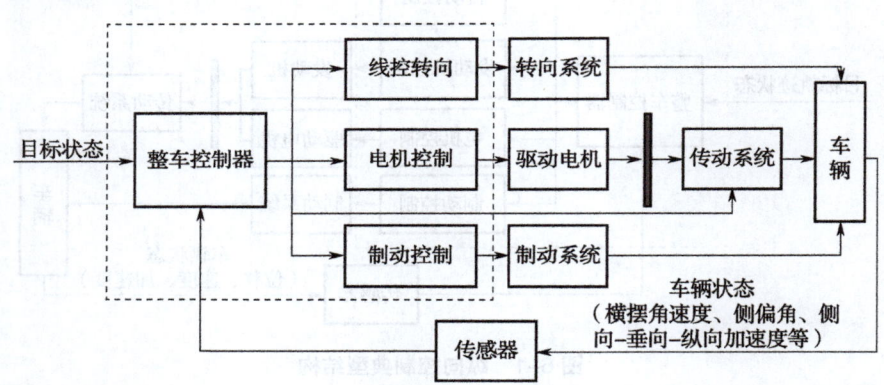

图 6-2 横向控制基本结构

车辆横向控制主要有两种基本设计方法:一种是基于驾驶员模拟的方法;另一种是基于车辆横向运动力学模型的方法。

1)基于驾驶员模拟的方法:一种策略是使用较简单的运动力学模型和驾驶员操纵规则设计控制器;另一种策略是用驾驶员操纵过程的数据训练控制器获取控制算法。

2)基于车辆横向运动力学模型的方法:建立较精确的汽车横向运动模型,典型模型是所谓的单轨模型,或称为自行车模型,如图 6-3 所示,也就是认为汽车左右两侧特性相同。针对低附着路面的极限工况中,车辆横摆稳定控制是车辆横向控制中的关键部分。针对低附着路面的极限工况中车辆横摆稳定控制是车辆横向控制中的关键部分。传统操纵稳定性控制思路,如电子稳定性控制系统(ESP)和前轮主动转向系统(AFS)等,控制分布的轮胎作用力和前轮转向，通过利用轮胎附着力和降低轮胎利用率来提高车辆稳定性。大多数文献沿袭冗余驱动的控制分配框架，通过改变内外侧轮胎驱/制动力差异的方法，增加单侧驱/制动转矩，并相应减小另一侧驱/制动转矩的方式为整车产生一个附加的横摆转矩来改善车辆转向动态特性，以保证车辆的横摆稳定性和行驶安全性。

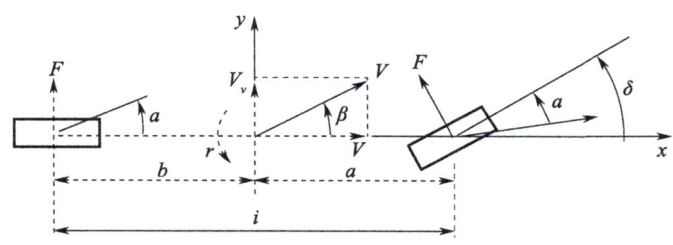

图 6-3　自行车模型示意图

电子控制技术和电气化的发展给汽车底盘技术的突破带来了革命性的契机，也使得汽车的整体集成控制成为可能。同时在智能网联的交通环境下，单车可以通过自身环境传感、定位导航和 V2X 通信信息系统获得更多周边交通流信息以用于横向控制，以利于提前感知道路危险，提高智能驾驶的安全性。

6.1.2　控制执行技术的常用控制方法

传统的汽车控制方法主要有 PID 控制、模糊控制、最优控制、滑模控制等，这些算法应用都较为广泛。相对于传统的控制方法，智能控制方法主要体现在对控制对象模型的运用和综合信息学习运用上，主要有基于模型的控制、神经网络控制和深度学习方法等，目前这些算法已经逐步在智能网联汽车控制执行系统中广泛应用。

控制执行技术的常用控制方法（微课）

1. PID 控制

PID 控制器（比例—积分—微分控制器），由比例单元 P、积分单元 I 和微分单元 D 组成，如图 6-4 所示。通过 K_p、K_i 和 K_d 三个参数的设定。PID 控制器主要适用于基本上线性且动态特性不随时间变化的系统。PID 是以它的三种纠正算法而命名的。这三种算法都是用加法调整被控制的数值，其输入为误差值（设定值减去测量值后的结果）或是由误差值衍生的信号。

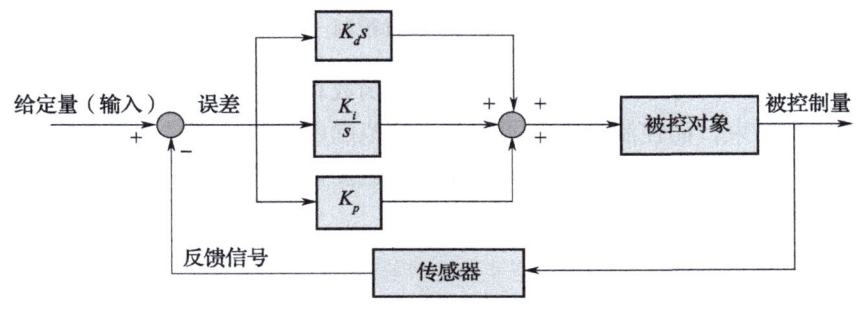

图 6-4　PID 控制

2. 模糊控制

模糊逻辑控制策略（Fuzzy Logic Control Strategy）简称模糊控制（Fuzzy Control），其本质是一种计算机数字控制技术，集成了模糊理论、模糊集合论、模糊语言变量和模糊逻辑推理等，如图 6-5 所示。与经典控制理论相比，模糊逻辑控制策略最大的特点是不需要准确的数学公式来建立被控对象的精确数学模型，因此可极大简化系统设计和数学建模的复杂性，提高系统建模和仿真控制的效率。

图 6-5　基于模糊控制自动泊车系统的示意图

模糊控制系统在建模过程中，利用人类积累的相关知识和生活经验进行推理，模拟人类大脑处理复杂事件的过程，进而产生相应的控制思想，控制思想经过编译成为控制策略。模糊逻辑控制策略由工程人员的控制思路和实践经验积累编译而成，具有较佳的鲁棒性、适应性以及容错性。其主要由定义模糊变量、模糊变量模糊化、定义规则库、推理决策和逆模糊化五个环节组成。

3. 最优控制

最优控制理论是变分法的推广，着重于研究使控制系统的指标达到最优化的条件和方法。为了解决最优控制问题，必须建立描述受控运动过程的运动方程，给出控制变量的允许取值范围，指定运动过程的初始状态和目标状态，并且规定一个评价运动过程品质优劣的性能指标，如图 6-6 所示，为自动驾驶避障的优化路径规划。

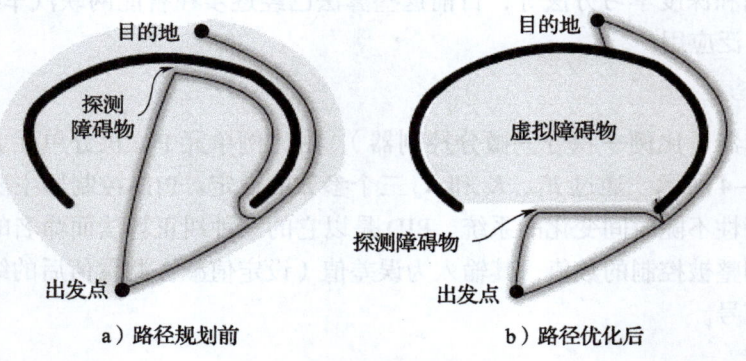

a）路径规划前　　　　　　　　　　b）路径优化后

图 6-6　最优控制

通常，性能指标的好坏取决于所选择的控制函数和相应的运动状态。系统的运动状态受到运动方程的约束，而控制函数只能在允许的范围内选取。同时，最优控制的实现离不开最优化技术。最优化技术是研究和解决如何将最优化问题表示为数学模型以及如何根据数学模型尽快求出其最优解这两大问题。

4. 滑模控制

在系统控制过程中，控制器根据系统当时状态，以跃变方式有目的地不断变换，迫使系统按预定的"滑动模态"的状态轨迹运动。变结构是通过切换函数实现的,特别要指出的是,通常要求切换面上存在滑动模态区,故变结构控制又常被称为滑动模态控制。

5. 基于模型的控制

基于模型的控制,一般称为模型预测控制(MPC),又可称为滚动时域控制(MHC)和后退时域控制(RHC),它是一类以模型预测为基础的计算机优化控制方法,是近些年来被广泛研究和应用的一种控制策略。

其基本原理可概括为:在每个采样时刻,根据当前获得的当前测量信息,在线求解一个有限时域的开环优化问题,并将得到的控制序列的第一个元素作用于被控对象;在一个采样时刻,重复上述过程,再用新的测量值刷新优化问题并重新求解。在线求解开环优化问题获得开环优化序列是模型预测控制与传统控制方法的主要区别。预测控制算法主要由预测模型、反馈校正、滚动优化、参考轨迹四个部分组成,最好将优化解的第一个元素(或第二部分)作用于系统。

6. 神经网络控制

神经网络控制是研究和利用人脑的某些结构机理以及人的知识和经验对系统的控制,如图6-7所示。利用神经网络,可以把控制问题看成模式识别问题,被识别的模型是映射成"行为"信号的"变化"信号。神经网络控制最显著的特点是具有学习能力。它是通过不断修正神经元之间的连接权值,并离散存储在连接网络中来实现的。它对非线性系统和难以建模的系统的控制具有良好效果。

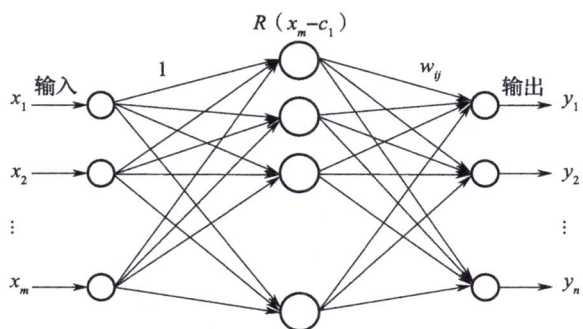

图 6-7 RBF 神经网络结构图

一般情况下,神经网络用于控制系统有两种方法:一种是用其建模,主要利用神经网络能任意近似任何连续函数和其学习算法的优势,存在前馈神经网络和递归神经网络两种类型;另一种是直接作为控制器使用。

7. 深度学习方法

深度学习源于神经网络的研究,可理解为深层的神经网络。通过它可以获得深层次的特征表示,免除人工选取特征的繁复冗杂和高维数据的维度灾难问题。深度学习在特征提取与模型拟合方面显示了其潜力和优势。对于存在高维数据的控制系统,引入深度学习具有一定的意义,近年来,已有一些研究关注深度学习在控制领域的应用,如图6-8所示。

图 6-8 深度学习方法

目前，较为公认的深度学习的基本模型包括：基于受限玻尔兹曼机（RBM）的深度信念网络（DBN）、基于自动编码器（AE）的堆叠自动编码器（SAE）、卷积神经网络（CNN）、递归神经网络（RNN）。

自动驾驶系统需要尽量减少人的参与或没有人的参与，深度学习的自动学习状态特征使得深度学习在无人驾驶系统的研究中具有先天的优势。如何充分利用和发挥深度学习在自动驾驶系统中的优势并发展深度学习在内的自动驾驶系统控制是目前的研究方向。

6.1.3 控制执行技术的未来发展趋势

国内智能汽车发展相对较晚，目前仍处于渗透过程中。2020 年驾驶辅助（DA）、部分自动驾驶（PA）车辆的市场占有率约 50%；中期重点形成网联式环境感知能力，实现可在复杂工况下的半自动驾驶，2025 年高度自动驾驶（HA）车辆占有率约 10%~20%；远期推动可实现 V2X 协同控制、具备高度/完全自动驾驶功能的智能化技术，2030 年完全自主驾驶（FA）车辆市场占有率近 10%。从企业规划来看，国外大部分整车厂计划将在 2020 年前后投放 L3 级量产车，并将在 2025 年前后实现 L4 级量产。

控制执行技术的未来发展趋势（微课）

1. 底盘系统全面受益

汽车行业的发展趋势是电动化、智能化、网联化、共享化、轻量化。面对这些发展趋势，零部件子系统受到的影响各不相同，一般有增减零部件、提升或降低单车价值量等影响。

电动化对于底盘（新增电池壳）、空调冷却（电动空调、电池冷却系统）、电子电气等子系统具有增量作用，对于动力总成则有增（电动车新增电池、电机、电控等）有减（电动汽车不需要发动机、变速器、燃油系统等）。

智能化主要对底盘系统（线控底盘）、通信控制系统、电子电气系统等具有增量作用。网联化主要对通信控制（增加 T-box 等联网零部件）、电子电气系统具有增量作用。

共享化则主要侧重于汽车商业模式的改变，同时对通信控制（增加联网及控制零部件）、电子电气系统具有增量作用。

轻量化应用范围较广，对动力总成、底盘、内饰、车身、外饰等都具有增量作用。传统汽车底盘与电动汽车底盘如图 6-9 所示。

图 6-9　传统汽车底盘与电动汽车底盘

2．智能化推动线控底盘发展

汽车行业另外一个重要发展方向就是智能化，智能汽车的感知识别、决策规划、控制执行三个核心系统中，与底盘相关的主要是控制执行，需要对传统汽车的底盘进行线控改造以适用于自动驾驶。

近一百年来，汽车制动系统经历了从机械到液压（图 6-10）再到电子的进化过程，未来的发展趋势将是线控制动。

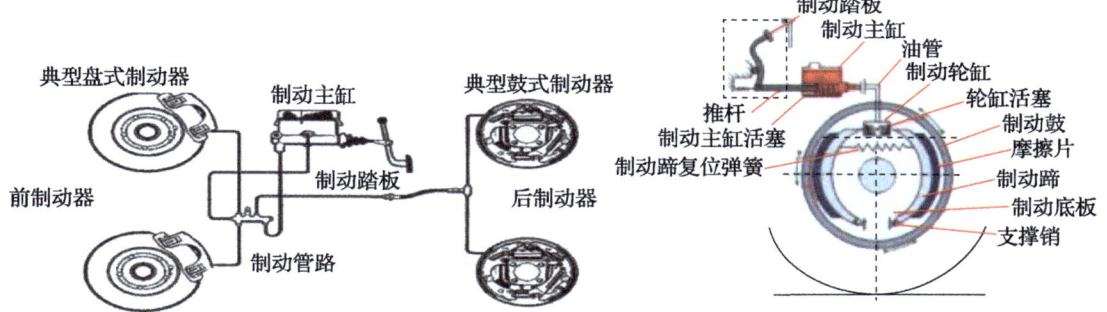

图 6-10　机械制动系统与液压制动系统

随着电子技术的发展，防抱制动系统（ABS）逐步开始量产应用和推广。1978 年 8 月，奔驰与博世在德国发布了全球首款 ABS，并且率先应用在 W116 型 S 级车上。

ABS 主要由 ECU 控制单元、车轮转速传感器、制动压力调节装置和制动控制电路等部分组成。在制动过程中，ABS 控制单元不断从车轮速度传感器获取车轮的速度信号，并进行处理，进而判断车轮是否即将被抱死。当车轮趋近于抱死临界点时，制动轮缸压力不随制动主缸压力增加而增高，压力在抱死临界点附近变化，从而避免车轮抱死，减少了危险事故的发生。

另外一项重要的发明就是车身稳定控制系统（ESP），这也是博世的专利技术。其他公司也有类似的系统但叫法略有不同，如宝马的 DSC、丰田的 VSC、通用的 ESC 等。

ESP系统其实是一组车身稳定性控制的综合策略，是ABS（防抱死系统）和ASR（驱动轮防滑转系统）功能上的延伸。

ESP主要由控制总成ECU、转向传感器、车轮传感器、侧滑传感器、横向加速度传感器等组成。当汽车快速行驶或者转向时，产生的横向作用力会使汽车不稳定，易发生事故，而ESP系统可以将这种情况防患于未然。例如当车辆前面突然出现障碍物时，驾驶员必须快速向左转弯，此时转向传感器将此信号传递到ESP控制总成，侧滑传感器和横向加速度传感器发出汽车转向不足的信号，这就意味着汽车将会直接冲向障碍物。那么这时ESP系统将会瞬间将后轮紧急制动，这样就能产生转向需要的反作用力，使汽车按照转向意图行驶，避免直接撞向障碍物的事故发生。ESP系统结构示意图与工作原理示意图如图6-11所示。

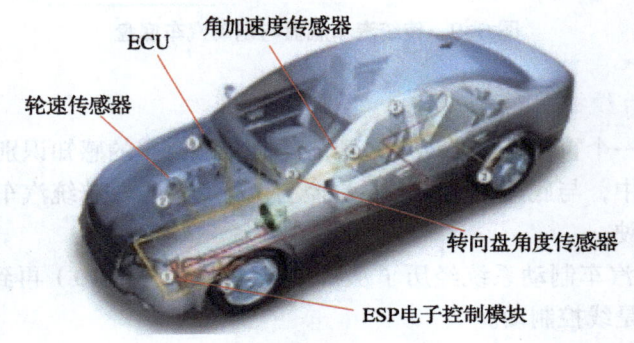

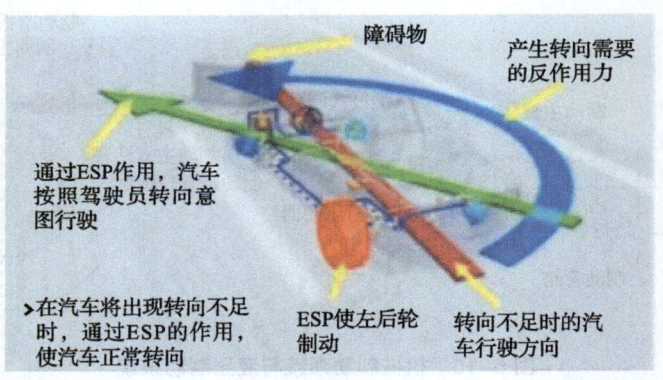

图6-11　ESP系统结构示意图与工作原理示意图

电动化和智能化推动了线控制动技术的发展。对于传统燃油汽车，一般利用发动机提供真空助力；而电动车没有发动机提供真空助力，需要使用电子真空泵，或者使用线控制动系统。

对于智能汽车，尤其是L3及以上等级自动驾驶汽车，制动系统的响应时间尤为重要，线控制动响应更快，是实现自动驾驶安全的重要保障。

线控制动系统是在传统的制动系统上发展而来的，使用电子系统替代传统的机械或液压系统，是汽车制动技术长期的发展趋势。

传统制动系统由制动踏板施加能量，经液压或气压管路传递至制动器；而线控制动系统执行信息由电信号传递，制动压力响应更快，因此制动距离更短、更安全。传统与线控制动系统比较如图 6-12 所示。

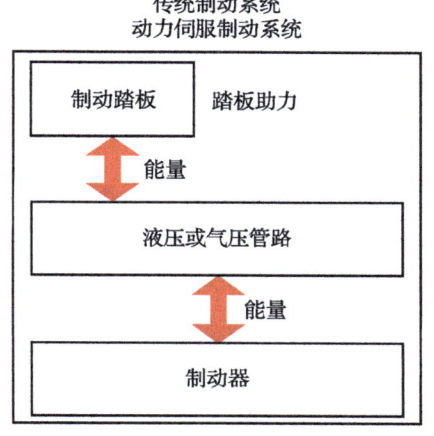
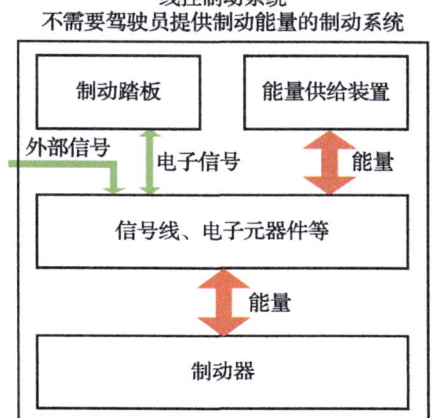

图 6-12　传统与线控制动系统比较

线控制动系统又分为 EHB 和 EMB 两种类型，如图 6-13 所示。

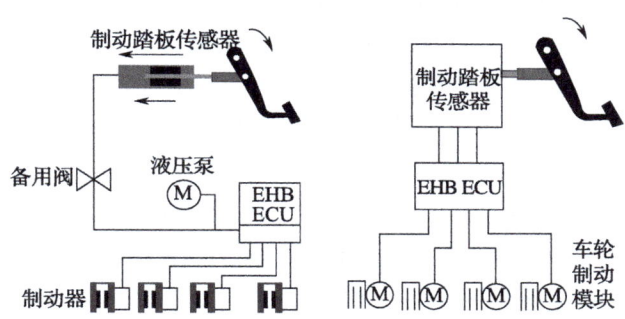

图 6-13　EHB 制动系统与 EMB 制动系统

1）液压式线控制动（Electro Hydraulic Brake，EHB）。它以传统的液压制动系统为基础，用电子元器件取代了一部分机械部件的功能，使用制动液作为动力传递媒介，控制单元及执行机构布置的比较集中，有液压备份系统，也可以称之为集中式、湿式制动系统。

EHB 的工作原理如下：正常工作时，制动踏板与制动器之间的液压连接断开，备用阀处于关闭状态；电子踏板配有踏板感觉模拟器和电子传感器，ECU 可以通过传感器信号判断驾驶员的制动意图，并通过点击驱动液压泵进行制动。电子系统发生故障时，备用阀打开，EHB 系统变成传统的液压系统。

EHB 根据技术方向可以分为以下三类：
① 电动伺服：电机驱动主缸提供制动液压力源，代表产品 Bosch Ibooster、NSK。
② 电液伺服：采用电机 + 泵提供制动压力源，代表产品 Continental MK C1、日立。
③ 电机 + 高压蓄能器电液伺服：代表产品 ADVICS ECB。
按照结构集成程度，EHB 可以分为分立式（Two-box）和整体式（One-box），如图

6-14 所示，其主要区别是主动增压模块（一般由电机驱动）和分泵压力调节模块（ABS/ESC 总成）是否集成在一起。博世的 iBooster+ESP Hev 属于 Two-box 方案，分成主动建压单元和轮缸阀控单元两个功能模块。大陆 MKC1 和 ZF TRW 公司的 IBC 进一步把主动建压单元和轮缸阀控单元集成，形成更为紧凑、成本更低的 One-box 方案，已经成为制动系统的发展方向。

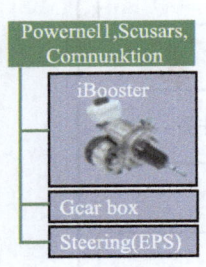
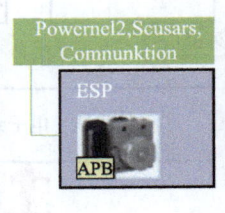
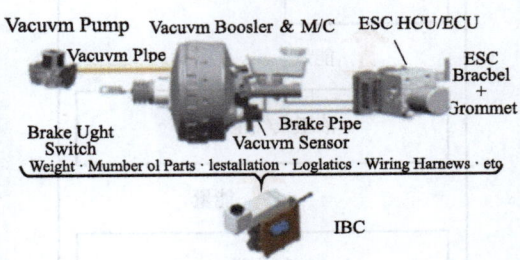

图 6-14　Two-box 方案与 One-box 方案

2）机械式线控制动（Electro Mechanical Brake，EMB）。它采用电子机械装置代替液压管路，执行机构通常安在轮边，也可称为分布式、干式制动系统。

EMB 的工作原理如下：EMB 系统的 ECU 根据制动踏板传感器信号及车速等车辆状态信号，驱动和控制执行机构电机来产生所需要的制动力。

总体来看，EHB 系统由于具有备用制动系统，安全性较高，因此接受度更高，是目前主要推广量产的方案。EMB 系统虽然具有诸多优点，但缺少备用制动系统且缺少技术支持，短期内很难大批量应用，是未来发展的方向。

L2 级别的线控制动可以分为燃油车、混动、纯电三大类，燃油车大都采用 ESP（ECU），混动车基本都采用高压蓄能器为核心的间接型 EHB（电液压制动），纯电车基本都采用直接型 EHB，以电机直接推动主缸活塞。

目前线控制动系统单价约 2500 元，未来随着产销量上升带来成本降低，价格有望下降至 2000 元左右。按照 2020 年、2025 年国内乘用车销量分别为 2300 万辆、2700 万辆，线控制动系统渗透率分别为 10%、30% 进行估算，2020 年、2025 年国内线控制动系统的市场空间分别为 58 亿元、162 亿元。

从发展阶段来看，线控制动尚处于发展早期阶段，目前渗透率较低，仅有少量车型配备，新能源汽车配置率相对较高。随着新能源汽车、L3 及以上级别智能驾驶的逐步渗透，线控制动有望迎来爆发式增长。根据上述预测，线控制动 2020—2025 年市场空间年均复合增速高达 23%。

EHB 国外厂商技术发展已经比较成熟，国内在努力追赶；EMB 还处在研究阶段，目前看短期较难有突破。目前线控制动系统的主要供应商包括博世、采埃孚、大陆等国际零部件巨头企业，大都从 20 世纪 90 年底开始研发，在底盘控制领域具有丰富的技术积累和供货经验，具有一定的先发优势。从 2000 年开始，国内一些自主整车企业和零部件供应商就开始进行 EHB 的研发，目前已取得一定成果。虽然与博世等国际巨头仍存在一定差距，但产业尚处于发展早期阶段，还有较大的追赶机会。

从竞争要素来看，线控制动产品技术含量较高，且需要较长投入期，因此对于人才、技术和资本要求较高。目前国内发展相对较好的有伯特利、拓普集团、万安科技等，兼备人才、技术和资本等优势，有望在未来的市场竞争中获得一席之地。其中，伯特利公司于2019年7月发布WCBS产品，为客户提供One-box一体式解决方案，不仅集成了真空助力器、电子真空泵、主缸和ESC的功能，还能更好地满足新能源汽车以及整车智能驾驶对制动系统新的需求；拓普集团多年来致力于汽车电子产品开发，先后开发出EVP等产品并实现量产，在线控制动领域，公司研发的智能制动系统IBS产品目前仍处于验证和市场预推广阶段；万安科技参股公司上海同驭汽车科技有限公司的EHB产品已跟江铃集团、菜鸟物流等多家客户开展合作，涉及乘用车、轻型客车等多种车型，产品成熟度高，达到国内领先水平。

3．智能化推动线控转向发展

在汽车的发展历程中，转向系统经历了四个发展阶段：从最初的机械式转向系统（MS）发展为液压助力转向系统（HPS），然后又出现电控液力助力转向系统（EHPS）和电动助力转向系统（EPS）。

线控转向系统是通过给助力电机发送电信号指令，从而实现对转向系统的控制。当转向盘转动时，转矩传感器和转向角传感器将测量到的驾驶员操作转矩和转向盘的转角转变成电信号输入到电子控制器（ECU）。ECU依据车速传感器和安装在转向传动机构上的位移传感器的信号来控制转矩反馈电机的旋转方向，并根据转向力模拟、生成反馈转矩，控制转向电机的旋转方向、转矩大小和旋转的角度，通过机械转向装置控制转向轮的转向位置。

目前，配备线控转向系统的车型较少，其中英菲尼迪Q50、Q50L部分高配车型和Q60装备了DAS线控转向。这套线控转向系统的构成与传统转向系统结构类似，不同之处在于它多了3组ECU电子控制单元，以及转向盘后的转向动作回馈器、离合器。当任意一个ECU被检测到出现问题时，备用模式将激活离合器，恢复至传统的机械传动转向模式，确保驾驶员可以掌控车辆。

EPS单价约1500元，线控转向系统以EPS为基础，短期产销量较低，预计单价约4000元，后期随着应用范围扩大，预计单价有望逐步降低至3000元左右。按照2020年、2025年国内乘用车销量分别为2300万辆、2700万辆，线控转向系统渗透率分别为0.1%、15%进行估算，2020年、2025年国内线控转向系统的市场空间分别为1亿元和122亿元。

从发展阶段来看，线控转向系统尚处于发展早期阶段，目前渗透率较低，仅有少量车型配备。随着L3及以上级别智能驾驶的逐步渗透，线控转向系统2020—2025年市场空间年均复合增速将高达166%。根据佐思产研数据，2017年中国乘用车转向助力系统厂家中，Bosch、JTEKT、NSK、ZF、Nexteer等公司市场占有率排名靠前。国内企业主要有株洲易力达、湖北恒隆和浙江世宝等，但规模都比较小，技术相对落后。此外拓普集团也积极拓展EPS等产品，有望凭借资金、效率、人才等优势，获得一定的市场空间。

EPS关键技术在于控制器的设计，核心内容包括路感匹配、路感跟踪、故障诊断及处理等。EPS 的核心部件电机、电控、转矩传感器、角度传感器基本都为各大主机厂内部供应。线控转向技术需要在 EPS 技术上发展，因此参与者绝大多数都是传统的 EPS 系统供应商。

4. 底盘轻量化潜力巨大

轻量化是发展方向，燃油车油耗排放和电动车续驶里程是国内汽车厂商面临的两大挑战，轻量化是解决问题的关键之一，因此也是汽车未来重要的发展方向。汽车行业很早就开始探索轻量化技术，主要手段包括选用轻质材料、优化结构设计和选择先进制造工艺等。优化结构设计和先进制造工艺带来的减重效果相对较小，因此目前轻量化研究的主要方向是轻质材料，包括高强度钢、铝合金和碳纤维复合材料等。

底盘轻量化产品种类较多，不同零部件市场格局有所不同。铝合金控制臂领域，供应商主要有拓普集团、骆氏集团等；铝合金副车架方面，供应商主要有华域汽车、拓普集团、万安科技等；铝合金转向节领域，供应商主要有伯特利、中信戴卡、华域汽车、拓普集团、广州安路特等；铝合金制动钳领域，供应商主要有百炼、华域汽车、京西国际等。从竞争要素来看，底盘零部件从钢铁制品到铝合金，材料发生变化，相关的工艺差别巨大，一方面单车价值量显著提升，另一方面供应链或将重构。新产品对于相关设备投入和技术要求较高，因此在铝合金等产品上具有技术优势和资金优势的供应商有望受益。

6.2 线控底盘

6.2.1 汽车底盘概述

汽车底盘概述（微课）

智能网联汽车通过跟踪决策规划的轨迹目标，控制车辆的加速、制动和转向等驾驶动作，调节车辆行驶速度、位置和方向等状态，以保证汽车的安全性、操纵性和稳定性。而这些很大程度上需要通过汽车的底盘系统来实现。

随着互联网、大数据和人工智能等先进技术在交通工具运输领域的应用与发展，汽车的内部空间、人机界面、操作方式和交互过程正在发生革命性的变化。

在能源、环保、安全等因素推动下，汽车产业发展方向是电动化、智能化、轻量化等，底盘系统均有望受益。电动化方面新能源电池盒产品单车价值量高达 3000~5000 元；智能化方面线控制动和线控转向系统单车价值量分别约 2500 元、4000 元；轻量化方面铝合金控制臂、副车架、转向节、制动钳等产品单车价值量近 5000 元。以上几方面 2025 年市场空间合计约 763 亿元，年均复合增速 23%。国内伯特利、拓普集团、华域汽车在电动化、智能化、轻量化等领域均有布局，有望持续受益。

汽车一般由发动机、底盘、车身、电气等主要部分组成，其中底盘是指汽车上由传动系统、行驶系统、转向系统和制动系统等部分组成，其功能包括支承、安装汽车车身、发动机及其他各部件及总成，形成汽车的整体造型，承受发动机动力，保证车辆正常行驶等。

底盘产业链上游主要包括钢铁、有色金属、塑料、橡胶、电子元器件等，经过产业链中游的底盘零部件企业进行组装制造生产，生产出的传动、行驶、转向、制动等底盘子系统售予下游整车生产厂家。下游整车的生产决定了底盘等原材料的价格波动，对于底盘零部件的毛利率等具有较大影响，零部件的需求，以及整车的技术升级也将带来底盘零部件的形态变化。

1. 传动系统

汽车的传动系统主要由离合器、变速器、传动轴、主减速器、差速器以及半轴等部分组成，如图 6-15 所示。

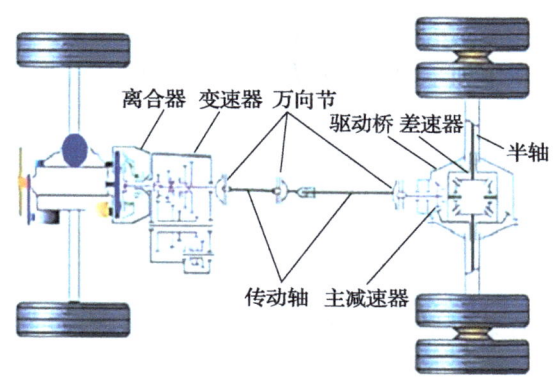

图 6-15 汽车传动系统的组成

其功能是将发动机输出的动力送达驱动轮。汽车传动系统的布置形式与发动机的位置及驱动形式有关，一般可分为前置前驱、前置后驱、后置后驱、中置后驱、四轮驱动等形式。

2. 行驶系统

（1）行驶系统的组成

汽车行驶系统由车架、车桥、车轮和悬架组成。

1）车架。车架是跨接在汽车前后车桥上的框架式结构，一般由两根纵梁和数根横梁组成，经由悬架装置、前桥、后桥支承在车轮上。车架的功用是支撑、连接汽车的各总成，使各总成保持相对正确的位置，并承受汽车内外的各种载荷。

根据结构形式不同，车架可以分为边梁式车架、中梁式车架和综合式车架（前部边梁式后部中梁式）等。其中，边梁式车架应用最为广泛，其结构简单，具有更好的刚性和通过性。

2）车桥。车桥（又称车轴）通过悬架与车架（或承载式车身）相连接，其两端安装车轮。车桥的作用是传递车架（或承载式车身）与车轮之间各方向的作用力及其力矩。

根据悬架结构的不同，车桥可以分为整体式与断开式两种。根据车桥与车轮的作用，车桥也分成转向桥、驱动桥、转向驱动桥和支持桥四种。其中转向桥和支持桥都属于从动桥。转向桥由前轴、转向节、主销和轮毂等组成。驱动桥由主减速器、差速器、半轴、桥壳等组成。

大多数乘用车采用前置前驱形式，前桥成为转向驱动桥，后桥充当支持桥。部分汽车采用前置后驱形式，因此前桥作为转向桥，后桥作为驱动桥。

3）车轮。车轮是固定轮胎内缘、支持轮胎并与轮胎共同承受负荷的刚性轮，一般由轮辋与轮辐组成。按轮辐的构造，可分为辐板式车轮和辐条式车轮。按车轮材质，可以分为钢制、铝合金、镁合金等车轮。

轮胎规格常用一组数字表示，前一个数字表示轮胎胎面宽度，以mm为单位；后一个表示轮辋直径，以in（1in≈25.4mm）为单位。例如，165/70R14表示胎宽165mm，扁平率70%，轮辋直径14in；中间的字母或符号有特殊含义，X表示高压胎，R、Z表示子午胎，"-"表示低压胎。

4）悬架。汽车悬架是连接车轮与车身的机构，对车身起支撑和减振的作用。悬架的主要功能是传递作用在车轮和车架之间的力，并且缓冲由不平路面带来的冲击力，以保证汽车的平顺行驶。

典型的悬架系统结构主要包括弹性元件（弹簧等）、减振器以及导向机构（连杆等）等部分，分别起缓冲、减振和力的传递作用。弹性元件又有钢板弹簧、空气弹簧、螺旋弹簧以及扭杆弹簧等形式，而现代轿车悬架系统多采用螺旋弹簧和扭杆弹簧，部分高级轿车则使用空气弹簧。

悬架可以分为独立悬架和非独立悬架，区别在于独立悬架的左右两个车轮间没有硬轴进行刚性连接，一侧车轮的悬架部件全部都只与车身相连；而非独立悬架两个车轮间不是相互独立的，之间有硬轴进行刚性连接。从结构上看，独立悬架由于两个车轮间没有干涉，一般舒适性和操控性更好。

此外根据具体结构，还可以分为麦弗逊式悬架、双叉臂式悬架、扭转梁式悬架、多连杆式悬架等。目前，大多数乘用车前悬架多采用麦弗逊式悬架，后悬架多采用扭转梁式、多连杆式等。

（2）行驶系统的功能

1）接受由发动机经传动系统传来的转矩，并通过驱动轮与路面间的附着作用，使汽车正常行驶。

2）传递并承受路面作用于车轮上的各种反力及其所形成的力矩。

3）尽量缓和不平路面对车身造成的冲击和振动，保证汽车的平顺行驶。

4）与汽车转向系统协调配合，实现汽车行驶方向的正确控制，以保证汽车操纵稳定性。

3．转向系统

转向系统是用来改变或保持汽车行驶或倒退方向的一系列装置，其功能就是按照驾驶员的意愿控制汽车的行驶方向。按照动力来源，汽车转向系统分为两大类：机械转向系统和动力转向系统。

1）机械转向系统以驾驶员的体力作为转向能源，其中所有传力件都是机械的。机械转向系统由转向操纵机构、转向器和转向传动机构三大部分组成，如图6-16所示。

2）动力转向系统是兼用驾驶员体力和发动机动力为转向能源的转向系统，一般是在机械转向系统的基础上加设一套动力转向装置而成。在正常情况下，汽车转向所需能量只有一小部分由驾驶员提供，而大部分是由发动机通过动力转向装置提供的。但在动力转向装置失效时，一般还应当能由驾驶员独立承担汽车转向任务。

4．制动系统

制动系统是使汽车的行驶速度可以强制降低的一系列专门装置，主要由供能装置、控制装置、传动装置和制动器等部分组成，如图6-17所示。常见的制动器主要有鼓式制动器和盘式制动器。

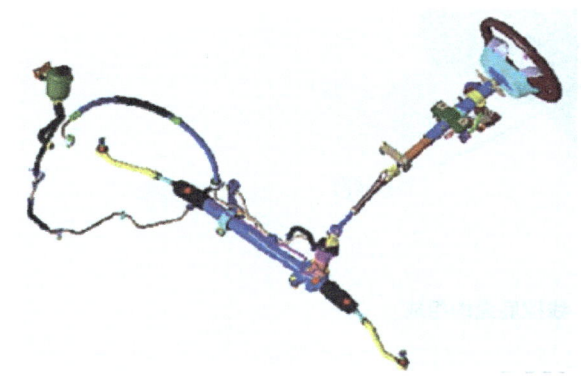

图6-16 汽车机械转向系统结构图

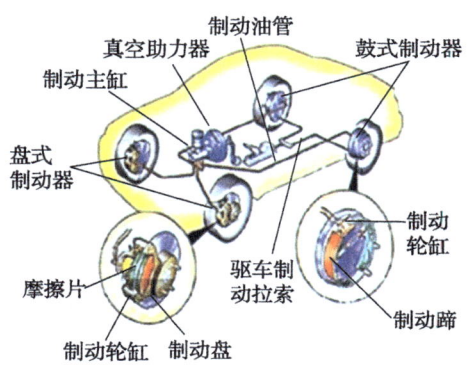

图6-17 制动系统结构图

1）鼓式制动器主要包括制动轮缸、制动蹄、制动鼓、摩擦片、回位弹簧等部分，主要是通过液压装置使摩擦片与随车轮转动的制动鼓内侧面发生摩擦，从而起到制动的效果。

2）盘式制动器主要由制动盘、制动钳、摩擦片、制动轮缸、油管等部分构成，主要通过液压系统把压力施加到制动钳上，使摩擦片与随车轮转动的制动盘发生摩擦，从而达到制动的目的。

安全、舒适、节能、环保是汽车发展的方向和永恒主题，而电子化、智能化、电动化、可再生化是实现安全、舒适、节能、环保的有效措施和手段。采用线控技术可为实现汽车的电子化、智能化、电动化及可再生化提供有力的技术保证。随着汽车电子技术的不断发展，线控技术将逐渐在汽车上得到普遍应用，笨重的机械液压系统将被精确的电子传感器和电执行元件代替，传统汽车的操纵执行机构将发生根本性变化。目前，汽车上几乎所有操纵控制都可以采用线控技术，线控技术及线控汽车的研究已经成为各国研究的热点。线控技术（X-by-Wire）源于飞机的控制系统，其将飞行员的操纵命令转化成电信号，通过控制器控制飞机飞行。线控汽车采用同样的控制方式，可利用传感器感知驾驶员的驾驶意图，并将其通过导线输送给控制器，控制器控制执行机构工作，实现汽车的转向、制动、驱动等功能，从而取代传统汽车靠机械或液压来传递操纵信号的控制方式。

6.2.2　线控底盘系统的组成及工作原理

1．智能汽车线控底盘的组成

线控底盘主要由四大系统构成，分别是线控转向、线控制动、线控驱动和车身控制模块，如图6-18所示，其中线控转向和线控制动是自动驾驶执行端最

线控底盘系统的组成及工作原理（微课）

核心的产品。

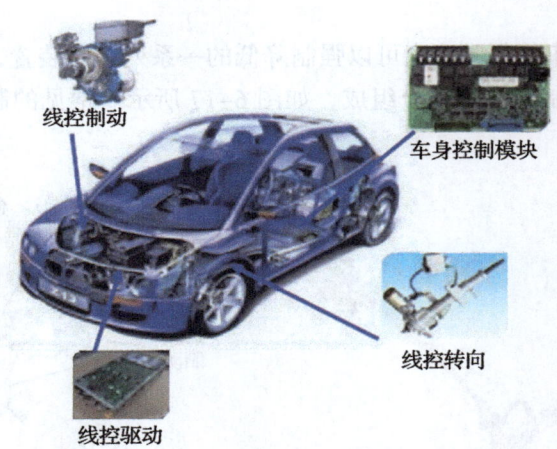

图 6-18 线控底盘的组成

2. 线控系统的基本结构原理

线控系统在人机接口通信、执行机构和传感机构之间以及与其他的系统之间要进行大量的信息传输,要求网络的实时性好、可靠性高,而且要求具有冗余的"功能实现",以保证在出现故障时仍可实现装置的基本功能。其结构原理如图 6-19 所示。

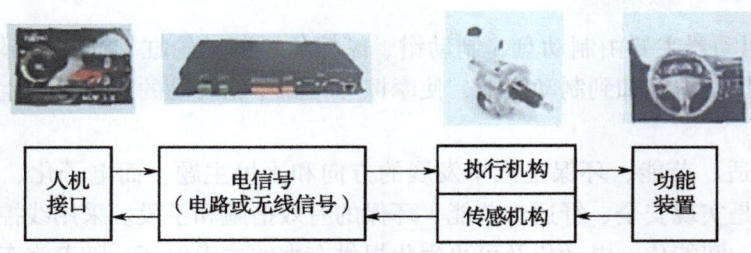

图 6-19 线控系统的结构原理图

6.2.3 线控驱动系统的原理与应用

线控驱动系统主要由电子加速踏板、电机控制器、驱动电机或发动机等组成,如图 6-20 所示。电子加速踏板用于识别驾驶员的加速意图,该电信号被电机控制器采集,电机控制器识别出驾驶员加速意图后向驱动电机或发动机发出指令驱动车辆加速。

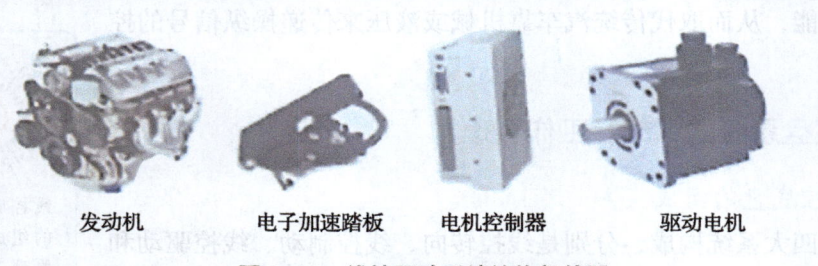

图 6-20 线控驱动系统结构部件图

线控驱动系统的原理与应用(微课)

1. 电子节气门

电子节气门取消了加速踏板和节气门之间的机械结构，通过加速踏板位置传感器去检测加速踏板的位移，这个位移就代表了驾驶员的驾驶意图，如图 6-21 所示。

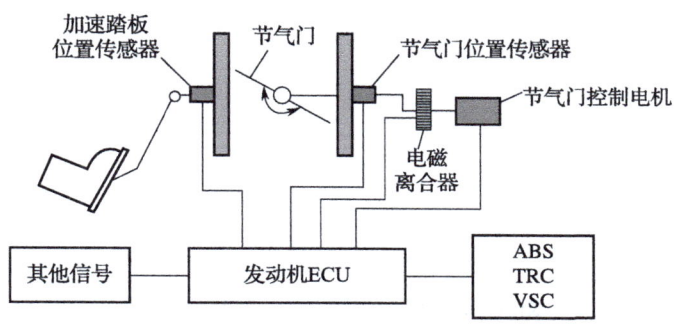

图 6-21　电子节气门结构图

该信号被传递给 ECU，ECU 根据其他传感器反馈回来的信息进行分析和计算，得到最佳的节气门开度，然后再驱动节气门控制电机，节气门位置传感器检测节气门的实际开度，再把该信号反馈给 ECU 去实现整个节气门开度的闭环控制。而传统节气门是通过机械结构连接，反应延迟小，没有办法应对复杂道路下的各种工况，油耗和排放都不能得到很好的控制，如图 6-22 所示。

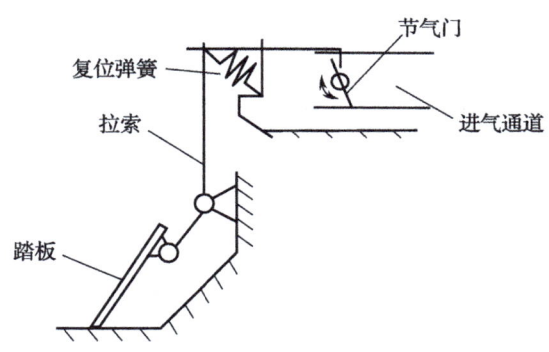

图 6-22　传统节气门结构图

2. 传统汽车线控驱动系统

传统汽车线控驱动系统对于传统内燃机车而言，只需要能够实现加速踏板的自动控制就能够实现线控驱动，如图 6-23 所示。

1）在加速踏板的位置增加一套执行机构，去模拟驾驶员踩加速踏板。同时还要增加一套控制系统，输入目标车速信号，实际车速作为反馈。通过控制系统计算，去控制执行机构去执行动作。

2）接管节气门控制单元加速踏板的位置信号，只需要增加一套控制系统，输入目标车速信号，把实际的车速作为反馈，最后控制系统计算输出加速踏板位置信号给节气门控制单元。

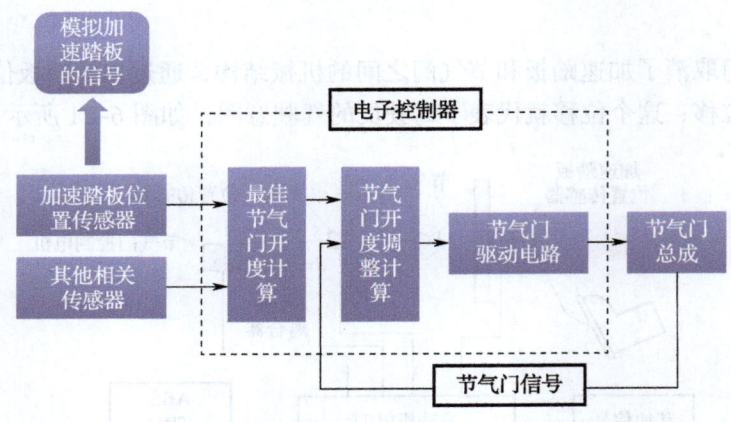

图 6-23 传统线控驱动系统结构功能图

3．电动汽车线控驱动系统

电动汽车线控驱动系统主要由整车控制单元（VCU）来完成驱动，如图 6-24 所示。它的主要功能是实现转矩需求的计算以及实现转矩分配。VCU 接收车速信号、加速及制动踏板信号以及一些其他信号，然后在 VCU 内部进行计算，发送转矩指令给电机控制单元；电机控制单元接收到 VCU 的转矩需求后进行电机转矩的控制，从而能够实现实时地响应 VCU 的转矩需求，因此只需要 VCU 开放速度控制接口就能实现线控驱动。

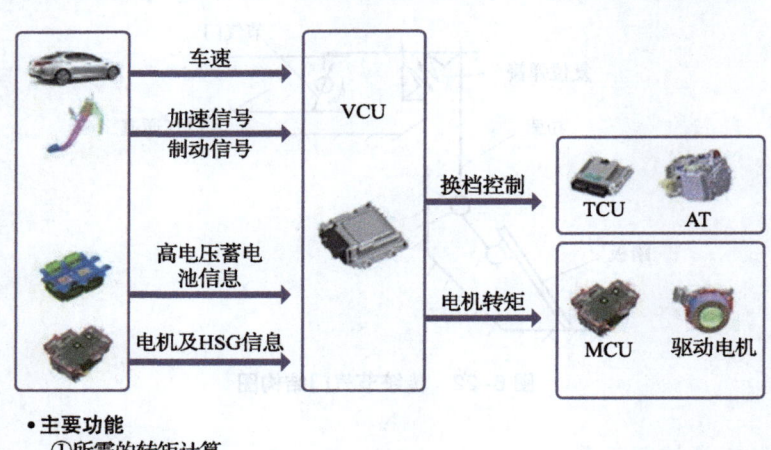

图 6-24 VCU 控制驱动系统结构原理图

6.2.4 线控转向系统的原理与应用

1．线控转向系统的组成

汽车线控转向系统由转向盘模块、转向执行模块和 ECU 三个主要部分以及自动防故障系统、电源等辅助系统组成，如图 6-25 所示。

线控转向系统的原理与应用（微课）

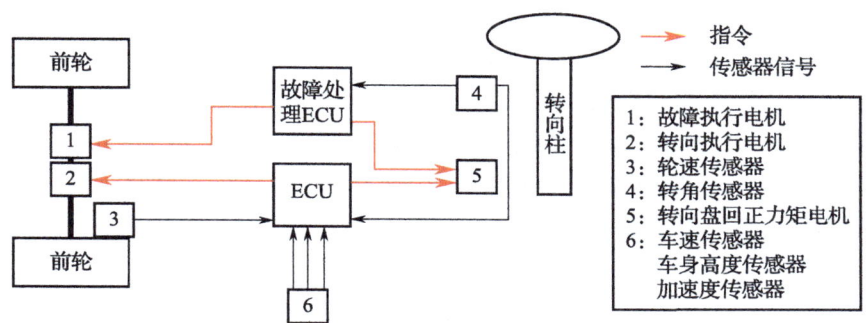

图 6-25 线控转向系统组成结构图

1）转向盘模块。包括转向盘、转向盘转角传感器、力矩传感器、转向盘回正力矩电机。转向盘模块的主要功能是将驾驶员的转向意图（通过测量转向盘转角）转换成数字信号，并传递给ECU，同时接收ECU送来的力矩信号，产生转向盘回正力矩，以提供给驾驶员相应的路感信息。

2）转向执行模块。由前轮转角传感器、转向执行电机、转向电机控制器和前轮转向组件等组成。转向执行模块的功能是接受主控制器的命令，通过转向电机控制器控制转向车轮转动，实现驾驶员的转向意图。

3）ECU 对采集的信号进行分析处理。判别汽车的运动状态，向转向盘回正力矩电机和转向电机发送指令，控制两个电机的工作，保证各种工况下都具有理想的车辆响应，以减少驾驶员对汽车转向特性随车速变化的补偿任务，减轻驾驶员负担。同时 ECU 还可以对驾驶员的操作指令进行识别，判定在当前状态下驾驶员的转向操作是否合理。当汽车处于非稳定状态或驾驶员发出错误指令时，线控转向系统会将驾驶员错误的转向操作屏蔽，而自动进行稳定控制，使汽车尽快地恢复到稳定状态。

4）自动防故障系统。它是线控转向系统的重要模块，包括一系列的监控和实施算法，针对不同的故障形式和故障等级做出相应的处理，以求最大限度地保持汽车的正常行驶。作为应用最广泛的交通工具之一的汽车，它的安全性是必须首先考虑的因素，是一切研究的基础，因而故障的自动检测和自动处理是线控转向系统最重要的组成系统之一。它采用严密的故障检测和处理逻辑，以更大地提高汽车安全性能。

5）电源系统承担着控制器、两个执行电机以及其他车用电器的供电任务。其中仅前轮转角执行电机的最大功率就有 500～800W，加上汽车上的其他电子设备，电源的负担已经相当沉重。所以要保证电网在大负荷下稳定工作，电源的性能就显得十分重要。

2. 线控转向系统的功能

汽车转向系统是决定汽车主动安全性的关键总成，传统汽车转向系统是机械系统，汽车的转向运动是由驾驶员操纵转向盘，通过转向器和一系列的杆件传递到转向车轮而实现的。汽车线控转向系统取消了转向盘与转向轮之间的机械连接，完全由电能实现转向，摆脱了传统转向系统的各种限制，不但可以自由设计汽车转向的力传递特性，而且可以设计汽车转向的角传递特性，给汽车转向特性的设计带来无限的空间，是汽车转向系统的重大革新。

汽车线控转向系统的工作原理如图 6-26 所示。它用传感器检测驾驶员的转向数据，然后通过数据总线将信号传递给车上的 ECU，并从转向控制系统获得反馈命令；转向控制系统也从转向操纵机构获得驾驶员的转向指令，并从转向系统获得车轮情况，从而指挥整个转向系统的运动。转向系统控制车轮转到需要的角度，从而将车轮的转向和转动反馈到系统的其他部分，比如转向操纵机构，以使驾驶员获得路感，这种路感的大小可以根据不同的情况由转向控制系统控制。

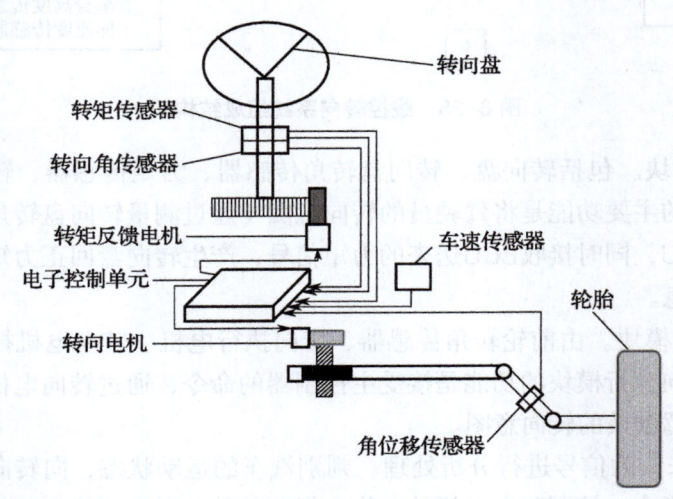

图 6-26　线控转向系统的工作原理

3．线控转向系统的分类

线控转向系统是未来改变和恢复汽车行驶方向的专设机构，如图 6-27 所示。所谓助力转向，是指借助外力，使驾驶员用更少的力就能完成转向，起初应用于一些大型车上，不用那么费力就能够轻松地完成转向，现在已经广泛应用于各种车型上，使驾驶更加轻松、敏捷，一定程度上提高了驾驶安全性。助力转向按动力的来源可分为液压助力和电动助力。

1）液压助力转向系统。电子式液压助力的结构原理如图 6-28 所示，与机械式液压

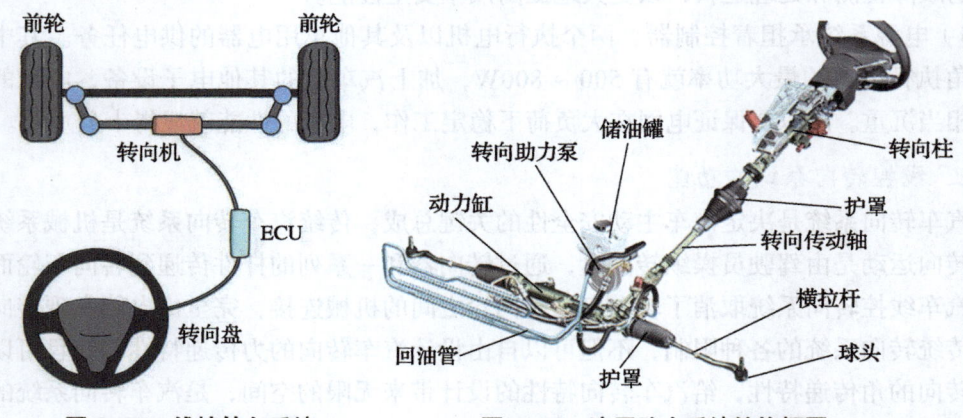

图 6-27　线控转向系统　　　　图 6-28　液压助力系统结构框图

助力大体相同，最大的区别在于提供油压油泵的驱动方式不同。机械式液压助力的液压泵直接是通过发动机传动带驱动的，而电子式液压助力采用的是由电力驱动的电子泵。机械式液压助力转向系统主要包括齿轮齿条转向结构和液压系统（液压助力泵、液压缸、活塞等）两部分。其工作原理是通过液压泵（由发动机传动带带动）提供油压推动活塞，进而产生辅助力推动转向拉杆，辅助车轮转向。

2）电动助力转向系统。主要由传感器、控制单元和助力电机构成，没有了液压助力系统的液压泵、液压管路、转向柱阀体等，结构非常简单，如图6-29所示。

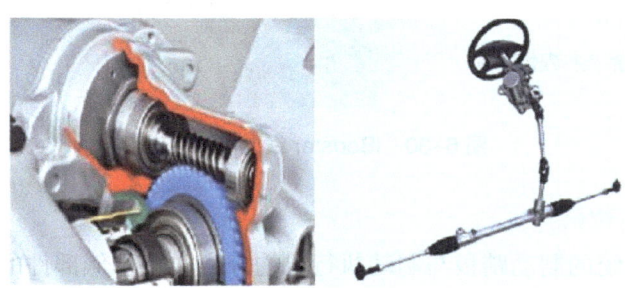

图6-29　电动助力转向系统结构图

4．线控转向系统的特点

1）提高汽车安全性。去除了转向柱等机械连接，完全避免了撞车事故中转向柱对驾驶员的伤害；智能化的ECU根据汽车的行驶状态判断驾驶员的操作是否合理，并做出相应的调整；当汽车处于极限工况时，能够自动对汽车进行稳定控制。

2）改善驾驶特性，增强操纵性。鉴于车速、牵引力控制以及其他相关参数基础上的转向传动比（转向盘转角和车轮转角的比值）不断变化，低速行驶时，转向比率低，可以减少转弯或停车时转向盘转动的角度；高速行驶时，转向传动比变大，获得更好的直线行驶条件。

3）改善驾驶员的路感。由于转向盘和转向车轮之间无机械连接，驾驶员"路感"通过模拟生成，可以从信号中提出最能够反映汽车实际行驶状态和路面状况的信息，作为转向盘回正力矩的控制变量，使转向盘仅向驾驶员提供有用信息，从而为驾驶员提供更为真实的"路感"。

6.2.5　线控制动系统的原理与应用

1．线控制动系统的定义

线控制动系统（Brake by Wire，BBW）即电子控制制动系统，如图6-30所示。线控制动系统是在传统制动系统上发展而来的，在线控系统技术发展的过程中，线控制动系统是用电系统取代传统机械系统或液压系统的过程。1972年，美国国家航空航天局（National Aeronautics and Space Administration，NASA）推出了线控飞行技术的飞机。随着技术的革新，目前绝大部分军用飞机和大部分民用飞机都采用了这项技术。借鉴航空领域的线控飞行技术的发展，汽车工业领域逐步出现了线控制动系统的开发与应用。

图 6-30　iBooster 线控制动系统

2. 线控制动系统的优点

1）线控制动系统的制动踏板与制动执行机构分离，以降低部件的复杂性，减少液压与机械控制装置，减少杠杆、轴承等金属连接件，减轻质量，降低油耗和制造成本。

2）线控制动系统具有精确的制动力调节能力，是电动汽车摩擦与回馈耦合制动系统的理想选择。

3）基于线控制动系统，不仅可以实现更高品质的 ABS/ESC/EPB 等高级安全功能控制，而且可以满足先进汽车智能系统对自适应巡航（ACC）、自动紧急制动（AEB）、自动泊车、无人驾驶等的要求。

3. 线控制动系统的分类

系统可分为机械式线控制动系统和液压式线控制动系统。

1）机械式线控制动系统（EMB）即为电子机械式制动系统，如图 6-31 所示。EMB 与常规的液压制动系统截然不同，EMB 以电能为能量来源，通过电机驱动制动块，由电线传递能量，数据线传递信号。EMB 是线控制动系统的一种，整个系统中没有连接制动管路，结构简单，体积小，信号通过电传播，反应灵敏，减小制动距离，工作稳定，维护简单，没有液压油管路，不存在液压油泄漏问题，通过 ECU 直接控制，易于实现 ABS、TCS、ESP、ACC 等功能。

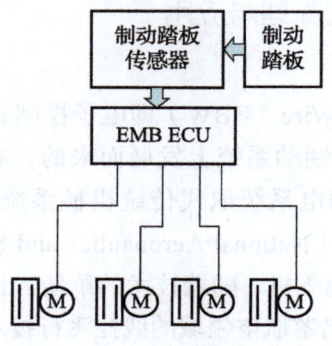

图 6-31　EMB 结构原理图

① EMB 的优点：EMB 的执行机构和踏板间无机械或液压连接，缩短了制动器的作用时间，有效减小制动距离；EMB 不需要助力器，减少空间，结构布局更加灵活；EMB 不需要制动液，系统重量轻并且比较环保；EMB 在 ABS 模式下无回弹振动，可以有效消除噪声。

② EMB 的缺点：恶劣环境下电子元器件易受干扰，系统工作的安全性和可靠性还有待提高；EMB 要求助力电机的性能优越，反应迅速，体积小巧，在电机设计上难度很大，成本很高。

2）液压式线控制动系统（EHB）。EHB 是从传统的液压制动系统发展来的，但与传统制动方式有很大的不同，EHB 以电子元件替代了原有的部分机械元件，是一个先进的机电一体化系统，它将电子系统和液压系统相结合。EHB 系统结构主要由电子踏板、电子控制单元（ECU）、液压执行机构组成，如图 6-32 所示。

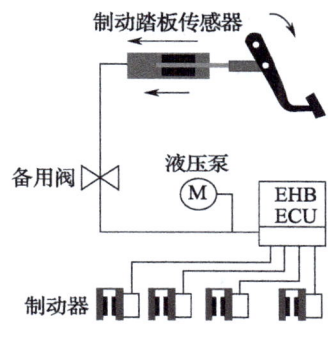

图 6-32 EHB 结构原理图

电子踏板是由制动踏板和踏板传感器（踏板位移传感器）组成。踏板传感器用于检测踏板行程，然后将位移信号转化成电信号传给 ECU，实现踏板行程和制动力按比例进行调控。EHB 工作时，制动踏板与制动器之间的液压连接断开，备用阀处于关闭状态。电子踏板配有踏板感觉模拟器和电子传感器，ECU 可以通过重构信号来判断驾驶员的制动意图，并通过电机驱动液压泵进行制动。当电子系统发生故障时，备用阀打开，EHB 系统变成传统的液压系统。

电子液压式线控制动系统从结构上分为整体式和分体式两种。

① 整体式：总泵/踏板单元、主动增压模块、分泵压力调节模块集成在一个部件内，如图 6-33 所示。

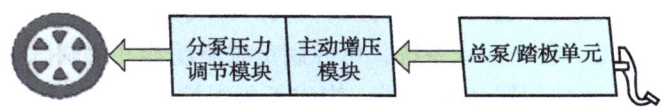

图 6-33 整体式电子液压线控制动系统图

② 分体式：总泵/踏板单元和主动增压模块集成在一个模块中，分泵压力调节模块作为另一个单独模块，如图 6-34 所示。

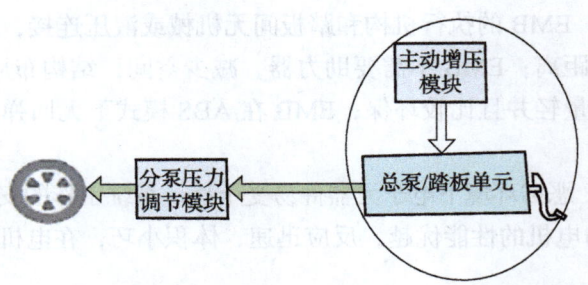

图 6-34 分体式电子液压线控制动系统图

6.2.6 车身控制模块

1. 车身控制模块的组成

车身控制模块（BCM）是汽车最重要的模块之一，它主要包括电机控制器（MCU）、传感器输入及车载网络，如图 6-35 所示。

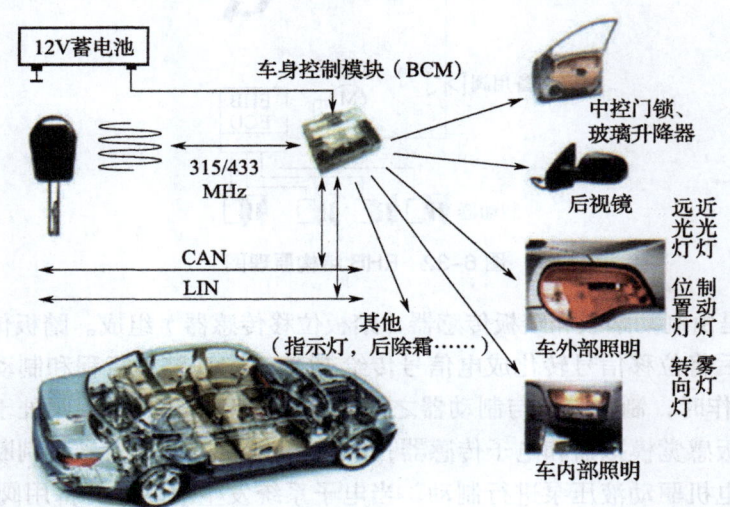

图 6-35 车身控制模块（BCM）的系统架构

2. 车身控制模块的工作原理

随着汽车智能化的发展，用户对汽车的驾驶舒适性和安全性提出更高的要求。面临更艰巨的挑战，汽车的车身更多趋向于车身控制模块的集成化和一体化发展。

严格来说，BCM 是一种嵌入式系统，可控制负载驱动器并协调汽车电子单元的激活。一般集成到 BCM 中的微控制器和插接器，构成了负责控制部分的系统的中央结构单元。操作数据通过输入设备传输到控制模块，这些可能包括传感器、车辆性能指标和可变电抗器。在模块处理数据之后，通过集成输出设备（包括继电器和螺线管）生成响应信号。通过输出设备系统，BCM 协调各种电子系统的工作。该车身控制模块设计了一个定制电路，作为连接和集成较小电路的网关。

3. 传统 BCM 功能传统

传统的车身控制系统的功能原理如图 6-36 所示。

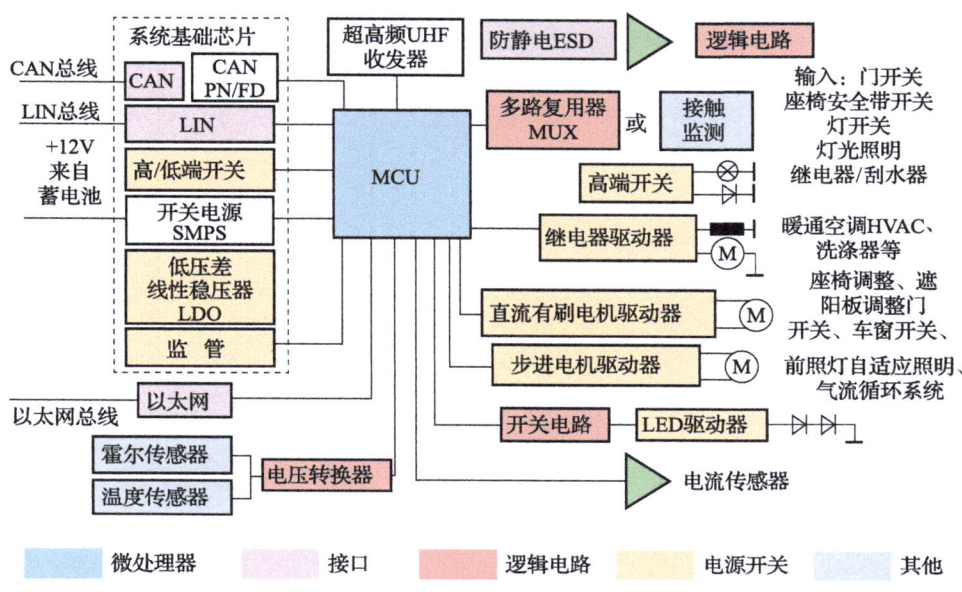

图 6-36 车身控制模块 BCM 功能原理

4. 智能车身 BCM 功能

BCM 指广义的车身控制模块平台，在传统的 BCM 平台上进行广泛扩展，可称为"BCM=平台化+整合化+智能化"，其整合了 PEPS、IMMO、TPMS、倒车雷达系统、车门防夹、网关等功能。智能车身 BCM 可分为集中式、分散式和蓝牙模块三类。

BCM 可以执行各种功能，输出设备基于 CAN（控制器区域网络）、LIN 或以太网作为与模块和系统通信的手段，对从输入设备接收的数据进行管理。可通过 BCM 集成和控制的电子系统包括能源管理系统、报警系统、防盗系统、访问/驱动程序授权系统、先进驾驶辅助系统、电动车窗等。

《 本章小结 》

本章主要讲解了控制执行技术的定义及其组成、控制执行技术的常用控制方法、控制执行技术的未来发展趋势、汽车底盘概述、线控驱动系统的原理与应用、线控转向系统的原理与应用、线控制动系统的原理与应用、车身控制模块等。通过学习，学生可以较全面地掌握智能网联汽车控制执行技术的基本知识。

课后习题

一、名词解释

1. 控制执行技术

2. PID 控制

3. 模糊控制

二、填空题

1. 汽车底盘是由 _____、_____、_____ 和 _____ 组成的。
2. 线控底盘主要由 _____、_____、_____ 和 _____ 组成。
3. 汽车的转向系统分为 _____ 和 _____ 两大类。

三、问答题

1. 基于模型的控制基本原理是什么？

2. EHB 根据技术方向可以分为哪几类？

第 7 章
智能网联汽车信息技术

知识目标
- 了解智能网联汽车人机交互技术的发展及其应用。
- 了解智能网联汽车信息交互技术的发展及其应用。

能力目标
- 认识智能网联汽车人机交互系统关键零部件。
- 认识智能网联汽车信息交互系统关键零部件。

素养目标
- 树立安全意识。
- 形成汽车行业相关从业者的专业素养。
- 培养自主学习、查找资料、制订工作计划的能力。

7.1 智能网联汽车人机交互技术的发展及其应用

人机交互技术
的发展背景
（微课）

7.1.1 人机交互技术的发展背景

1. 人机交互技术发展背景

人机交互技术指通过计算机输入、输出设备，以有效的方式实现人与计算机对话的技术。人机交互技术包括机器通过输出或显示设备给人提供大量有关信息及提示、请示等，人通过输入设备给机器输入有关信息，回答问题及回复提示、请示等。人机交互技术是计算机用户界面设计中的重要内容之一。它与认知学、人机工程学、心理学等学科领域有密切的联系，也指通过电极将神经信号与电子信号互相联系，达到人脑与电脑互相沟通的技术。可以预见，计算机甚至可以在未来成为一种媒介，达到人脑与人脑意识之间的交流，即心灵感应。

随着科学技术的发展，人机交互技术也经历了以下几个主要阶段的发展。

（1）人机交互的发展历史

通过人机交互的方式来划分它的发展历史，大概分为以下几个阶段：

1）早期手工作业阶段：工业革命开始，机器正式登上历史舞台。之后，机器与人类生活结合得越来越紧密，个体与机器的关系研究逐渐引起人们的重视。

2）作业控制语言及交互命令语言：这一阶段，程序员可使用作业语言和交互命令与计算机进行交互，调试程序，了解计算机的执行情况。用户可通过作业控制语言与计算机系统通信，让作业执行遵循自己的意图。这一时期人们需要主动适应机器，在当时来说，是极少数人掌握的技能。

3）图形用户界面（GUI）阶段：鼠标的出现，第一次让人们感受到了自由交互的魅力，大大提高了用户的办公效率。1979年史蒂芬·乔布斯在一次偶然的机会中发现，鼠标作为指点输入设备和操作系统使用的GUI，更容易被广大普通用户接受，计算机迎来了大众化时代。计算机开始面向大众做出改变，用图形代替编程语言，方便人们更好地理解计算机，从而实现人机交互。

4）网络用户界面阶段：网络的出现，将各种各样的信息汇聚起来，通过网络，人们可以传递、交换、获取信息。新的网络用户界面的优点就是让人们从网络中准确获取自己想要的信息。网络用户界面的代表是以超文本标记语言和超文本传输协议为基础的浏览器。

如今，由它演变而来的万维网，成为网络沟通的主流渠道，这类人机交互的优点是发展快、新技术不断出现，如线上购物、搜索引擎等。

（2）多通道、多媒体的智能人机交互阶段

进入21世纪，智能手机等设备的微型化、嵌入化成为新的发展趋势。同时人们也在探索如何利用多种感觉和动作通道（如语音、体感、面部表情、眼动轨迹等）与机器环境进行更加智能的交互，进而使人机交互更加自然和高效。

在人机交互和用户界面的发展进程中，不难发现，"以人为中心"的思想越来越重要。降低用户的学习成本并提高操作效率，在人机交互设计过程中逐渐成为不得不考虑的因素。未来，人机之间将通过各类手段形成双向的交互通道，人类可借助智能体感设备（眼镜、手表、手环等）更直观地接收信息与传达指令；而计算机则可以利用各种识别技术（人脸、手势、语音、指纹、视网膜识别等）全方位地感知用户的需求，通过强大的数据分析能力（人工智能）预知用户的潜在需求，并采用虚拟现实和增强现实等技术模拟环境和信息，实现更加简单、自然、高效的交互。

2．汽车显示界面的发展历程

广义上讲，转向盘、变速杆、车门窗控制等都属于汽车的人机交互范畴。准确起见，本章节只讨论车内的显示器界面的交互的发展，其主要表现为车内屏幕的增加、增大以及交互方式的改变。

（1）中控的发展

最初的中控台是以按键为主，中控台主要是收音机、空调等方面的调节。随着电子产品的普及，汽车车内的电子仪表出现了迭代式发展，开始出现液晶仪表和中控屏，主要应用于娱乐化电子设施，应用的功能较少，屏幕也比较小。到了 2000 年，车载娱乐系统以音频类功能为主，人们可以通过硬件进行操控。

（2）仪表盘的发展

2000 年左右，仪表盘主要由四个圆形仪表以及中央的单色多功能小屏组成，提供发动机工作情况、油耗等信息。2012 年前后，仪表盘开始变化，单色显示屏转变为彩色，同时增加了导航等信息的显示，呈现方式由单一文字转变为图文结合。近几年，在国外品牌引领下，全屏数字仪表成为新的趋势。未来汽车显示将呈现大尺寸多屏幕、高分辨率、低耗能、可曲面等趋势，同时不再局限于中控屏和仪表盘，更多地应用于后座、后视镜、车身等领域，为用户提供更加丰富和便捷的驾乘体验。

7.1.2 语音交互技术的基本工作原理

1. 语音交互的定义

语音交互（VU）指的是人类与设备通过自然语音进行信息的传递，一次完整的语音交互需要经历 ASR → NLP → Skill → TTS 的流程。

语音交互技术与车载语音技术（微课）

智能语音交互是基于语音输入的新一代交互模式，你可以通过说话就可以得到反馈结果。典型的应用场景是语音助手，自从 iPhone 4S 推出 SIRI 后，智能语音交互应用得到飞速发展。中文典型的智能语音交互应用如虫洞语音助手、讯飞语点已得到越来越多的用户认可。

（1）语音识别（ASR）

语音交互实际上是语音识别技术的一种应用。语音识别可以被称为自动语音识别。ASR 用于将声学语音进行分析，并得到对应的文字或拼音信息。语音识别系统一般分训练和解码两阶段。训练即通过大量标注的语音数据训练数学模型，通过大量标注的文本数据训练语言模型；解码即通过声学和语言模型将语音数据识别成文字。声学模型可以理解为对发声的建模，它能够把语音输入转换成声学表示的输入，更准确地说是给出语音属于某个声学符号的概率。语言模型的作用可以简单理解为消解多音字问题，在声学模型给出发音序列之后，从候选的文字序列中找出概率最大的字符串序列。

（2）自然语言处理（NLP）

NLP 用于将用户的指令转换为结构化的、机器可以理解的语言。

NLP 的工作逻辑是将用户的指令进行 Domain（领域）—Intent（意图）—Slot（词槽）三级拆分。以"帮我设置一个明天早上 8 点的闹钟"为例，该指令中的领域是"闹钟"，意图是"新建闹钟"，词槽是"明天 8 点"。这样，就将用户的意图拆分成机器可以处理的语言。

（3）能力（Skill）

Skill 即 AI 时代的 APP。Skill 的作用就是处理 NLP 界定的用户意图，做出符合用户预期的反馈。

（4）语音合成（TTS）

语音合成即从文本转换成语音，让机器说话。TTS 业内普遍使用两种做法：一种是拼接法，一种是参数法。拼接法即从事先录制的大量语音中，选择所需的基本发音单位拼接而成。其优点是语音的自然度很好,缺点是成本太高,费用成本要上百万元。参数法指使用统计模型来产生语音参数并转化成波形,优点是成本低,一般价格在 20 万~60 万元不等,缺点是发音的自然度没有拼接法好。但是随着模型的不断优化,现在参数法的效果已经非常好了,因此业内使用参数法的越来越多。

语音交互的特点是通过语音与机器完成一系列输入和输出,进行信息交换,最终达成用户目标的人机交互方式。

下面简要分析一下语音交互的优、劣势以及与 GUI 界面交互相比的一些特点。

1)优势及劣势如下:

① 解放双手。与目前主流的 GUI 界面交互方式相比,不需要借助鼠标、键盘或者手指触控进行信息输入。

② 易学习性。声音是人与人之间基本的交流方式,不同年龄段、不同能力技术水平应用我们的直觉,就可以掌握。

③ 便捷性。当执行的任务比较简单时,例如导航去某地,语音输入比打字输入更快速、简单,在语音识别准确率高的情况下,用户可以完全相信语音,无须再用视觉方式来给用户安全感。

④ 低复杂度。语音交互可以直接解决用户的最终目标,而不像 GUI 界面有不同的层级关系,用户达成目标时需要一系列操作并且经历很多页面之间的切换。

⑤ 需要输出大量信息时,效率低。信息必须依据语句输出,目前语音交互多以"一问一答"单轮对话为主,每次对话时人们都需要先唤醒智能体。智能体在对话过程中不能理解上下文之间的关系信息。

⑥ 场景有限。如无法标准化的输入设备、语义理解及噪声的处理都影响到语音交互的精确度,不适合在嘈杂环境中进行,对隐私要求比较高的任务不适合使用语音交互。

2)语音交互的原理。语音交互实际上是语音识别(ASR)技术的一种应用,其目标是将人类的语音中的词汇内容转换为计算机可读的输入,例如按键、二进制编码或者字符序列。与说话人识别及说话人确认不同,后者尝试识别或确认发出语音的说话人而非其中所包含的词汇内容。

3)语音交互技术的发展有以下几个方面:

① 合成语音更加自然、真实,接近于真人水平。目前合成语音的自然度基本满足人们的需求,但相比人类的语音,较长语音仍然比较"冰冷""机械"。随着合成语音自然度和表现力的提升,智能体输出声音的音调、语速、韵律、语气、断句等将更加自然,接近于真人水平,且表达更加口语化和自然,让人感觉就像与真人交流。

② 语音交互具备听觉选择能力,提升多人对话体验。人类的听觉具有选择性,能够在众多声音中选择性地听取自己需要的或者感兴趣的声音。随着 AI 语音分离技术的攻克,智能体将习得听觉选择能力,在多人对话场景中反馈,提升多人对话体验。

③ 语音交互将支持多种方言,并针对细分群体进行差异化设计。语音交互是可以支持多种方言的,一方面语音交互在面对方言时遇到较大挑战,未来智能体能通过收集大量的方言语音资料,训练优化语音模型,可以用多种方言与人类对话,使习惯使用方言的群体可以与其交流互动。另一方面,语音交互将针对特定群体进行差异化设计,根据特定群

体的语言特征及语言模式,设计个性化的语音交互模型,使智能体和不同群体的互动更"友好",例如儿童群体的发音,要提高发音、措辞和语序的容错率等。

7.1.3 人机交互技术在智能网联汽车的应用

近年来,随着全球新一轮科技和产业革命的蓬勃发展,我国的智能网联汽车产业发展迅猛,产业规模迅速扩大。汽车智能化、网联化趋势不断加深汽车产业数字化及信息化的变革,对人、车、环境关系带来了新的影响,人机交互设计也将成为智能汽车发展和创新的核心要素。

1. 人机交互已成为智能汽车发展的关键技术

未来智能汽车将作为平台集成大量的功能,人机交互对于汽车安全性和操作性起到了关键性的作用。无论是传统燃油汽车还是新能源汽车都离不开人来操作或使用,人机交互的工作时效性、便捷性、安全性甚至是人在操作机器时的心理愉悦感和疲劳感,都能够直接影响到汽车行驶时的安全和工作状态。另外,随着汽车智能驾驶水平的提高和商业化的落地,汽车的场景化趋势更加突出,基于不同场景的人机交互设计将满足用户更多的功能需求,如图7-1所示。

人机交互技术在智能网联汽车的应用(微课)

图7-1 车内人机交互功能

2. 用户为中心的设计理念和设计流程

汽车智能化程度的加深使得各功能的操作趋于复杂化,对人机交互设计带来新的挑战。智能汽车的人机交互设计必须以保证汽车安全性、提高核心功能操作效率、简化操作流程为出发点,以提升车内驾乘人员的用户体验,充分发挥汽车的功能和性能。人机交互系统的设计主要包括需求分析阶段、调查研究阶段、系统分析规划阶段、系统设计阶段、测试阶段、人机系统的生产制造及提交使用阶段。在整个设计过程中,通过调研和分析,明确系统服务对象的特征和需求,以用户为中心展开产品规划和设计工作,包括交互方式、各部件造型和尺寸、硬件和软件等,在完成相关项目的测试后融入使用。

3. 智能化趋势对人机交互提出了更高的要求

未来智能驾驶汽车将实现基于使用场景定制化的人机交互设计。智能驾驶汽车由于操纵机构的简化,有大量空间可以释放,所以智能驾驶汽车的内部设计将被重新定义,并且向定制化、多功能化的方向发展。功能的增加使智能驾驶汽车的人机交互系统有更多的发展空间,传统汽车以驾驶为核心要素的人机交互设计理念将被弱化,多种场景功能的实现将成为主要考虑的人机交互设计问题。

7.2 智能网联汽车信息交互技术的发展及其应用

7.2.1 信息交互技术的基本概念及其系统组成

1. 信息交互技术

（1）信息交互技术的定义

从智能网联汽车角度来看，信息交互技术是指人、车、路、云平台之间进行全方位连接和交互的信息通信技术。当前，借助于人、车、路、云平台之间的全方位连接和交互的信息交互技术不断发展，服务能力不断提升，催生了大量新的产品和应用，对汽车、交通的智能化与网联化水平提出了新的发展需求，引领了汽车技术与产业发展，促进了城市数字化与智能化发展。

（2）信息交互技术的组成

信息交互技术的发展聚焦网联化和智能化，并由单车智能逐步转向多车协同以及"智慧的车"与"智慧的路"协同发展，以V2X技术、数据平台和信息安全等为代表的信息交互技术为智能网联汽车智能化、网联化、电动化、共享化发展提供了坚实的技术基础。

1）V2X。这项技术是一种车辆交通环境的无线通信技术，是道路和车辆与系统内对具有影响的其他事物进行信息交互的多种路侧和车载通信技术的统称，旨在加强交通系统的管理，提高车辆行驶安全性和便利性，是一种新概念的智能交通系统，图7-2所示为V2X技术示意图。

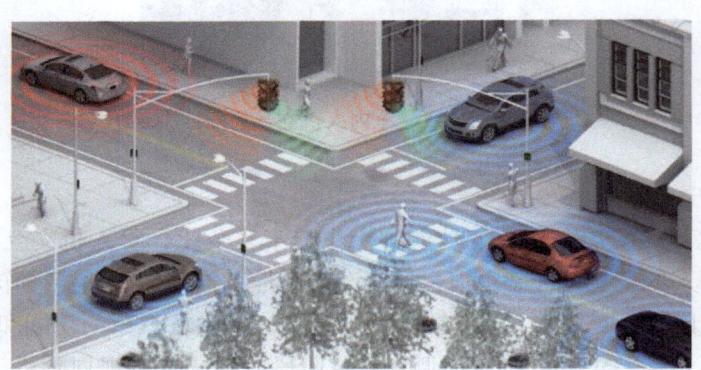

图 7-2 V2X 技术示意图

V2X技术借助车与车、车与路侧基础设施、车与行人之间的无线通信，实时感知车辆周边状况进行及时预警，成为当前世界各国解决道路安全问题的一个研究热点。根据美国交通部提供的数据，V2X技术可帮助预防80%各类交通事故的发生。与自动驾驶技术中常用的摄像头或激光雷达传感相比，V2X拥有更广的适用范围，它具有突破视觉死角和跨越遮挡物的信息获取能力，同时可以和其他车辆及设施共享实时驾驶状态信息，还可以通过预判算法产生预测信息。另外，V2X是唯一不受天气状况影响的车用传感技术，无论雨、雾或强光照射都不会影响其正常工作。此外，在传统智能汽车信息交换共享和环境感知的功能外，V2X 还强调了"智能决策"和"协同控制和执行"功能，以强大的后台数据分析、决策、调度服务系统为基础。

2）数据云平台。智能汽车中会不断地产生大量的数据，有汽车行驶的性能数据，有信息传递的数据等，包括非关系型数据库技术、车辆数据关联分析与挖掘技术等。云平台能够为未来的协同交通体系提供统一的数据采集、智能决策及控制执行等基础支撑，继而将整个车联网要素连接成一个整体。

为解决大数据和云平台的问题，宝马建立了自己的 IT 平台——D3。"D3"代表着"数据驱动开发"（Data-Driven Development），是研发宝马自动驾驶汽车以及验证宝马自动驾驶汽车数据的基础。新款宝马 D3 平台的推出，是宝马迈向高度自动驾驶道路上的一个重要里程碑。该平台是一个不可或缺的工具，为 2021 年底推出的宝马 iNEXT 车型提供安全、可靠的 L3 系统。多年来，宝马一直在应用数据驱动开发的方法，该方法基于这样一种假设，即绘制以及最终处理每块大陆上所遇到的各种复杂、多样的交通情况的唯一方法是收集大量数据，也表明必须通过一个广阔的数据池来验证自动驾驶的算法和整体操作。宝马高性能 D3 平台每天可收集超过 1500TB 的原始数据，存储容量超过 230PB，10 万多核和处理 200 多个 GPU 的计算能力，每两周有 50PB 数据进入硬件在环（HiL）仿真站。图 7-3 所示为 D3 的计算平台。

图 7-3　D3 的计算平台

3）信息安全。随着智能化和网联化的快速发展，传统的汽车领域面临着数据隐私泄漏、网络破解攻击等信息安全问题（图 7-4），而这些新问题则通过对于传统汽车功能安全的影响进一步危及人、车、路和环境。车路高度协同、完全自主可控的自动驾驶汽车系统目前还只存在于仿真环境和示范区展示中。从网络安全层面观察，具备自动驾驶功能的汽车，网联化与智能化程度较高，此时黑客具备更多的攻击入口，且通过组合攻击链获得

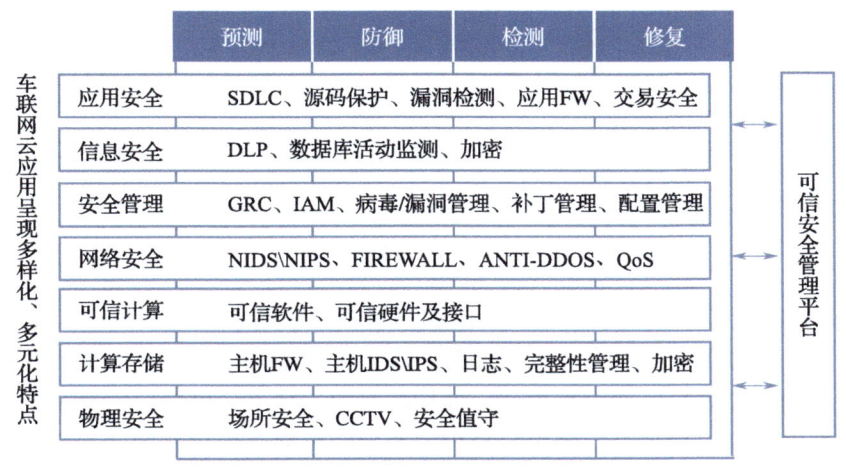

图 7-4　信息安全

总线的控制权,智能车辆将变成危及智能交通和智慧城市的武器。因此这方面的研究在未来是重中之重,因为汽车的安全涉及整个交通系统的安全和城市的安全。

智能网联汽车信息安全包括车载终端信息安全技术、手持终端信息安全技术、路侧终端汽车安全技术等。这些技术共同构建了智能车辆的信息安全架构和车路云协同的车联网安全监控体系,形成了完整的智能网联汽车信息安全技术体系,丰富和发展了汽车智能安全的内容。

2. 信息交互技术未来的发展趋势

(1) 智能交通

早在 20 世纪 60 年代,美国、欧洲、日本就已经开始了针对 ITS 的研究和建设,但是真正的智能交通系统在实施层面一直停滞不前。近年来,信息交互技术和智能技术的发展使得智能交通系统的实现成为可能。

1) 网络互联技术。移动互联网、车联网技术可以解决汽车内部各系统、汽车与人、汽车与环境之间的协同交互问题。例如高速无线移动技术的发展,为实现智能交通提供了基础条件;车联网更是将汽车作为信息网络中的节点,通过无线通信等手段实现人、车、路及环境的协同交互,构建智能交通系统。未来,基于移动通信技术演进形成的车联网(LTE-V2X)以及 5G 网络技术(图 7-5)条件下的车联网(5G-V2X)等先进车用无线通信技术,将会为智能汽车提供超低延时、超高可靠、超大宽带的无线通信能力。技术将"人 – 车 – 路 – 云"等交通参与要素有机地联系在一起,构建出全新的网状智能交通系统。

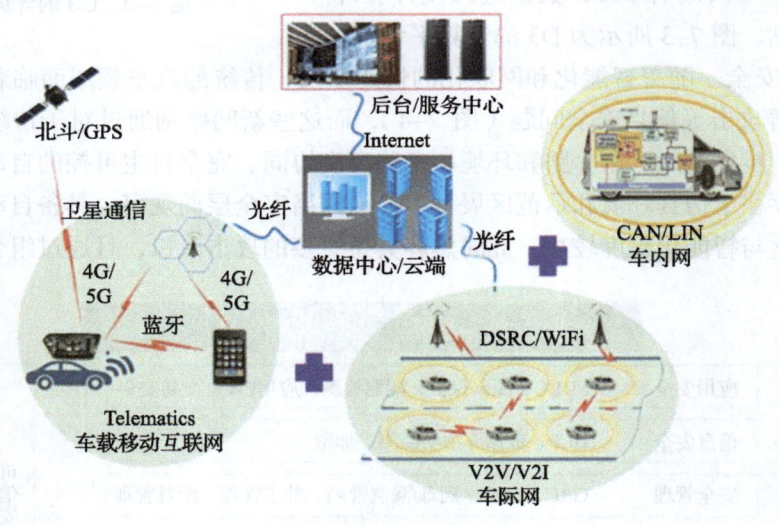

图 7-5 车联网

2) 人工智能与云计算技术。人工智能和高级机器学习技术的应用,衍生出一系列创新的智能系统,提升了智能汽车、周边设备、应用和服务等数据处理能力,并构建了更加完善的城市交通信息系统。在大数据和云计算技术的支持下,可以建立复杂场景下的多维交通信息综合大数据应用平台,将出行过程中产生的数据结构化处理,这有助于实现智能化交通疏导和综合运行协调,并最终建成跨交通工具的智能交通和服务系统。

（2）多学科多领域的系统设计

汽车首先解决的是人的出行问题。进入 21 世纪以来，全球汽车保有量快速增长，交通拥堵、环境污染、交通事故等问题层出不穷，道路基础设施面临升级换代问题。从交通工具的角度看，未来的出行设计涉及汽车、火车、飞机、人力交通工具等不同的对象。从产业的角度看，汽车行业参与者的背景日益复杂，目前，除了传统的汽车制造企业以外，以汽车零部件供应商、互联网企业为代表的高科技企业也在试图开发智能网联汽车信息交互技术。在这样的背景下，仅仅依赖汽车产业在产品层面的设计和创新是远远不够的，需要多领域、多专业、多部门从整个交通系统层面来重新定义智能网联汽车的整体设计。从设计本身的角度看，汽车设计逐渐从目前的产品设计转向系统设计。在家电、互联网、通信等行业，产品设计已经开始被放在一个更大的系统（如人机系统、商业生态系统）中展开，单一产品设计的情境日益减少，汽车行业也不例外。美国福特公司在 2015 年就以汽车人机交互设计为基础，成立了 Ford 用户体验部。该部门的成立，反映了汽车设计从单一设计向着系统设计方向发展。正如著名汽车设计公司 Italdesign 的首席执行官 Joerg Astalosch 所说，"如今，汽车是愈加广泛的生态系统的一部分，如果想要设计未来的城市车辆，传统汽车不能单独作为超大型城市交通的解决方案，还必须考虑到可持续发展的要求以及智能化的基础设施、手机 APP、电力系统、城市规划、社会伦理层面等各个要素。"在智能交通系统的背景下，未来的设计对象不再是单一的汽车产品，而是人、交通工具、基础设施、城市和环境等所构成的一个整体的跨交通工具的无缝出行交通系统。例如，在丹麦首都哥本哈根的交通系统中，汽车用于长途出行，公交车和自行车用于日常通勤，并通过完善城市规划、交通设施以及网络系统等，构成了一个高效的跨交通工具的出行系统。

从设计对象的角度看，未来智能汽车的设计从单一产品转变到出行系统。因此，未来智能汽车的设计也会转变为多学科、多领域的系统设计。从设计理论看，系统设计方法（SDM）是设计研究和人机工程学早期的方法，经常用于复杂产品的设计，如宇宙飞船、导弹等军事领域产品。未来的交通系统显然是一个更为复杂的系统，因此，系统设计将成为最有可能的设计方法来解决未来以汽车为核心的交通系统设计问题。从参与学科和领域的角度看，机械、车辆工程、工业设计、交通运输工程、信息科学与工程、城市规划等不同的专业领域将会共同参与到出行系统的设计当中。跨领域、跨学科的系统设计方法可以解决学科融合和设计管理层面的问题，因此具有一定的优势。从设计实践看，以互联网企业为代表的高科技公司的全新设计范式正在深刻改变着汽车行业的整车设计开发流程，"更快速（Faster）、更廉价（Cheaper）和更精准（Smarter）"的设计理念即将成为行业的主流，这也是智能网联汽车信息交互技术的重要趋势。

7.2.2　V2X 技术的基础概念与应用场景

V2X 无线通信技术旨在将"人 – 车 – 路 – 云"等交通参与要素有机地联系在一起，不仅可以为交通安全和效率等应用提供通信基础，还可以将车辆与其他车辆、行人、路侧设施等交通元素有机结合，弥补了单车智能的不足，推动了协同式应用服务发展。

V2X 技术的基础概念与应用场景（微课）

1. V2X 技术的关键组成

V2X 技术为智能网联汽车通信技术的核心,强调车辆自身和外界物之间的信息交换。V2X 技术的关键组成(图 7-6)有以下几个方面。

(1) V2V

V2V 即车辆自身与其他车辆之间的信息交换,如图 7-7 所示。车辆自身与外界车辆之间的信息交换内容,主要包括以下几点:

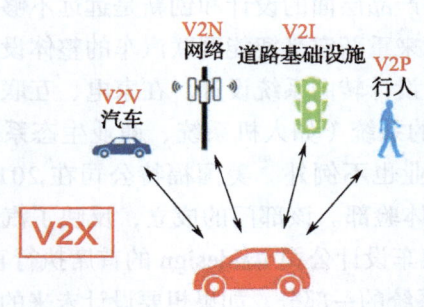

图 7-6 V2X 技术的关键组成

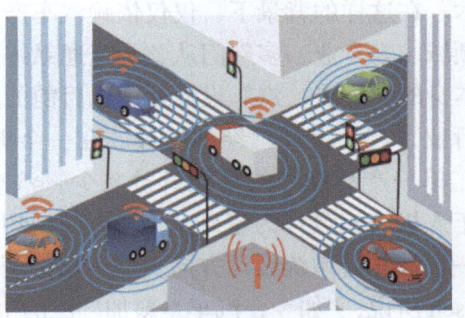

图 7-7 V2V 技术示意图

1)当前本体车辆的行驶速度与附近范围内其他车辆的行驶速度进行信息内容的交换。
2)当前本体车辆的行驶方向与附近范围车辆的行驶方向进行信息内容的交换。
3)当前本体车辆紧急状况与附近范围内车辆的行驶状况进行信息内容的交换。

(2) V2I

V2I 即车辆自身与基础设施之间的信息交换,如图 7-8 所示。基础设施主要包括红绿灯、公交站台、交通指示牌、立交桥、隧道、停车场等。车辆自身与基础设施之间的信息交换内容,主要包括以下几点:

1)车辆的行驶状态与前方红绿灯的实际状况进行信息内容的交换。
2)车辆的行驶状态与途经公交站台的实际情况进行信息内容的交换。
3)车辆当前行驶的方向和速度与前方交通标志牌所提示的内容进行信息上的交换。
4)车辆的行驶状态与前方立交桥或隧道的监控情况进行信息内容的交换。
5)车辆的导航目的地与停车场空位情况进行信息内容的交换。

(3) V2P

V2P 即车辆自身与外界行人之间的信息交换,如图 7-9 所示。车辆自身与外界行人之间的信息交换内容,主要包括以下几点:

图 7-8 V2I 技术示意图

图 7-9 V2P 技术示意图

1）车辆自身的行驶速度与行人当前位置进行信息内容的交换。

2）车辆自身的行驶方向与行人当前位置进行信息内容的交换。

（4）V2R

V2R 是 Vehicle to Road 的英文缩写，即车辆自身与道路之间的信息交换，如图 7-10 所示。按照道路的特殊性而言，V2R 又可分为两大类型，一类是车辆自身与城市道路之间的信息交换，另一类是车辆自身与高速道路之间的信息交换。

（5）V2N

V2N 即车辆自身或驾驶员与互联网之间的信息交换，如图 7-11 所示。车辆驾驶员与互联网之间的信息交换主要包括：车辆驾驶员通过车载终端系统向互联网发送需求，从而进行诸如娱乐应用、新闻资讯、车载通信等；车辆驾驶员通过应用软件可及时从互联网上获取车辆的防盗信息。车辆自身与互联网之间的信息交换主要包括以下几点：

1）车辆自身的行驶信息和传感器数据与互联网分析的大数据结果进行信息内容的交换。

2）车辆终端系统与互联网上的资源进行信息内容的交换。

3）车辆自身的故障系统与互联网远程求助系统进行信息内容的交换。

图 7-10　V2R 技术示意图

图 7-11　V2N 技术示意图

2．V2X 技术的应用场景

V2X 技术代表了解决现有交通问题的一种可能，交换后的信息经过不断处理优化可整体提升交通效率，减少车辆事故。目前来看，主要的应用场景有以下几个方面。

（1）红绿灯车速引导

红绿灯车速引导是根据红绿灯的状态和剩余时长，通过 V2X 系统计算出应该以怎样的速度就能保证平顺准确地通过红绿灯，即使前方有大型车辆遮挡时我们依然能够"看到"红绿灯的状态。极为精准的驾驶建议能让车辆以更为平顺和节能的状态跑完全程，如图 7-12 所示，车辆可提示红绿灯剩余时间和建议车速。

（2）交叉口防碰撞预警

在事故多发的交叉路口，如果车主能够提前获知其他车辆的状态信息，那么就可以及时做出应对措施，避免发生意外。要实现这一目标，就要用到 V2V 技术，也就是让汽车之间建立联系。未来的车辆需通过安装最新的防碰撞程序来使车辆提前"通信"以减少安全事故的发生。如图7-13所示，在多辆车同时要通过交叉路口时，车辆间会进行相互提醒。

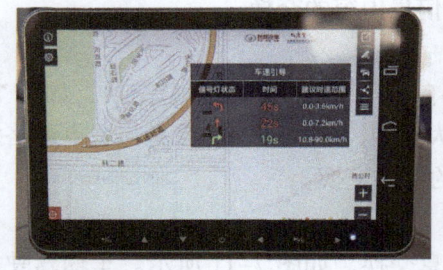 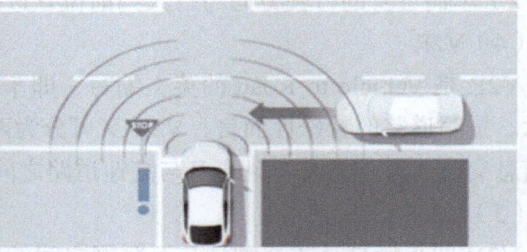

图7-12 系统提示红绿灯剩余时间和建议车速　　图7-13 交叉路口防碰撞预警

（3）电子交通标志

得益于V2I技术，车辆可以从路侧接收红绿灯、电子交通标志等信息。丰富的信息为车辆驾驶员做出更好选择提供了帮助。如图7-14所示，通过V2I技术及时将限速标志信息传输给车辆，并对驾驶员进行相应的提醒。

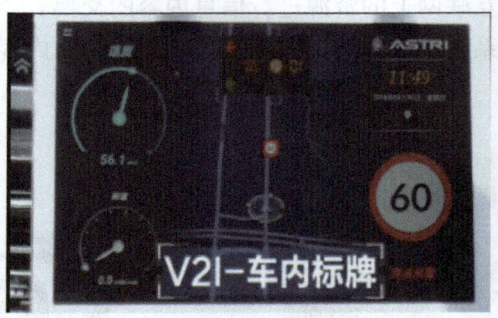

图7-14 电子交通标志

（4）行人、非机动车

V2P主要是保障行人以及非机动车安全的功能。车辆感知行人的方法很多，除了比较直观的摄像机和各种传感器外，信息互联也是一种非常有效的办法。例如，行人使用的终端，如手机、平板、可穿戴设备等，都可以实现人与车辆的互联，由此车辆可及时避让行人（图7-15），避让非机动车（图7-16），保障了彼此间的安全。

图7-15 车辆避让行人　　图7-16 车辆避让非机动车

（5）绿波通行

所谓绿波通行，是指主道上的车流依次到达前方各交叉口时，均会遇上绿灯这种"绿波"交通，减少车辆在交叉口的停歇，提高了平均行车速度和通行能力。如图 7-17 所示，当车辆通行速度为"绿波速度"60km/h 时，车辆便可"绿波"通行。

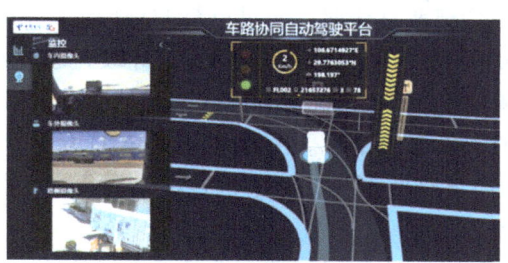

车载 OTA 系统原理与应用（微课）

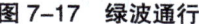

图 7-17　绿波通行

7.2.3　车载 OTA 系统原理与应用

OTA（Over-the-Air Technology）是指空中下载技术，或者说是一个标准。所谓"空中"指的是远程无线方式，即通过无线网络下载数据包从而对汽车系统进行升级的方式。其实这个概念在手机行业由来已久，现在它不仅普遍应用于各种 IT 设备，而且还延伸到了智能汽车领域，通俗一点就四个字：在线升级。

严格来说，OTA 又分为两种类型：FOTA 和 SOTA。FOTA（Firmware Over The Air）是指固件升级，从字面上来理解的话，侧重指的是终端的固件升级，这一点在手机行业应用极为普遍，手机用户应该对"固件版本"印象深刻。手机中的固件升级就是一种 FOTA。SOTA（Software Over The Air）是指软件升级，从字面上来理解的话，偏向于应用软件升级，如娱乐系统、导航系统等。

1．FOTA

FOTA 指的是给汽车下载一个完整的固件镜像或者修补现有的固件。例如，它可以升级车辆的转向系统，让驾驶操作更加轻松；升级加速踏板的反应力度，让加速更线性舒适，等等。总之相比 SOTA 而言，FOTA 技术含金量更高。

特斯拉 Model 3 在上市后，其制动逻辑就存在着问题，100km/h 的制动距离为 46m，通过后续的 FOTA 升级之后，制动距离缩短了 6m，大幅提升了行车时的安全性。

2．SOTA

SOTA 一般作为一个迭代更新的增量出现，汽车厂商仅仅需要发送需要修改的部分即可，更像是我们通常意义上说的补丁。这种修改方式有两个好处：一是能够尽量减少下载系统的时间和数据量；二是大幅降低了系统更新时失败的概率。

例如，用户升级多媒体系统，更换操作界面、主题，甚至是更换仪表盘显示风格时，用到的基本都是这种 SOTA 的升级方式。这也是如今自主品牌汽车 OTA 升级的主要方式。

3．OTA 设计要求

OTA 设计主要从安全、时间、版本管理、异常处理等方面综合考虑，具体有以下几方面：

1）升级安全是 OTA 的最基础的要求。车辆上 ECU 的软件运行状况直接会影响到车辆上的人员的生命安全。从升级包制作、发布、下载、分发、刷写等环节，OTA 需要从云、网络、车端来保证安全。在云端通过证书、签名和加密机制保证升级包不会随意被制作和发布，升级包内容不会被恶意获取。通过可靠的物理链路和安全传输协议来保证网络传输安全。通过汽车的功能域隔离，划分不同 ASIL 等级，通过冗余设计保证整车的功能可靠性，通过安全启动来保证可信的软件在 ECU 上加载启动运行。

2）版本管控对于 OTA 来说很重要。由于车辆上 ECU 众多，不同 ECU 有不同版本的软件，不同车型 ECU 的需求有所不同，版本也存在差异。对于版本的升级路径管理，需要能够全面准确进行管控。

3）整车升级进行车载 ECU 刷写时，特别涉及动力域传统 ECU 的刷写，是通过 CAN 网络进行安装包的分发。由于 CAN 传输速率很低（实际典型的速率为 500kbit/s），并且 CAN 总线负载率通常要控制在 30% 以内，因此在带宽允许的情况下，尽可能采取并行刷写模式，选取刷写时间最长的节点优先处理等设计原则，减少 OTA 升级时长。

4）在 OTA 传输过程中，外界干扰或者其他因素导致刷写异常或者中断，车载 ECU 必须支持软件回滚、断点续传、丢失重传等处理机制。

4．OTA 方案架构

OTA 云平台主要包括 OTA 云端的升级模型管理、升级包管理、升级任务、升级策略以及日志管理的功能。

OTA 云端的设计要求是物理上实现租户隔离的云平台，能够支持多种协议下升级接入，支持多车型、多品牌、多种类型 ECU 软件版本管理，以及升级包制作、升级模型定义和升级策略和规则配置；能够支持批量升级任务的调度和分发；能够提供适配层与 TSP 平台和 OEM 的 IT 系统进行集成；性能上能够实现 100 万辆以上车辆升级并发，差分效率能够不小于 90%；可靠性方面实现"3 个 9"的要求和 7×24 小时的系统连续服务。

5．OTA 云端

1）升级模型。升级模型是用于定义目标升级设备模型的基本信息和设备模型所具备的升级能力支持情况的功能。在整车升级中，因为涉及车型与 ECU 的配套关系，所以升级模型一般能够体现一个车型下各个零部件 ECU 的依赖关系。例如，多个零部件 ECU 直接软件包配套关系和升级顺序控制，对于升级任务在设备侧的准确完整执行非常重要。此外，升级模型还包含了升级规则的定义。升级规则可以用于描述升级流程中，用于允许升级能否继续进行的判定条件。在整车升级中，一般包括了一款车型在升级下载前、下载中、安装前、安装中、安装结束的判定规则配置。

2）软件包。软件包是用于升级使用的程序或配置。软件包包含有设备软件修复的缺陷或者要加入的新功能，更新前和更新后需要做哪些验证检查逻辑等，都会被打包到这个文件里。软件包一般都是由设备软件供应商提供的，会通过特定渠道，发布给 OTA 服务方。在整车升级中，OTA 分为两类，一种是 FOTA，指的是给一个零部件的 ECU 闪存下载完整的固件镜像，或者修补现有固件，更新闪存。而固件之外的软件更新就是 SOTA，例如，车机屏应用程序和车载地图的升级，都属于 SOTA 的范畴。这两种文件形态，都属于软件包管理的范畴，通过软件包分类进行区分。软件包管理允许软件包能够基于软件包版本进行分版本的存储和管理，并维护软件类型，全量与差分等属性。

3）升级包。升级包是在升级任务中，用于真正下载和安装部署的文件。升级包可以是设备软件供应商发布的软件包文件，也可以是经过 OTA 平台完成了打包处理的文件。常见的升级包制作处理包括文件压缩合并，生成特定的文件描述信息、文件签名和加密处理。许多物联网设备和车辆设备的闪存都比较小，升级包需要能在嵌入式设备的小内存中完成安装，因此，升级包会尽可能地压缩大小。为了保证效率和成功率，OTA 平台在升级包制作中提供了差分生成的离线和在线工具。升级差分包之前，通过比较新旧版本之间的差异，生成差异文件。差分更新的核心技术是各家 OTA 供应商掌握的字节差分算法。

4）升级任务。升级任务是 OTA 平台用于执行和监控一组设备的升级活动的集合。升级任务可针对特定范围的设备，使用相应的升级包和升级策略，进行升级任务创建、下发、监控、状态维护等整组活动的管理。

升级任务的监控功能，提供了对一组升级活动中，升级任务状态、进度和结果的反馈。按照升级任务状态的状态，主要包含了成功、失败、升级中等设备的数量和各个状态下的比例。升级任务的控制功能，提供了对一组升级活动中，升级任务的启动、停止、暂停、恢复、重启、撤销等操作能力，实际上是维护了任务状态机的状态变迁干预能力。

5）升级策略。升级策略是升级活动中的用于描述任务特征和目标设备升级行为的配置。升级主要会涉及下载和安装两个阶段，升级策略中，一般会包含升级包下载策略和升级包安装的策略，以及异常情况下的处理策略。例如，在整车升级中，升级策略包括静默升级、常规升级和紧急升级，也包括升级包下载前，是否需要通知给用户下载确认的配置。

6）升级日志。升级日志包括云平台的日志、车端与云平台通信产生的日志和车端升级程序搜集上来的日志，主要用于升级失败后的分析和支撑升级运维运营管理。

7）OTA 车端。OTA 车端主要包含通信终端和各功能域的 ECU。

8）通信终端。OTA 通信终端一般由 TBOX 负责，上面运行 OTA 升级管理程序和升级代理程序。其中，OTA 升级管理程序（OTA Manager）是负责连接车辆与 OTA 云平台的管理程序。它实现了端云的安全通信，包括协议通信链接管理、升级指令接收和升级状态发送、升级包下载、升级包解密、差分包重构等功能。升级代理（Update Agent）是为了兼容不同的车内通信网络和通信协议，以及不同 OEM 间各品牌车型的接口差异，进行封装适配的部分。升级代理提供了统一接口，由 OTA 厂商负责实现接口，完成接口和业务逻辑的适配。

9）功能域。车端架构按功能域划分，分为动力系统域、车身系统域、影音娱乐域、ADAS 主动安全域、自动驾驶域。不同的功能域有着不同的通信网络和功能安全等级设计。

自动驾驶域或者影音娱乐域等部分 ECU 存在主备分区的设计，即 ECU 内部用于两片区域，一部分用于存储当前运行的程序，一部分用于存储备份程序。除第一次安装或者设备下线时 ECU 内部只有一份软件外，之后更新安装的软件都会与上一份共存。当前运行的是最新的软件，如果升级过程中发生错误或者刷写的程序不能运行，ECU 根据 OTA Manager 的升级策略要求，能自动回滚至上一个版本的程序，防止车辆 ECU 变砖。

10）场景与策略。从 OEM 车联网运营角度划分，根据车辆销售前和销售后不同，OTA 升级场景一般会区分为静默升级和非静默升级。静默升级主要用于销售前处于库存状态的车辆升级。OTA 云平台通过发送远程唤醒命令，通过 TBOX 唤醒车辆上电，连接到平台进行升级任务的处理。非静默升级主要是用于销售后车辆归属于车主后的升级场景，软件升级变更需告知给车主，在车主知情和同意的情况下进行升级。非静默升级又分为普通升级和紧急升级，紧急升级一般是用于特别重要安全补丁的推送升级，车主知情但是无法拒绝。

OTA 升级任务下发到车辆后，升级管理程序 OTA Manager 也必须判断车辆条件是否符合。对于不符合条件的车辆，升级管理程序必须终止升级任务并上报给云平台。在 OTA 架构中，升级规则定义了各个车型在升级包下载、安装刷写阶段的判断条件。升级规则会随着云平台上的升级任务下发到车辆，如最低版本要求、车辆运行状态、车辆位置。某电动车厂商的车辆在繁忙的路口升级导致交通堵塞的新闻曾在互联网上议论纷纷，如果在升级执行前系统能够判断车辆处于一个不适合升级的地点，那么升级任务就不会推送给停车等候红灯的车主了。

一个好的 OTA 系统一定是能够灵活地配置升级条件，并且合理准确控制升级和用户推送的系统。

最后，结合 OEM 运营的要求，OTA 升级还需要能够灵活定义升级的具体范围、升级时机、升级内容、提示事项、失败后给用户的失败处理提示，提升大规模升级中的运营效率和运营体验，持续为车主和 OEM 提供价值。

6．OTA 的优劣势

1）优势。说到 OTA 对于汽车的好处，主要就是可以修复汽车本身存在的一些系统性的缺陷，并能快速地解决掉。在一般情况下，传统的汽车厂商在发现旗下某款产品存在系统 BUG 的时候会进行统一召回，整个过程非常的繁杂，又费时费力。有了 OTA 升级以后，车主不用再去 4S 店，直接在汽车上通过厂商推送的更新包升级即可，不仅操作如同手机升级系统一样简单，而且还省去了浪费的时间和金钱。

例如，之前汽车的导航系统需要去 4S 店或修理厂更新地图包，而现在直接用 OTA 升级就可以获得最新的地图信息，实用又便捷。

2）劣势。无法解决硬件上的缺陷，OTA 升级只能解决汽车的软件 BUG 而无法解决硬件上的问题和缺陷；存在被黑客攻击、感染病毒的风险，OTA 是一种需要连接互联网的下载技术，所以一旦联网，那就有被黑客入侵的可能性；导致汽车品控倒退，许多造车新势力为尽快交付汽车赶时间，从而省略了许多测试环节，导致新车的完成度不高，在后续使用过程中 BUG 频出，只能拿 OTA 当作卖点。

7.2.4 智能网联汽车大数据特征及数据云平台的应用

车路协同将产生大量数据和数据处理业务，汽车数据云平台将在其中发挥重要作用。汽车数据云平台包含了公有云、私有云、混合云的行业优势，提供一体化运维平台（织云）、微服务平台（TSF）及物联网平台，为数据清洗、管理、分析提供有效的技术支持，从而打造出车联网以及生产制造、用户管理、运营支撑、经销商管理系统等，全面支持车路协同系统的完善。

智能网联汽车大数据特征及数据云平台的应用（微课）

1. 智能网联汽车大数据及其特征

随着传感器技术和数据分析、人工智能技术的快速发展，除汽车上的总线数据外，由各种车载传感器（如摄像头、雷达等）采集的驾驶环境数据，路边基础设施传感器（如监控摄像头等）采集的交通和道路数据以及其他环境数据（如天气、城市交通状况等），也将在智能网联汽车大数据中扮演越来越重要的角色，组成未来的智能网联汽车数据。

智能网联汽车数据完全符合定义"大数据"的 4V 特征，由此我们可以称之为智能网联汽车大数据。智能网联汽车大数据的 4V 特征如下。

（1）数据量大

各类车辆数据和道路交通数据具有联网传物的主题，是实现车联网应用的基础。城市交通系统中车辆众多，随着传感器种类的快速增长和联网应用的不断拓展，在车辆之间、车辆和道路之间传输的联网数据总规模将非常大。

（2）数据类型多样

车联网数据来源广泛，既包括车辆总线数据，也包括多种车载传感器、道路传感器数据及其他数据（如增值服务数据等），导致数据形式多样，具有多维度、多层次、结构化与非结构化并存等特点。

（3）数据高速生成

因为直接关系到道路交通安全，互联网应用对数据的生成、传输、处理的实时性需求极高。大量传感器快速采集各种环境信息，并在车联网中完成共享。这将导致在城市路网或高峰时段，数据可以呈爆发式增长，对实时数据处理提出巨大挑战。

（4）数据价值高

由于以上特征，车联网数据往往难以直接处理，且价值密度低，但其蕴含的应用价值总量极高。从道路安全、交通管理，商业应用等角度，车联网数据中的各个部分都能够成为极具价值的资源。

2. 数据云平台的作用

数据云平台是由成千上万台实体服务器组成的资源池，在这个资源池中，底层的服务器、网络、存储、带宽、虚拟化技术都由供应商建设并实现，普通用户只需向这个资源池申请相应资源使用即可。数据云平台对自动驾驶主要有以下几方面作用。

（1）数据共享

智能网联汽车在正常行驶时，可实时把自身的行驶参数（速度、是否转弯、变道等）上传到云端共享给其他车辆或四周行人，便于这些交通参与者有一个合理预期，提前做出预判，提高交通效率与安全性。另外，自动驾驶车辆还可以把一些如车祸、道路改造等道路信息上传到云端，然后共享给其他车辆。运用数据云平台在车辆之间、车辆与道路之间共享传感器数据（图 7-18），且运用大数据和人工智能技术对海量车辆和环境数据进行高效融合和分析处理，不仅能够实现车辆对驾驶环境的精确感知和理解，也能够针对变化的驾驶环境完成对车辆的最优主动控制，达到更高的安全性能。

（2）远程调度

上面提到的道路信息，云平台获取到后可以调度其他车辆避开。对于一些特殊的场景，云平台介入调度后将大大提高运行效率，例如拉链式通行（图 7-19）。这种场景如果只靠单车智能可能会实现，但算法非常复杂，而利用云平台可以在类似的路口设立一个规则，统一调度车辆通行。

图 7-18　共享传感器数据

图 7-19　交叉路口拉链式通行

（3）降低单车成本

智能网联汽车装载的传感器会实时产生大量数据，包括数值数据（如 GPS/INS 数据、毫米波雷达传感器数据）和多媒体数据（如摄像头图像），这是一个 N 维的数据实时更新量级；产生数据后，需要存储和计算，并且越是复杂的数据对存储设备和处理的计算机性能要求就越高，性能越高的器件当然价格就越高。而通过数据云平台（图 7-20）可以把这些数据实时上传并直接在云端处理，然后再对车端下发指令。所有的复杂计算都在云端完成后，车端对计算硬件的要求就会大大降低，比如说以前用 5 万元的计算单元，现在可能只需要 2 万元的就能满足需求。但是有个前提条件，实时数据的上传和控制指令的下发都需要 5G 技术的支持。

图 7-20　智能网联汽车的数据云平台

7.2.5　人机交互技术的应用

1．人机交互技术对智能汽车发展的作用

在人类感知信息的途径中，通过视觉、听觉、触觉、嗅觉和味觉获取外界信息的比例分别是 83%、11%、3.5%、1.5% 和 1%。众所周知，驾驶员在驾驶状态下，需要用手操作转向盘、眼睛注视前方道路，周围信息复杂并且时刻在改变，驾驶员的注意力不能长时间离开路面，汽车内部信息过多或复杂会让用户分心，从而造成危险。为保证安全驾驶，汽车内的交互设备至少从四个方面考虑：第一方面，及时的反馈；第二方面，复杂度要低；第三方面，易于用户学习与记忆；第四方面，对用户操作的精准度要求适当。驾驶员在驾车过程中，驾驶位置空间相对开阔，驾驶员可在自身手臂范围内进行操作或者进行稍大范围的动作，但肘部悬空会带来精准操作上的困难，如果路况不佳，汽车的振动、晃动幅度就会比较大，造成驾驶员手动操作的困难。在人机交互发展中，驾驶场景更适于 HMI 场景化设计，主要的理由有以下几点：

1）人坐在驾驶座上主要目的是开车，指向性非常明确。

2）驾驶座等于一个智能系统。人是在智能系统内的，为了安全驾驶，驾驶座实时监测用户状态是可行的。在驾驶过程中汽车可以通过摄像头知道驾驶员是谁，还可以通过各种传感器实时监测驾驶员的疲劳和心率状态，并且在计算机视觉的帮助下，汽车可以通过用户的脸部表情实时分析驾驶员的意图并提前做出判断。这已经是人机交互系统的必选项。

3）驾驶座是一个相对固定的小环境，在行驶过程中，驾驶员与驾驶座关系是固定的。在汽车与周围环境发生信息交互，汽车可以通过各种传感器以及数据分析为驾驶员提供准确的服务。例如高精度地图及 GPS 定位系统，驾驶员在高速路段可以开启自适应巡航控制，彻底解放手脚，减缓驾驶中的疲劳；而当汽车停下来时，车内视觉传感器通过车内交互显示屏或中控屏获知汽车等待红绿灯的时间以及即将到达的停车场位置的信息，做好自动泊车系统的服务。

因此，基于以上三点，车内人机交互场景化设计与汽车先进驾驶辅助系统的融合，不仅在技术上可以降低交通事故发生率，而且降低驾驶员注意力的分散频率，真的做到保驾护航。

2．车内人机交互技术的应用

（1）图形用户界面与多点触控操作

图形用户界面是最普遍与常用的信息载体，近几年多点触控操作已经逐步被各大汽车厂商应用在汽车设计中。用户界面图形设计美观，意思表达明确，驾驶员视觉移动区域不大，而且功能集成化，便于用户理解与使用；触控界面简单，操作精度较高，不会出现误操作或不准确的现象。因此，车载图形界面的设计应遵循一定的原则，主要体现在以下几方面。

1）色彩。仪表盘屏幕设计以深色屏幕为主，深色对用户视线的干扰程度比较低，不会引起过多关注；在配色上，应用低饱和度色彩，这是目前车载 HMI 比较普遍的色彩选择方案，高饱和度色彩可以高效引导用户操作界面，但是会造成视觉疲劳。不同功能或模式采用不同颜色，通过颜色给信息编组帮助用户理解与记忆信息。

2）图像与图标设计——功能可见性。利用图像特征，让展示中的功能以及操作方式，更容易被用户找到、辨认、学习、记忆；在操作上，能够模拟真实世界中的效果，自然激发用户对该功能区域模块的认知及应用。

3）结构与层级。车载图形界面是多功能集合的载体，但用户接收信息的承载力以及屏幕物理尺寸都有限，再考虑用户驾驶时特殊的操作环境，所以如何组织信息、呈现信息非常重要。

（2）物理触感交互

汽车上最早是以物理按钮为主来实现功能的操作，随着信息化及智能化发展技术的需要，车内按键趋于触控方向发展。这些按键有序地排列，以及手触的纹理、形状、质感等，会形成肌肉记忆以及操作的模式地图，按钮有固定位置及物理性状，便于用户理解与学习。

（3）手势交互

多点触控技术以更直观、更直接的方式进行交互（例如上下滑动、滚动列表），不需要刻意学习，无论年龄大小、知识层次高低，都能轻松自如地进行操作。手势交互对精准度要求不高，用户在感应器可感知范围内做出有效的手势即可。手势交互会与视觉、听觉或触觉反馈来结合使用，在三维空间中，可能存在上百种手势，不同的人对于同样的 3D 手势的理解存在差别，不像二维屏幕中的手势具有通用性，用户需要花费一定的时间来学习和了解这一系列模式。从安全性方面考虑，目前人们还不能依赖手势控制。

（4）动态交互

动态交互可根据适当的场景信息，及时有效反馈。目前对场景、环境的理解与学习，对用户数据的获取、探测、理解等都能在恰当场景呈现信息，如 HUD、内部灯光自动变暗、自动取消转向信号、疲劳驾驶提醒等。

（5）语音交互

通过语音的方式与汽车 HMI 进行交互，更加直接获得信息反馈，用户的注意力不受到分散，能够全身心注视前方，保障驾驶的安全。随着车联网和智能汽车的兴起，越来越多的功能被搭载在汽车上，车载语音技术的独特优势帮助驾驶员降低对车内设备的操作依赖，增加驾驶安全系数。车载场景相对比较私密，但是噪声相比家庭场景较高，尤其是当开窗之后风噪更大，但是因为开车时手和眼睛都被占用，语音成为交互的最佳选择，如接听电话、开关车窗、广播音乐、路线导航等语音指令，这就使得驾驶更加安全，可以更专注于路况，如图 7-21 所示。

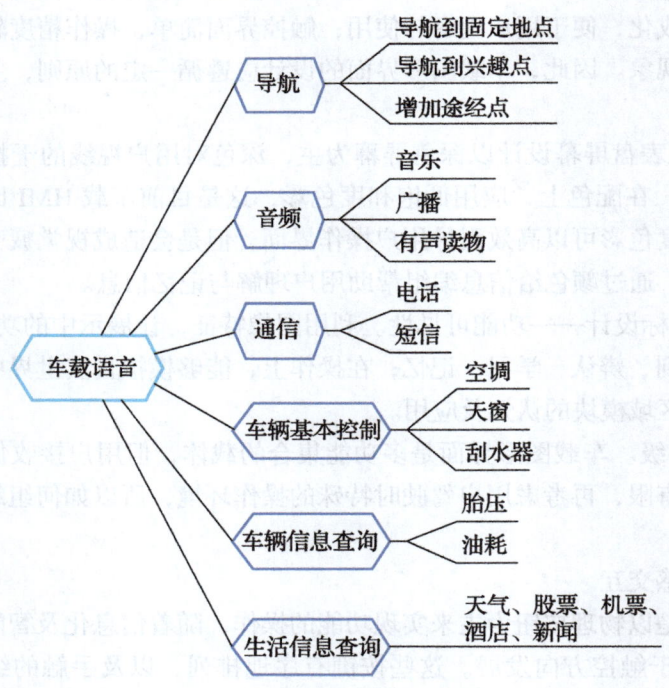

图 7-21　语音交互在车载上的应用场景

语音交互在车载领域正蓬勃发展,科大讯飞、云知声等供应商的相关引擎日趋完善,在识别率进一步提升,以及对车内外噪声的过滤等问题最终解决后,全自然、口语化的语音交互才是技术厂商追逐的目标。

3. 人机交互技术在各大汽车品牌中的应用实例

(1) 国外 HMI 系统速览

1) 宝马 iDrive。iDrive 是指智能驾驶控制系统(intelligent Drive system),它是一种全新、简单、安全和方便的未来驾驶概念,如图 7-22 所示。它不再局限于传统实体按键等交互方式,开始在车内引入手势操作、语音交互、触控等新交互方式。用户可以通过手势操控特定的功能,在中控台识别区域进行"滑动"或"点击"动作就可以接听或拒听来电;食指进行圆周运动可以控制音量。在车内显示器上,它会显示主动有效的手势,并立刻对有效手势做出反馈,方便车内用户使用。此外,该系统还能通过触控和语音进行相关功能操控,为用户提供多通道融合交互的驾乘体验。

图 7-22 宝马 iDrive

2) 苹果 CarPlay。CarPlay(图 7-23)是将用户的 iOS 设备以及 iOS 使用体验,与仪表盘系统无缝结合。如果用户汽车配备 CarPlay,就能连接 iPhone 等设备,并使用汽车的内置显示屏和控制键或 Siri 免视功能与之互动。用户可以轻松、安全地拨打电话,以及听音乐、收发信息、使用导航等。CarPlay 可以将 iPhone 手机的绝大部分基础功能,通过汽车的控制面板来使用,其中的部分功能包括 Siri 语音助理工具、iTunes 音乐播放、苹果地图以及短信服务。通过 CarPlay,驾驶员可以双手不离开转向盘就接打电话,另外可以听到语音邮件的内容。要使用 iPhone 手机中的这些功能,驾驶员可以触摸车内的驾驶控制面板,就好像触摸手机一样,不过这可以降低对驾车的干扰。另外,通过转向盘上的一个按钮,驾驶员可以触发 Siri。

图 7-23 苹果 CarPlay

（2）国内 HMI 系统速览

1）吉利 GKUI。吉利于 2018 年推出更全面的 GKUI（图 7-24）吉客智能生态系统，整合了多种互联网服务，还建立了会员体系，开始向创新的科技型企业转变。

图 7-24　吉利 GKUI

2）比亚迪 Carpad。2014 年，比亚迪根据车联网思维打造的多媒体系统 Carpad 首次发布。基于安卓系统开发的 Carpad 几乎就是一个内置的安卓平板，可以通过外界上网卡上网，并支持大部分安卓应用，如图 7-25 所示。最新的 Carpad 系统是搭载于比亚迪秦 100 的 5.1.1 版本，使用 12.8in 竖屏，分辨率高达 1920×1080，系统内置 4G 网卡。在界面交互上，Carpad 参照安卓手机的逻辑设计、功能菜单以及操作界面，希望以此降低用户的学习成本。在语音交互方面，比亚迪秦 100 的 Carpad 除常规的语音导航、电话外，还可以语音控制音乐电台、空调等，而且系统的语音识别能力也有很大的提高、一般的口语都能识别。

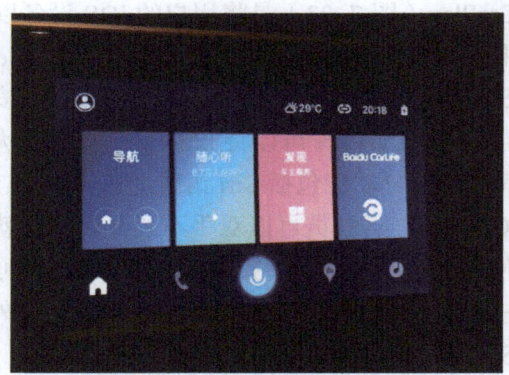

图 7-25　比亚迪 Carpad

2018 年北京车展，比亚迪发布了 Carpad 的升级版 DiLink 系统，除尺寸和性能增进外，可以根据显示内容进行自动或手动 90° 旋转，也是交互上的一大亮点。

3）百度 CarLife。CarLife 是百度在 2015 年 1 月 27 日推出的关于车联网的解决方案，百度将借此布局车联网领域，奥迪、现代、上汽通用等多家汽车厂商与百度签订车联网方面的战略合作协议。CarLife 宣称可与 Linux、QNX、Android 适配，在用户端，CarLife 可以非常好地支持 Android 和 iOS 智能操作系统，能够覆盖到 95% 以上的智能手机用户。

百度 CarLife 是国内第一款跨平台的车联网解决方案，具有三大功能：地图导航、电话、音乐。以百度地图为核心，CarLife 能够为用户提供准确的路线规划、地点查询、路程估算，帮助用户查找目的地、避开拥堵，还能随时随地更新地图数据。实时停车位查询、停车定位记录、电子狗、实时路况、室内外无缝导航、Handsfree 人机对话系统等深受用户喜爱的功能，都在 CarLife 中提供服务。

在车联网领域，CarLife 将提供车规级的界面和服务、丰富的应用群和流量，这使得汽车企业不用为了开发一套车联网系统，而耗费数以亿计的资金投入和几年的时间成本。越来越多的汽车企业将与百度一起使车载系统以更低的成本、更高的效率接入互联网，使数以亿计的车主群体享受到 CarLife 所带来的更加开放、智能的车联网使用体验。

《 本章小结 》

本章主要讲解了人机交互技术的发展背景，语音识别技术、图像识别技术的基本工作原理，人机交互技术在智能网联汽车的应用，信息交互技术的基本概念及其系统组成，V2X 技术的基础概念与应用场景，车载 OTA 系统原理与应用，智能网联汽车大数据特征及数据云平台应用的定义与组成、特点与应用等。通过学习，学生可以较全面地掌握智能网联汽车无线通信系统的基本知识。

《 课后习题 》

一、名词解释

1. 语音交互

2. 信息交互技术

3. V2X

二、填空题

1. 手势交互作为一种新的_____，它能减小驾驶员的_____和_____，逐渐成为汽车人机交互界面设计研究的重要方向。
2. 语音交互（VUI）指的是人类与设备通过 _____ 进行信息的传递。
3. 智能汽车中会不断地产生大量的数据，有汽车行驶的性能数据，有信息传递的数据等，包括非关系型数据库技术、车辆数据关联分析与挖掘技术等。_____ 能够为未来的协同交通体系提供统一的 _____、_____ 及 _____ 等基础支撑，继而将整个车联网要素连接成一个整体。

三、选择题

1. （多选）CarLife 是百度在 2015 年初推出的车联网解决方案，通过手机连接车机进行映射，同时支持 iOS 和 Android 系统，具有的基本功能包括（　　）。
   A. 电话　　　　　　B. 地图　　　　　　C. 音乐　　　　　　D. 解说
2. （多选）随着互联网、大数据和人工智能等先进技术在交通工具运输领域的应用与发展，人机交互技术应用和发展主要体现在（　　）。
   A. 车内外多形式全面信息显示　　　　　B. 人机介入式控制
   C. 实体媒介交互　　　　　　　　　　　D. 多通道融合交互

四、问答题

1. 智能网联汽车信息安全包括哪些技术？

2. V2X 技术的关键组成有哪些？

第 8 章
智能网联汽车先进驾驶辅助

知识目标
- 了解智能网联汽车先进驾驶辅助技术的系统结构原理与应用。

能力目标
- 认识智能网联汽车计算平台硬件组成。

素养目标
- 树立安全意识。
- 形成汽车行业相关从业者的专业素养。
- 培养自主学习、查找资料、制订工作计划的能力。

智能网联汽车 ADAS 系统（微课）

自动紧急制动系统（微课）

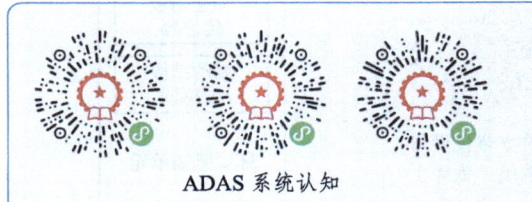
ADAS 系统认知

8.1 前方碰撞预警系统原理与应用

8.1.1 前方碰撞预警系统的定义及发展历程

前方碰撞预警（Forward Clision Warning，FCW）系统是通过摄像头、雷达等传感器实时感知车辆前方的物体，检测自车与目标之间的距离并警示驾驶员的一种系统，如图 8-1 所示。

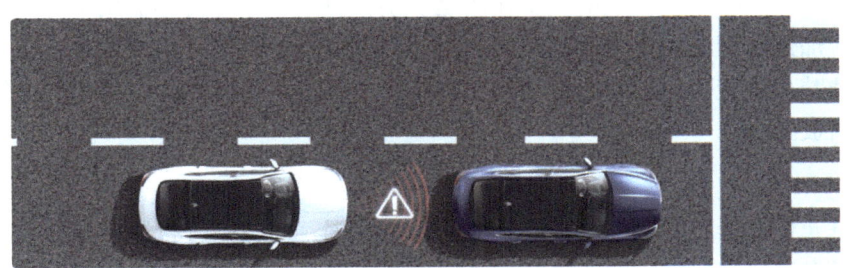

图 8-1 前方碰撞预警系统

20 世纪 70 年代，日本就开始进行了汽车碰撞系统的研究。1999 年，本田、丰田、日产等车厂各自开始开发自己的前车碰撞预警系统，2003 年在本田雅阁车型中首次安装了碰撞缓解制动系统（CMBS），该系统即 FCW 系统的前身。CMBS 的工作原理是当毫米波雷达探测到前方可能有碰撞危险时，便以警告的方式提醒驾驶员，如果继续接近，当系统判断将要追尾时，则会采取自动制动措施。而丰田的预碰撞安全系统最早是在 2003 年安装在雷克萨斯 LX 和 RX 车系上，同样也是采取了毫米波雷达作为传感器。欧美厂商对此的研究也不落后，沃尔沃于 2006 年在 S80 上首次安装了碰撞预警系统，通过毫米波雷达来检测车距，发现危险时会提示驾驶员立即制动，同时会推动制动片接近制动盘，以便为驾驶员提供最快的制动操作速度。2007 年沃尔沃将系统升级，增加了自动制动的功能。现在，FCW 功能已经成为 ADAS 系统常见的标准配置。

8.1.2 前方碰撞预警系统的组成

前方碰撞预警系统主要由环境感知单元、控制单元和执行单元构成。其系统组成如图 8-2 所示。

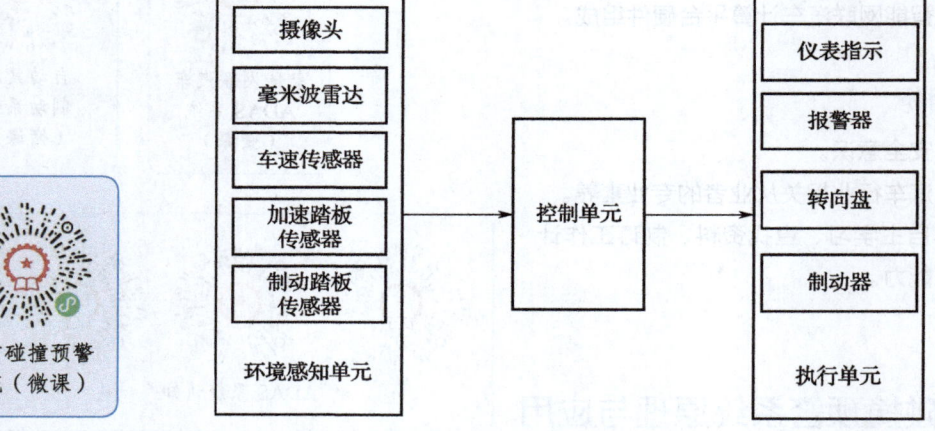

图 8-2 前方碰撞预警系统组成

1．环境感知单元

环境感知单元主要由摄像头、毫米波雷达、车速传感器、加速踏板位置传感器、制动踏板位置传感器组成。该单元的主要作用是对行车环境进行检测，得到车辆的相关环境信息。其中摄像头和毫米波雷达的主要作用是识别及测距；车速传感器用来感测当前车辆行驶的速度；加速踏板位置传感器用于检测当前方可能发生碰撞危险时驾驶员是否松开加速踏板；制动踏板位置传感器用于检测驾驶员在接收到前方可能发生碰撞危险的警告时是否踩下制动踏板。

2．控制单元

控制单元可以接收来自环境感知单元的相关数据，对数据进行综合分析后，按照算法处理程序对车辆的当前行驶状态进行计算，判断车辆应使用何种处理工况进行处理，并且将处理信息发送给执行单元。

3. 执行单元

执行单元主要由仪表报警器及制动器构成。仪表报警单元接收到控制单元的信号后，将在仪表上通过图标的方式警示驾驶员，并发出警报声。某些车型还会通过振动转向盘的方式警示驾驶员。如果警告发出后驾驶员没有松开加速踏板，制动单元会强制介入，控制制动器对车辆减速，必要时会控制车辆进行紧急制动。

8.1.3 前方碰撞预警系统的原理及分类

汽车前方碰撞预警系统的工作原理可概述为利用摄像头识别出前方物体，并通过毫米波雷达感测与前车或前方障碍物的距离，通过电子控制单元对物体进行识别并对距离进行测算；同时判断当前的工况，如果观测距离小于报警距离，那么车辆就会进行报警提示，如果观测距离小于安全距离，车辆就会启动自动制动。

欧洲新车安全评鉴协会 E-NCAP 对汽车前方碰撞预警系统的使用环境提出了三个应用类型，分别为用于城市路况的防碰撞辅助系统、用于高速路况的防碰撞辅助系统以及用于行人保护的防碰撞辅助系统。

1. 用于城市路况的汽车前方碰撞预警系统

对于城市路况来说，一般的交通事故都发生在交通拥堵时，特别是在路口等待通行时。这时驾驶员可能过于注意交通指示灯，而忽视了与前车的距离；也可能过于期待前方车辆前行甚至加速，而事实上前方车辆并未前进或者速度过慢。

城市驾驶的特点就是低速，但是容易发生不严重的碰撞，这些小事故大约占全部碰撞事故的 26%。低速前方碰撞预警系统可以监测前方路况与车辆移动情况，一般有效距离为 6~8m。这类前方碰撞预警系统的核心装备是毫米波雷达，一般安装在前风窗位置。如果探测到潜在的风险，它将采取预制动措施，以便驾驶员可以更快地操作。如果在反应时间内未接到驾驶员的指令，该系统将会自动制动或采取其他方式避免事故。而在任何时间点内，如果驾驶员采取了紧急制动或猛打转向等措施，该系统将中断。

E-NCAP 定义城市型前方碰撞预警系统能在车速不超过 20km/h 的情况下起作用，80% 的城市交通事故发生在这个车速区间，而且这套系统在天气情况恶劣时效果更好。

2. 用于高速公路路况的汽车前方碰撞预警系统

在高速公路上发生的事故与城市路况事故相比，其特点是不一样的。高速路上的驾驶员可能由于长时间驾驶而分心，而当他意识到危险时可能又由于车速过快而为时已晚。为能适应这种行驶情况，用于高速公路路况的前方碰撞预警系统就应运而生。这套系统以中/远距离毫米波雷达为核心设备，采用预警信号来提醒驾驶员潜在的危险。如果在反应时间内，驾驶员没有任何反应，将启动二次警告，如转向盘振动或安全带突然收紧，此时制动器将调至预制动状态。如果驾驶员依然没有反应，那么该系统将自动实施紧急制动。这种类型的前方碰撞预警系统，主要在车速介于 50~80km/h 间起作用。这类系统主要针对城市间行驶的情况，在低速情况下可能只是提醒驾驶员，而不会介入操作。

3. 用于行人保护的汽车前方碰撞预警系统

作为行人保护系统，这类前方碰撞预警系统除检测道路上车辆之外，还能探测行人等障碍物。这套系统的核心装备是摄像头等传感器，它可以辨别出行人的特征。如果探测到潜在的危险，该系统将会警告驾驶员。

相比之下，预测行人行为是比较困难的，从算法角度来说是非常复杂的。这套系统需要更有效的响应，但是如果仅是车边有行人平行通过就不能应用于制动系统。随着传感器技术的发展，这项技术还将进一步优化。

8.1.4 前方碰撞预警系统的实车应用

本书以起亚公司凯酷车型的前方碰撞预警系统为例进行介绍。凯酷的前方碰撞预警系统主要分为四种工况，分别为车对车、车对人、车对自行车和交叉路口。我国的新车评价规程 C-NCAP 在 2021 年版本中对于前方碰撞预警系统中也加入了自行车防撞。

凯酷使用的方案是摄像头和毫米波雷达集成判断的解决方案。车载摄像头使用单目摄像头，探测距离约为 55m。该摄像头的主要作用是识别前方不同的物体并做出判断，摄像头的探测角约为 50°。毫米波雷达可探测前方约 50m 范围的障碍物。

图 8-3 车对自行车工况

摄像头识别出前方物体为车辆 1、行人 1、自行车 1（图 8-3）时，通过毫米波雷达和摄像头综合估算的距离计算制动减速度。如果距离较远，在汽车仪表盘上将出现警示图标同时报警器发出报警声，同时转向盘会通过振动的方式来提醒驾驶员。若驾驶员此时仍然未松开加速踏板或未踩下制动踏板，车辆将计算制动减速度并进行相应的减速。如果车辆前方突然出现目标物，则直接进行紧急制动。针对检测出行人工况的制动效果要优于检测出车辆工况的制动效果，车对人工况制动后的预留安全距离应当大于车对车工况制动后的预留安全距离，制动效果优先级为车对人、车对自行车、车对车；预留安全距离应该为车对人、车对自行车、车对车。凯酷针对交叉路口工况进行了系统设计，如果检测到对向车辆在转弯或直行，而此时驾驶员并未松开加速踏板或未进行制动，车辆将自动进行制动。

随着多传感器融合技术的发展、控制单元计算能力的提升以及执行机构的优化，前方碰撞预警系统正在朝着多先进传感器融合、高精度判断、精确控制的方向发展，进一步提高车辆的主动安全性能，从而减少车辆碰撞的可能性。

8.2 车道偏离预警系统原理与应用

8.2.1 车道偏离预警系统的定义

车道偏离预警（Lane Departure Warning，LDW）系统可减少驾驶员

车道偏离预警系统（微课）

因为车道偏离而引发的交通事故,主要通过报警或转向盘振动的方式提醒驾驶员。该系统使用摄像头作为视觉传感器检测车道线,计算车辆在车道中的位置信息及运动信息,判断车辆当前是否偏离车道。如果车辆偏离车道且驾驶员没有进行纠正时,系统会发出警告或通过转向盘振动的方式提示驾驶员。该系统如图8-4所示。

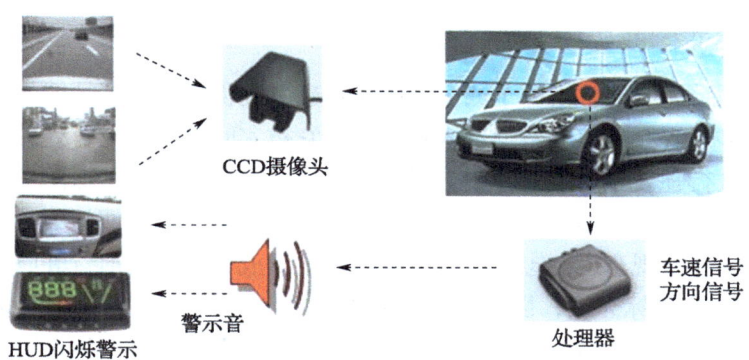

图8-4 车道偏离预警系统

8.2.2 车道偏离预警系统的组成

车道偏离预警系统主要由环境感知单元、电子控制单元、执行单元组成。

1．环境感知单元

环境感知单元主要由摄像头、车速传感器、转向角传感器组成。摄像头主要用于感知车辆前方道路状况,并将感知信号从模拟信号转变为数字信号,车速传感器感知当前车辆的车速,转向角传感器用于感知当前车辆的转角,用于下一步对车辆当前状态的判断,如图8-5所示。

图8-5 车道偏离预警系统的环境感知单元

2．电子控制单元

电子控制单元主要负责综合环境感知单元的信号,并进行信息处理,主要包括数字图像处理、车辆状态分析及判断和决策控制。

3. 执行单元

执行单元主要包括转向盘和仪表，用于执行电子控制单元发出的指令。当车辆偏离车道线时，仪表上将显示车辆偏离的图标并通过报警装置进行报警，同时转向盘会通过振动来提醒驾驶员。

8.2.3 车道偏离预警系统工作原理

车道偏离预警系统通常由一个或多个图像传感器提供道路的多帧图像，这些传感器连接至处理器的多个视频端口。数据进入系统后，它被实时地变换成可处理的格式。在处理器内部，首先进行预处理，过滤掉图像捕获期间混入的噪声；然后探测车辆相对于车道标志线的位置，道路图像的输入信息流被变换为一系列画出道路表面轮廓的线条，在数据字段内寻找边缘就能发现车道标志线，这些线实际上形成了车辆向前行驶应保持的边界；处理器要时刻跟踪这些标志线，以确定行车路线是否正常。一旦发现车辆无意间偏离车行道，处理器做出判断后输出一个信号驱动报警电路，让驾驶员立即纠正行车路线。报警形式可以是蜂鸣器或扬声器，也可以用语言提示，还可以用振动座椅或转向盘来提醒驾驶员。LDW 系统还要考虑到汽车正常使用的制动装置和转向装置，这些装置会影响 LDW 的工作，使系统复杂化。因此，在慢速行驶或制动、正常转向时 LDW 系统是不工作的。

8.2.4 车道偏离预警系统的实车应用

车道偏离预警系统通常在行驶速度高于 65km/h 时可以启动，可检测当前车辆是否压线或即将偏离车道，如果检测到车辆偏离或压线时，仪表中会显示红色的警告标志，如图 8-6 所示。而且系统会发出报警声音提示驾驶员，同时，转向盘会通过振动来提醒驾驶员。如果车辆打转向灯或驾驶员有转向与加速操作时，该系统认为驾驶员在控制车辆，此时不参与预警工作。

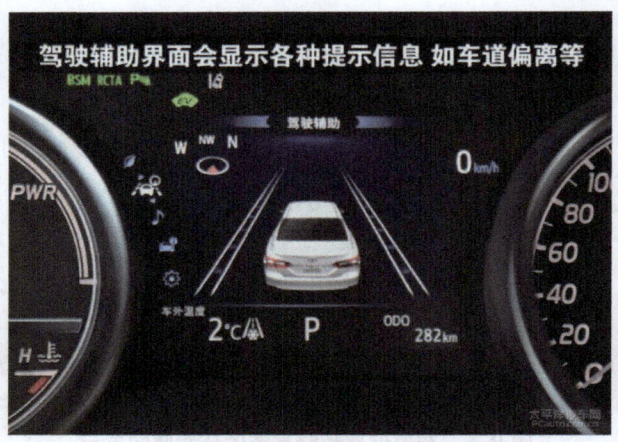

图 8-6 车道偏离预警系统的实车应用

在仪表显示功能中，如果车辆发生偏离时，LDW 功能的路边标线标记为"红色"。如果显示"白色"路边标线，此功能激活，且检测到单边车道。如果显示"灰色"路边标线，说明此功能激活，但左侧和右侧路边标线均未检测到。

8.3 自适应巡航系统原理与应用

8.3.1 自适应巡航系统的定义

自适应巡航系统（微课）

汽车自适应巡航系统（Adaptive Cruise Control，ACC）是在原有的定速巡航基础上发展起来一种新型的智能巡航系统。该系统集成了汽车定速巡航系统和车辆前方碰撞预警系统，通过摄像头和毫米波雷达等传感器感知汽车前方的道路环境，如果检测到行驶车道的前方存在同向行驶车辆，电子控制单元将计算本车与前车的距离以及相对速度等其他信息，对车辆进行加速、减速或制动控制，保证本车与前车处于安全距离以内，防止发生追尾事故。该系统的示意图如图8-7所示。

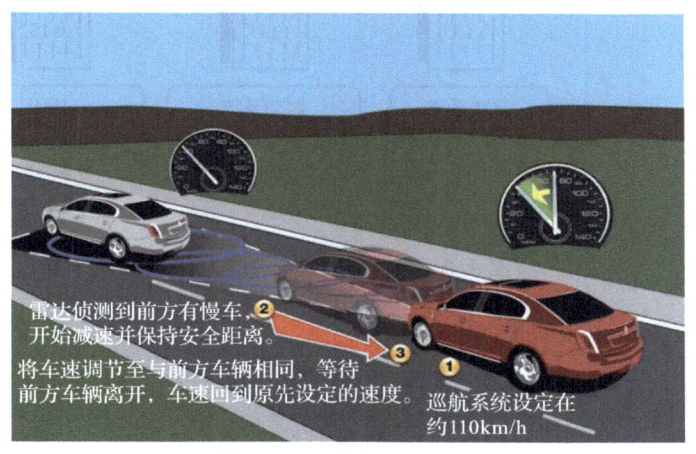

图8-7 自适应巡航系统示意图

8.3.2 自适应巡航系统的组成

汽车自适应巡航系统主要由环境感知单元、电子控制单元、执行单元、人机交互单元四部分构成，如图8-8所示。

1. 环境感知单元

环境感知单元主要由摄像头、毫米波雷达、车速传感器、转向角传感器、节气门开度传感器、制动踏板位置传感器组成。该单元的主要作用是对前方车辆信息进行感测，并获取车辆的相关环境信息。其中摄像头和毫米波雷达的主要作用是进行目标车辆识别和测距；车速传感器用来感测当前车辆行驶的速度；转向角传感器用于检测当前车辆转向的角度；节气门开度传感器用于获得当前节气门的开度；制动踏板位置传感器用于获取制动踏板的当前位置，用于测算制动力。

2. 电子控制单元

电子控制单元根据环境感知单元传送回来的数据进行计算，并根据车辆其他传感器判断车辆当前状态。根据当前车辆的状态进行决策，并将决策信息发送给执行单元。例如，电子控制单元计算出本车与前车的实际距离小于设定的安全距离时，将通过控制减小发动

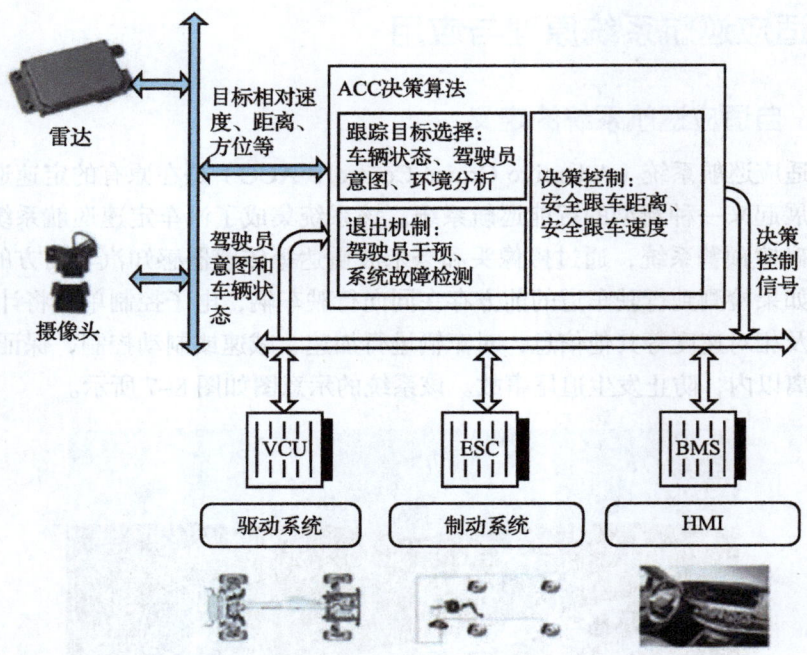

图 8-8 自适应巡航系统的组成

机转矩和/或配合制动的方式进行减速。

3．执行单元

执行单元主要由制动控制器、发动机管理系统、变速器管理系统组成。执行单元获得控制单元计算的数据及指令后，对车辆进行控制。制动控制器用于在紧急情况下对车辆进行制动；发动机管理系统根据计算得到的数据调整发动机的转速输出，控制车辆的加速、减速以及定速行驶；变速器管理系统和发动机管理系统进行配合使用，控制车辆发动机在不同转速下的换档操作。

4．人机交互单元

人机交互单元主要由自适应巡航系统控制开关、仪表盘组成。人机交互单元的主要作用是方便了驾驶员对自适应巡航系统的操控，并指示自适应巡航系统的工作状态。当驾驶员打开自适应巡航系统时，车辆仪表盘上会出现自适应巡航系统的图标标识。

8.3.3 自适应巡航系统工作原理

自适应巡航系统的定速控制和车辆间距控制系统可以进行状态选择。自适应巡航系统对静止目标没有跟踪功能，对于动态目标具有测距离、目标识别、跟踪等功能，如果当前车速低于自适应巡航系统的最低启动车速，则自适应巡航系统不工作。驾驶员的制动操作可以随时中断自适应巡航系统，驾驶员对车辆具有绝对的控制权。自适应巡航系统的车间距需要满足不同速度、不同工况下的行驶条件。

驾驶员按下自适应巡航按钮后，系统开始工作，车辆前部的摄像头和毫米波雷达检测车辆前方道路信息，轮速传感器收集当前的车辆行驶速度，转向角传感器输出当前车辆的转角信息。当车辆前部的摄像头和毫米波雷达没有检测到前方有车辆时,车辆按照驾驶员设定的速度进行行驶;当检测到前方出现车辆时,电子控制单元计算感知单元得到的数据,综合测算两车的相对距离、相对速度,结合 EMS 模块、制动模块对车辆进行纵向控制,保证车辆与前车保持安全距离。

ACC 共有三个状态,分别为关闭、预备和工作。当 ACC 关闭时,系统不工作,此时车辆的控制全部依赖于驾驶员。当驾驶员激活 ACC 后,ACC 进入预备状态,此时系统等待驾驶员的定速指令,但是不参与车辆的纵向控制。当驾驶员下达定速指令后,ACC 进入工作状态,此时车辆以指定的速度行驶,如果前方没有检测到车辆,则继续以指定速度行驶,如果前方检测到车辆,控制单元根据感知单元的数据进行计算,输出给执行单元对车辆进行控制。

8.3.4 自适应巡航系统的实车应用

自适应巡航系统已经广泛应用于各车型中。本书介绍的是应用在奥迪 A6L 上的自适应巡航系统,如图 8-9 所示。

奥迪 A6L 使用的自适应巡航系统是基于单目摄像头和双毫米波雷达相结合的解决方案。奥迪 A6L 的摄像头位于车辆前风窗玻璃的下方,双雷达隐藏在雾灯格栅后。奥迪 A6L 的自适应巡航系统控制开关如图 8-10 所示。

图 8-9 奥迪 A6L 的自适应巡航系统　　图 8-10 奥迪 A6L 的自适应巡航系统控制开关

控制开关中,"OFF"代表自适应巡航功能关闭;"CANCEL"代表待命模式,同时在存储器中保存期望车速值;"ON"代表自适应巡航功能开启;"RESUME"代表恢复到预定车速。用户在开启 ACC 后,若按压 SET 按键,当前车速被存储。SPEED 控制杆向上每推一次,增大 10 km/h;每向下拉一次,减小 10km/h,最大车速值为 210km/h。如果控制杆按压不超过 0.5s,速度值增大 10km/h,如果按压不动,每超过 0.5s,速度值持续增大 10km/h。其中"Distance"可以分几个阶段调整与前车的距离或者时间间隔。前方车辆的时间间隔(即跟车距离)被分为 7 级,可以通过设定来更改跟车距离,由驾驶员主动设置的时间间隔点表示。如果测量距离超过了设定距离的下限,则会要求驾驶员踩制动踏板,会有制动图标出现,并伴有声音警告;如果驾驶员不采取措施的话,车辆会启动紧急制动功能来保障车辆的安全。

预计以后自适应巡航系统将和其他智能驾驶系统融合到一起进行集中计算与控制,自适应巡航系统是未来自动驾驶汽车的重要组成部分。

8.4 车道保持辅助系统原理与应用

8.4.1 车道保持辅助系统的定义

车道保持辅助系统（Lane Keeping Assist，LKA）是利用摄像头等传感器感知并计算车辆在车道中的位置信息及运动信息，利用车辆的转向和制动系统对车辆进行控制，防止车辆偏离车道而发生事故。车道保持辅助系统会对车辆的转向进行微调，使车辆驶回原车道行驶，如图 8-11 所示。

车道保持辅助系统（微课）

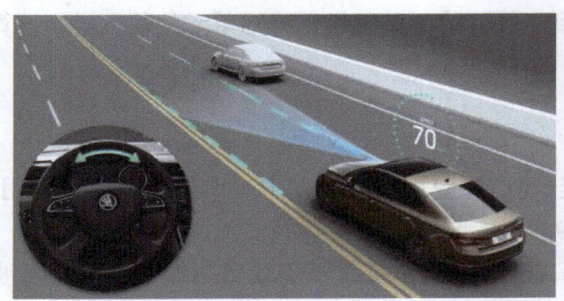

图 8-11 车道保持辅助系统

8.4.2 车道保持辅助系统的组成

车道保持辅助系统由环境感知单元、电子控制单元和执行单元组成。其系统结构如图 8-12 所示。

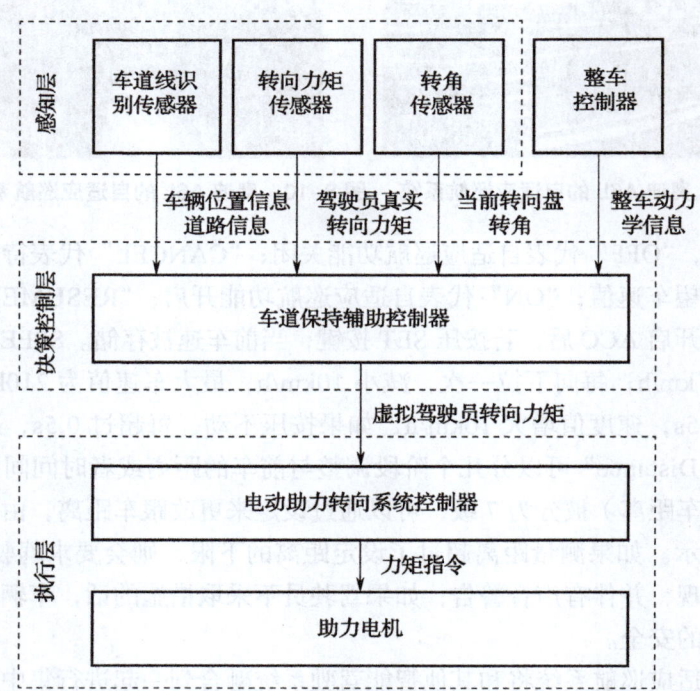

图 8-12 车道保持辅助系统结构

1．环境感知单元

环境感知单元主要由摄像头、车速传感器、转向角传感器组成。摄像头用于检测前方道路状况，车速传感器感知当前车辆的车速，转向角传感器用于感知当前车辆的转角。

2．电子控制单元

电子控制单元主要负责将摄像头传输的数据进行处理。在车道保持辅助系统中主要根据摄像头的传输数据进行车道线的识别，并且根据车速传感器和转向角传感器综合当前车辆的状态，处理后将控制信号发送给执行单元。

3．执行单元

执行单元主要包括转向控制器和仪表，主要执行电子控制单元发出的指令。当车辆偏离车道线时，仪表上将显示车辆偏离的图标并通过扬声器进行报警提示，如果驾驶员还未对车辆进行控制，则转向控制器（主要是EPS）将根据电子控制单元的计算数据对转向盘转角进行微调。

8.4.3 车道保持辅助系统的原理

车道保持辅助系统利用视觉传感器采集道路图像，利用车速传感器采集车速信号，利用转向盘转角传感器采集转向信号。如果识别出两侧的车道边界线，控制单元会计算车道宽度和曲率，同时计算车辆处于当前车道的位置，并根据转向盘转角传感器计算车辆接近车道边界线的角度，根据综合计算的数值和车辆当前位置确定警报提醒。当车辆行驶可能偏离车道线时，系统发出报警提示，如果检测到车辆偏离车道线后，电子控制单元控制转向盘转向，并施加操作力使车辆回到正常轨道。如果驾驶员打开转向灯，进行主动变线行驶，那么系统不会做出任何提示。

8.4.4 车道保持辅助系统的实车应用

本书介绍的车道保持辅助系统是应用于奥迪A8车型的车道保持辅助系统。该系统主要由带摄像头的控制单元、带振动电机的多功能转向盘、车道保持辅助功能启动按钮三部分组成。其系统功能如图8-13所示。

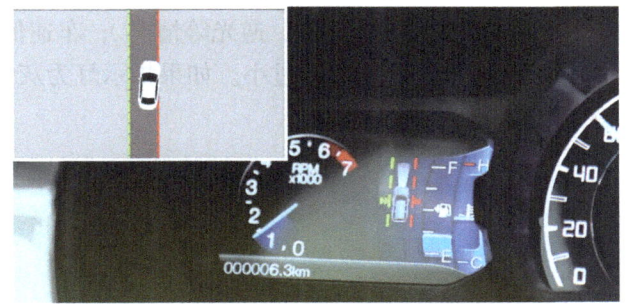

图8-13 奥迪A8的车道保持辅助系统功能

奥迪A8采用摄像头和控制单元集成设计的方案。该摄像头总成安装在车辆前风窗玻璃的上面进行固定，如图8-14所示。摄像头的探测距离最大约为60m，采用高清分辨率，使用 CAN 总线与 ECU 进行通信。摄像头总成可以探测车辆前方道路情况，并通过控制单元对路况进行分析，得到前车道的边界信息以及当前车辆在道路中的状态信息来确定是否进行报警及控制。

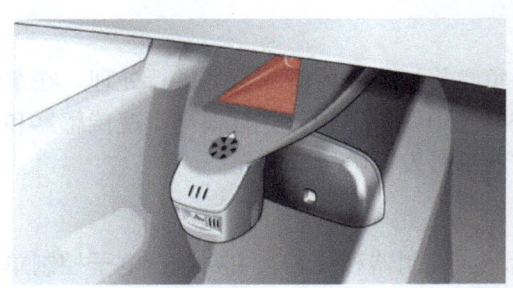

图 8-14 高清摄像头

在奥迪 A8 的转向盘上装有振动电机，它可以通过振动来提醒驾驶员，转向盘的振动时间取决于驾驶员对当前道路的反应情况，一般时间在 1s 左右。车道保持辅助系统的启动按钮集成在奥迪 A8 的转向拨杆上（图 8-15），按下启动按钮后，如果行驶车速高于 60km/h，那么车道保持辅助系统将会启动，仪表上会出现指示图标，如图 8-16 所示。

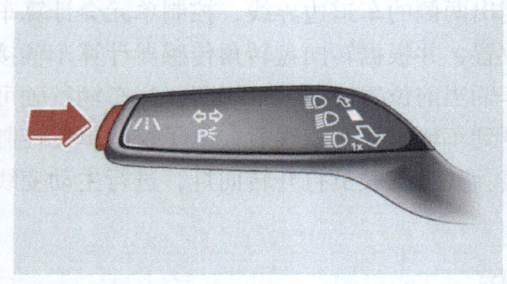

图 8-15 启动按钮

图 8-16 车道保持辅助系统工作时的指示图标

不同颜色的指示图标代表不同的工作状态，分别为绿色、黄色和灰色，如果指示灯为绿色，表明此时系统已经激活并且可以开始工作。如果指示灯为黄色，表明此时系统已经激活，但因为某些原因无法工作，可能的原因包括：只检测到单车道边界线或没有车道边界线；无法检测出车道线（如大雪覆盖、污渍、逆光等情况）；车速低于 60km/h；车道宽度过宽，超出了摄像头检测角；车辆转弯半径过小。如果指示灯为灰色，表明此时系统已经关闭，按下启动按钮即可重新启动系统。

8.5 车辆盲区监测系统原理与应用

8.5.1 车辆盲区监测系统的定义

智能驾驶辅助系统已经广泛应用于量产汽车中，在开车过程中，一些智能驾驶辅助系统可以有效地帮助驾驶员提高便利性和舒适性。例如，

车辆盲区监测系统（微课）

当前应用较为广泛的自适应巡航控制系统，驾驶员将其开启后，车辆可以以确定速度或确定车距进行巡航行驶，这大大提升了驾驶便利性。

车辆在变道行驶时，由于转弯时后视镜存在视野盲区，驾驶员仅凭后视镜的信息无法完全判断后方车辆的信息，一些恶劣天气状况（如雨雪、大雾、冰雹等）也增大了驾驶员的判断难度，车辆在变道行驶时存在碰撞或刮擦的危险。车辆盲区监测系统（Blind-Spot Collision-Avoidance Assist，BCA）通过安装在左右后视镜或其他位置的传感器感知后方道路信息，如果后方有车辆、行人、自行车及其他移动物体靠近，盲区监测系统就会通过声光报警器提醒驾驶员或在紧急情况下进行制动。车辆盲区监测系统示意图如图8-17所示。

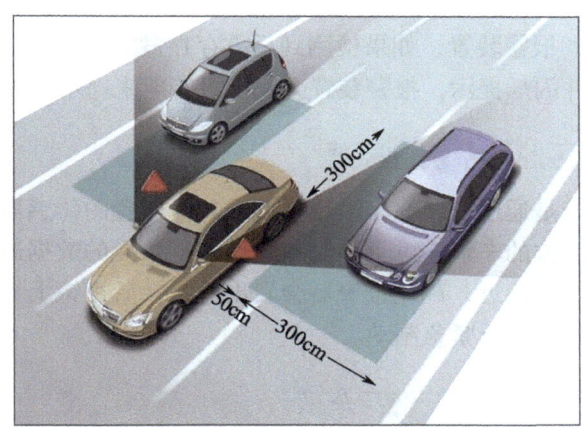

图 8-17　车辆盲区监测系统示意图

8.5.2　车辆盲区监测系统的组成

车辆盲区监测系统一般由感知单元、电子控制单元和执行单元等组成。其系统结构如图8-18所示。

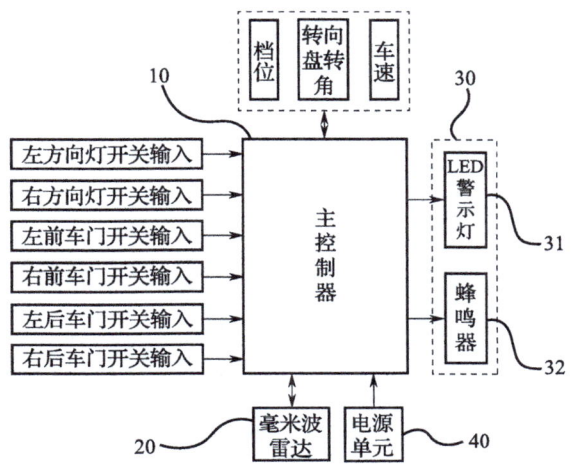

图 8-18　车辆盲区监测系统结构

1. 感知单元

感知单元主要包括毫米波雷达、超声波传感器和摄像头。其中，日常使用的传感器主要是摄像头，其作用是检测汽车后方视野盲区中是否有行人、自行车以及其他车辆，然后将感知的信息传送给电子控制单元，便于后期进行信息判断及处理。

2. 电子控制单元

电子控制单元的主要作用是将感知单元的信息进行处理及判断，将信号输出给执行单元。

3. 执行单元

执行单元主要由声光报警器组成，其主要作用是执行电子控制单元的指令。声光报警器主要包括显示装置和报警装置，如果检测到后方存在危险，那么显示装置就会在后视镜上显示碰撞危险图标并闪烁提示，报警装置会发出报警声来提示驾驶员。

8.5.3 车辆盲区监测系统的原理

车辆盲区监测系统是通过安装在车辆后视镜或其他位置的传感器（主要为摄像头、毫米波雷达等）来检测后方的车辆，电子控制单元对感知单元的数据进行计算及判断。如果检测到盲区中有车辆快速接近，声光报警器会发出警报，后视镜上显示碰撞危险图标并闪烁提示，部分车型还可以进行紧急制动。

8.5.4 车辆盲区监测系统的实车应用

本书介绍的车辆盲区监测系统实例是起亚凯酷车型的车辆盲区监测系统，如图 8-19 所示。该系统主要由安装在左右两个后视镜上面的毫米波雷达组成，该雷达使用 24GHz 毫米波，可探测最远距离大约为 50m，探测的角度约为 30°，可识别高度为 50cm 以上的物体。毫米波雷达可以感知后方接近的汽车、自行车等移动物体，电子控制单元可以计算移动物体和当前车辆的相对速度，如果相对速度大于系统设定的阈值，则此时车辆盲区监测系统启动，车辆外后视镜指示灯常亮。若此时驾驶员试图变更车道到危险车道，此时车辆外后视镜指示灯会闪烁，警报蜂鸣器发出报警声音提示驾驶员有碰撞危险。盲区监测系统功能实拍如图 8-20 所示。

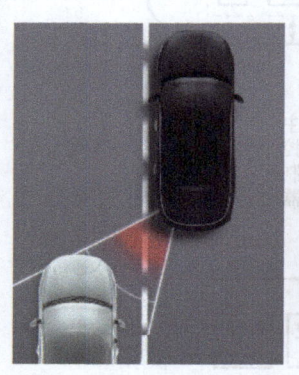

图 8-19 起亚凯酷的车辆盲区监测系统

图 8-20 盲区监测系统功能实拍

如果驾驶员仍然进行变道，凯酷会启动紧急制动系统，及时对车辆进行制动并调整车辆当前的运动方向，其功能示意图如图 8-21、图 8-22 所示。

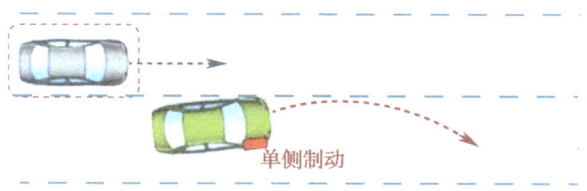

图 8-21　后方来车单侧制动示意图

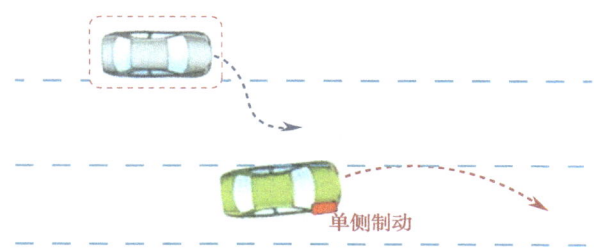

图 8-22　侧方来车单侧制动示意图

除此之外，两侧的后视镜中还搭载了两个摄像头，这两个摄像头是盲区显示系统（Blind-Spot View Monitor，BVM）的感知传感器。该摄像头使用全方位侧摄像头，可显示后方约 100m 的图像，图像显示效果较为清晰。其系统摄像头如图 8-23 所示。

根据驾驶员开启转向灯的方向，系统将该方向后侧方影像显示在液晶仪表盘上，提高整车的驾驶便利性。仪表显示情况如图 8-24 和图 8-25 所示。

图 8-23　盲区显示系统摄像头

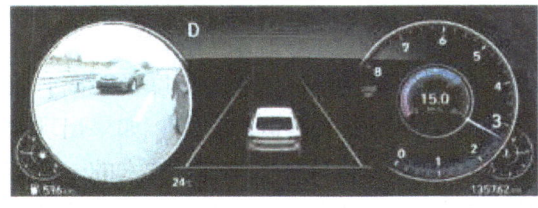

图 8-24　左侧盲区仪表显示

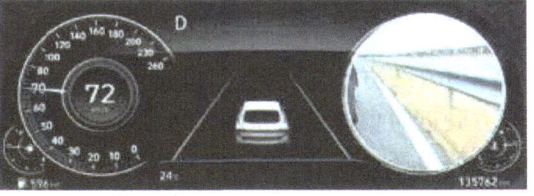

图 8-25　右侧盲区仪表显示

北美地区的汽车后视镜一般采用平镜，视野角为 15°，我国的汽车后视镜采用曲镜，视野角约为 25°，而搭载了盲区显示系统的凯酷的视场角可达到 50°，大幅改善了原有后视镜的盲区部分，可以消除驾驶员对盲区的不安感，是一项较为实用的配置。其视野角和视场角示意图如图 8-26 所示。

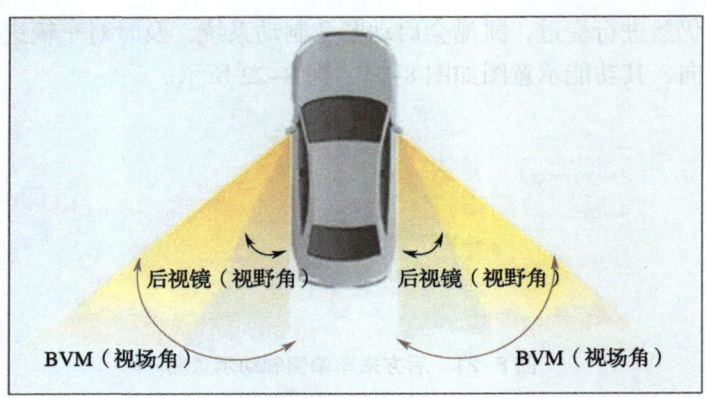

图 8-26　盲区显示系统视野角和视场角示意图

8.5.5　车辆盲区监测系统的升级

车辆盲区监测系统可以监测后方来车情况并且对驾驶员进行警告，这个系统可以有效辅助驾驶员进行判断及操控车辆，但是该系统当前还不够"智能"，还需要驾驶员去进行判断以及操控。后续该系统可以升级为交通拥堵辅助自动驾驶系统（TJP），该系统可以通过安装在车辆后视镜处（图8-27）或者车辆前方翼子板处（图8-28）的摄像头对侧方即将驶近的车辆、自行车等移动物体进行识别。如果即将驶近的对象速度较快，车辆可以进行紧急制动或者提前开启侧气帘保护车内乘员。如果即将驶近的对象速度较慢，车辆可以减速或缓慢制动，等待该对象行至车辆前方后再进行车辆操控。

图 8-27　安装在后视镜处的摄像头

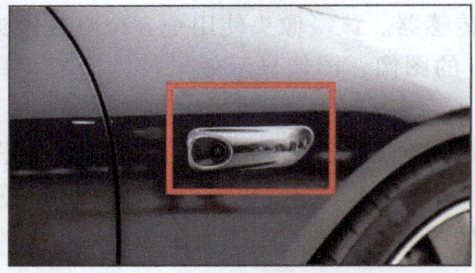
图 8-28　安装在翼子板处的摄像头

该升级方案遇到的问题是，受限于当前物体识别技术及摄像头探测的角度及距离，当侧方驶近对象速度过快时，无法及时避让驶近对象，即发生事故的概率较高；如果出现误判提前引爆侧气帘，可能会对驾驶员或乘客造成惊吓甚至损伤。这是当前该技术的一个难点，但是随着车载摄像头技术的发展，以及高速动态物体识别技术的发展，该辅助驾驶系统可以更为有效地保护驾驶员和行人。

8.6　驾驶员疲劳预警系统原理与应用

驾驶员疲劳预警系统（图8-29）是驾驶员状态监测系统的重要部

驾驶员疲劳预警系统（微课）

分。该系统可以监测并提醒驾驶员自身的疲劳状态，减少驾驶员疲劳驾驶的潜在危害。

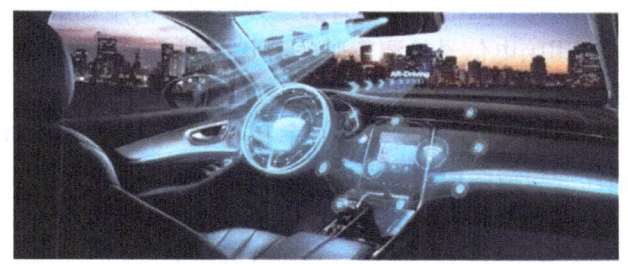

图 8-29　驾驶员疲劳预警系统

当驾驶员精神状态下滑或进入浅层睡眠时，系统会根据驾驶员精神状态指数，分别给出语音提示、振动提醒、电脉冲警示等，警告驾驶员已经进入疲劳状态，需要休息。

8.6.1　系统构成

疲劳预警系统一般是由信息采集单元、电子控制单元和预警显示单元等三部分组成。

1）信息采集单元通过传感器采集驾驶员信息和车辆状态信息。其中，驾驶员信息包括驾驶员的面部特征、眼部信号、头部运动性等；车辆状态信息包括转向盘转角、行驶速度、行驶轨迹等。

2）电子控制单元（ECU）接收信息采集单元发送的信号，进行运算分析，判断驾驶员疲劳状态。如果经过分析发现驾驶员处于一定程度的疲劳状态，则向预警显示单元发出信号。

3）预警显示单元根据 ECU 传递的信息，通过语音提示、智能提醒、电脉冲警示等方式，对驾驶员进行预警。

8.6.2　检测原理

驾驶员疲劳检测的原理，主要是基于驾驶员自身特征，包括生理指标和生理反应的检测、车辆行驶状态的检测方法以及多特征信息融合的检测方法等。

1. 基于生理指标检测

驾驶员在疲劳状态下的一些生理指标，如脑电、心电、肌电、脉搏、呼吸等，都会偏离正常的状态，因此可以通过生理传感器去检测驾驶员这些生理指标，来判断驾驶员是否处于疲劳状态，如图 8-30 所示。

图 8-30　基于生理指标检测

1)脑电信号检测。脑电信号是人脑技能的宏观反应,利用脑电信号能够反映出人体的疲劳状态,客观并且准确。脑电信号被誉为疲劳检测中的金标准。人在疲劳状态下,慢波增加,快波降低,利用脑电信号检测驾驶疲劳状况判定的准确率较高。但其操作复杂,不适合车载实时检测。

2)心电信号检测。心电指标主要包括心率和心率变异性等,其中心率信号综合反映了人体的疲劳程度和任务与情绪的关系,心率变异性是心脏神经活动的紧张度和均衡度的综合体现。心电信号是判定驾驶疲劳的有效特征,准确度高。但是,利用心电信号检测人体疲劳状况,需要将电极和人身体相接触,会对驾驶员的正常驾驶带来不便。

3)肌电信号检测。通过肌电信号的分析,反映人体的疲劳程度。肌电图的频率随着疲劳的产生和疲劳程度的加深,呈现出下降的趋势,而肌电图的幅值增大则表明疲劳程度的增长。该方法测试简单,结论也较明确。

4)脉搏信号检测。根据人体精神状态的不同,心脏活动和血液循环也会有差异,脉搏实际上反映的就是心脏和血液的循环。因此利用脉搏波去检测驾驶员的疲劳状态,是具有可行性的。

5)呼吸信号检测。人体疲劳状态的一个重要表现就是呼吸频率的降低,呼吸变得平稳。在正常驾驶过程中,驾驶员精神集中,呼吸的频率相对较高;如果驾驶期间和他人交谈,呼吸波的频率则变得更高。当驾驶员疲劳驾驶时,注意力集中程度也会降低,此时呼吸也变得平缓。因此通过检测驾驶员的呼吸状况来判定是否疲劳驾驶,也成为研究疲劳驾驶预警系统的一个重要维度。

基于驾驶员生理指标的检测方法,客观性强,准确性高,但与检测仪器强相关。这些检测方法基本都是接触性的检测,会干扰到驾驶员的正常操作,影响行车安全。另外,由于不同人的生理信号特征有所不同,并且和心理活动的关联较大,在实际用于驾驶员疲劳检测的时候,存在很大的局限性。

2. 基于生理反应检测

基于驾驶员生理反应特征的检测方法,一般采用非介入式的检测途径,利用机器视觉技术,检测驾驶员面部的生理反应特征,如眼睛特征、视线方向、嘴部状态、头部位置等,判断驾驶员的疲劳状态,如图8-31所示。

图8-31 基于生理反应检测

1)眼睛特征的检测。驾驶员眼球的运动和眨眼信息被认为是反映疲劳的重要特征,眨眼的幅度、频率以及平均闭合的时间,都可以直接用于检测疲劳。

目前被认为最有应用前景的实时疲劳检测方法是 PERCLOSE（Percentage of Eyelid Closure Over the Pupil Over Time），它是指一定时间内眼睛闭合时所占的时间比例，类似占空比的概念。通常我们按照 p80 的标准检测，即单位时间内眼睛闭合程度超过 80% 的时间，占总时间的百分比，它和驾驶疲劳程度的相关性最准确。

为了提高疲劳检测的准确率，可以综合检测平均睁眼的程度、最长闭眼时间的特征作为疲劳指标，达到较高的疲劳检测准确率。

通过眼睛特征检测驾驶员的疲劳程度，不会对驾驶员的行为带来任何的干扰，因此成为这一领域现行研究的热点。

2）视线方向的检测。把眼球中心与眼球表面亮点的连线定为驾驶员的视线方向，正常状态下驾驶员正视车辆的运动前方，同时视线方向移动速度比较快；疲劳时，驾驶员视线方向的移动速度会变慢，表现出迟钝的现象，并且视线轴会偏离正常的位置。

通过摄像头获取眼睛的图像，对眼球建模，把视线是否偏离正常范围，作为判别驾驶员是否疲劳驾驶的标准。

3）嘴部状态的检测。人在疲劳时往往有频繁的打哈欠动作，如果检测到哈欠的频率超过预定的阈值，可判断驾驶员已经处于疲劳状态，基于此原理可以完成对驾驶员的疲劳检测。

4）头部位置的检测。驾驶员在正常驾驶和疲劳驾驶时，其头部位置是不同的。可以利用驾驶员头部位置的变化，检测疲劳程度，利用头部位置传感器对驾驶员的头部位置进行实时的跟踪，并根据头部位置的变化规律，判定驾驶员是否疲劳。

基于驾驶员生理反应特征的检测方法，优点是表征疲劳的特征直观明显，并可实现非接触测量；不足之处在于检测识别的算法复杂，疲劳特征提取困难，且检测结果受光线变化和个体生理状况的变化影响较大，对技术的要求很高。

3. 基于车辆行驶状态检测

基于车辆行驶状态的疲劳检测方法，不是从驾驶员本人出发去研究，而是从驾驶员对汽车的操纵情况，间接判断驾驶员是否疲劳。该种检测方法主要利用 CCD 摄像头和车载传感器来检测汽车行驶状态，从而推测出驾驶员的疲劳状态，如图 8-32 所示。

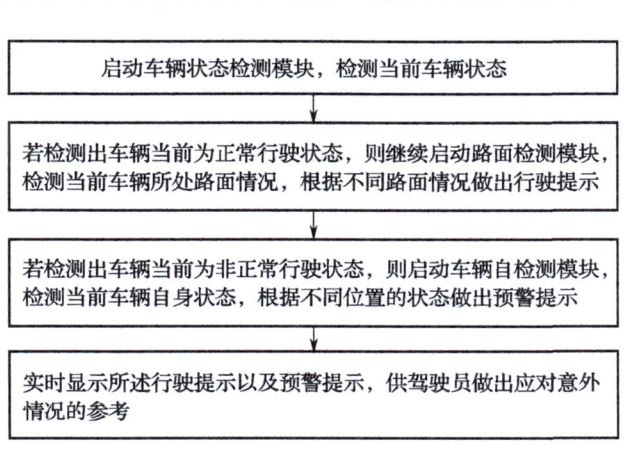

图 8-32 基于车辆行驶状态检测

1）基于转向盘的疲劳检测。基于转向盘的检测，包括转向盘转角信号检测和力矩信号检测，驾驶员疲劳时对汽车的控制能力下降，转向盘转角左右摆动的幅度会变大，同时操纵转向盘的频率会下降。通过对转向盘转角时域和频域分析，转向盘转角的方差或平方差，可以作为疲劳驾驶的评价指标。目前，通过转向盘的转角变化情况来检测驾驶员的疲劳情况，是疲劳预警系统研究的热点。这种方法数据准确，算法简单，并且信号与驾驶员疲劳状况联系紧密，结果可信度高。

另外，驾驶员疲劳时，对转向盘的握力会逐渐减小。通过传感器实时检测驾驶员施加在转向盘的力，可以判断驾驶员的疲劳程度。

驾驶员对于转向盘的操纵特征，能够间接实时地反映驾驶员的疲劳程度，具有可靠性高、无接触的优点；但由于传感器技术的限制，其准确度有待提高。

2）基于汽车行驶状态的检测。通过实时检测汽车的行驶速度，判断汽车是处于有效的控制状态，或是处于失控的状态，从而间接地判断出驾驶员是否疲劳。另外，驾驶员疲劳驾驶时，由于注意力分散，反应迟钝，汽车可能偏离车道。

基于汽车行驶状态的检测方法，优点是非接触检测信号容易提取，不会对驾驶员造成干扰，基于车辆当前的硬件，只需增加少量的硬件，就具有很高的实用价值；缺点是受到车辆的具体情况、道路的具体情况以及驾驶员的驾驶习惯经验和条件等限制，测量的准确性并不高。

4. 基于多特征信息融合检测

基于多特征信息融合的检测方法，是通过信息融合技术，将驾驶员生理特征、驾驶行为及车辆行驶状态相结合，是理想的检测方法，大大降低了采用单一方法造成的误检和漏检率，如图 8-33 所示。

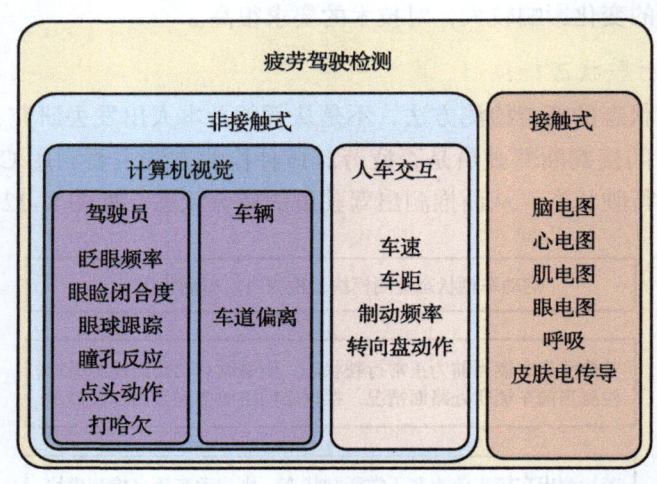

图 8-33　基于多特征信息融合检测

信息融合技术的应用，让疲劳检测技术得到更进一步的发展和提高，能够客观、实时、快捷、准确地判断出驾驶员的疲劳状态，避免疲劳驾驶所引起的交通事故，这也是疲劳检测技术的发展趋势。

8.7 自适应前照灯系统原理与应用

8.7.1 自适应前照灯系统的定义

自适应前照灯系统（Adaptive Front Lighting System，AFS）是可以根据不同的道路行驶条件，自动改变多种照明类型的一种照明系统。该系统可以消除在恶劣天气、黑夜、能见度低等情况下汽车转向时视野不明区域所带来的危险，为驾驶员提供更加安全可靠的照明视野。未搭载自适应前照灯系统和搭载自适应前照灯系统的照明情况对比如图 8-34 所示。

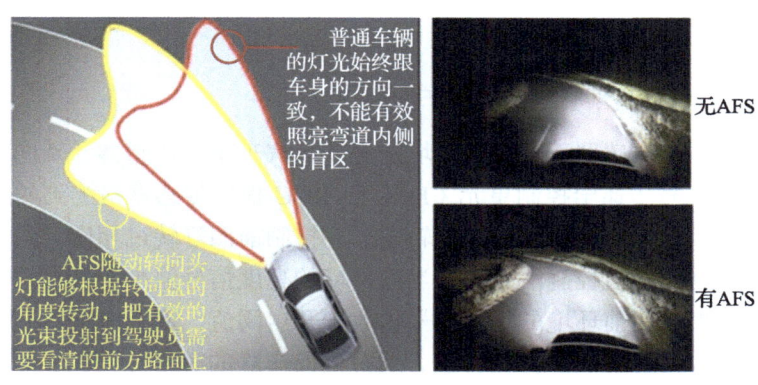

图 8-34　无 AFS 和有 AFS 的比较

8.7.2 自适应前照灯系统的组成

自适应前照灯系统主要由环境感知单元、控制单元、执行单元构成。其系统结构如图 8-35 所示。

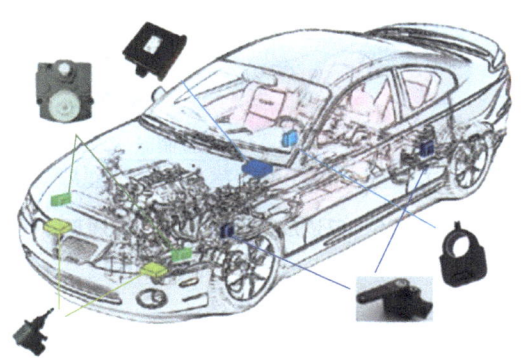

图 8-35　自适应前照灯系统结构

1．环境感知单元

环境感知单元的主要作用是感知当前的行驶环境信息并将信息通过 CAN 总线传递给控制单元。该单元主要由环境光照强度传感器、转向角传感器、车速传感器、车身高度传感器组成。其中环境光照强度传感器用于感知环境亮度，便于对车灯照明强度进行调节；转向角传感器用于感知当前车辆的转向角，便于调整车灯的照射范围角；车速传感器用于感知当前车速；车身高度传感器用于感知当前车辆的高度，便于对灯光照射高度进行调节。

2．控制单元

控制单元的主要作用是对环境感知单元的数据进行计算分析，将计算后的输出结果传递给执行单元。

3．执行单元

执行单元的主要作用是根据控制单元提供的控制信号对车辆前照灯进行高度及角度的调控。该单元主要由控制电机、电源和前照灯组成，电源驱动控制电机对前照灯进行高度和角度的调节。

8.7.3 自适应前照灯系统的工作原理

车辆通过光照强度传感器不断感知环境的亮度，汽车车速传感器和转向盘转角传感器不断地把检测到的信号传递给控制单元（ECU），ECU根据传感器检测到的信号，对运算处理后的数据进行综合判断来输出前照灯转角，并控制前照灯转过相应的角度。车辆的灯光自动开启控制可采用阈值控制法，如果当前环境的亮度信号值小于开启阈值，那么车辆前照灯将不开启；如果当前环境的亮度信号值大于开启阈值，那么车辆前照灯将开启。车灯的调光电机控制一般使用PID控制方法，通过当前车灯的实际位置和实际角度与预设位置和预设角度的差值进行算法调控（图8-36）。

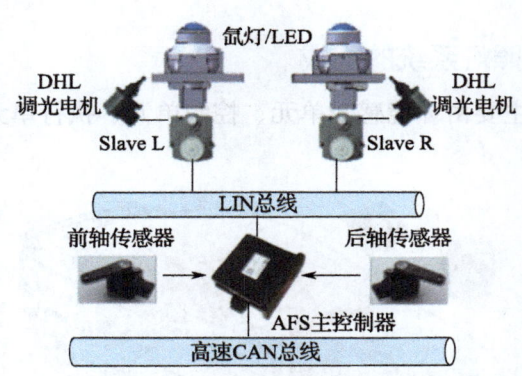

图8-36 自适应前照灯系统工作原理

8.7.4 自适应前照灯系统的实车应用

本书介绍的自适应前照灯系统实例是马自达阿特兹使用的自适应照明系统，如图8-37所示。

2019款马自达阿特兹的自适应照明系统是日系车型首款搭载智能LED矩阵前照灯的车型。该系统将LED的远光灯分割成40个单独的光源，在车辆行驶时，搭载在风窗玻璃上的车载摄像头可识别对向车辆和物体，如果检测到存在车辆或物体时，车灯照射的区域会渐变式自动熄灭与点亮。这样设计可以既保证车辆的安全，又可以提升驾驶员的驾驶感受。

马自达阿特兹的自适应照明系统主要有防眩远光控制、分速调控以及配光控制三种功能。

1．防眩远光控制

阿特兹的前照灯分为行驶用前照灯和会车用前照灯两种模式。夜间行驶时一般使用远光灯驾驶，当安装于前风窗玻璃上的摄像头感知到对向车的前照灯和前车的尾灯时，便会自动熄灭相应区域的 LED 前照灯，控制远光灯照射范围，既避免给对方造成眩晕困扰，又确保了远光灯的卓越识别性能。该系统在行驶速度约为 40km/h 以上时自动启用。该系统功能如图 8-38 所示。

图 8-37　阿特兹自适应照明系统

图 8-38　防眩远光控制功能

2．分速调控

阿特兹的自适应照明系统可以根据车速的不同来调节前照灯照射的距离和宽度。当阿特兹行驶在低速时（40~60km/h），灯光照射的距离为 160m，比原有的远光灯的视野更广，能快速发现行人；在中速模式下（60~105km/h），基本配光模式启动，照射距离为 175m，中速和低速模式下照射宽度均为 32m；高速模式下（105km/h 以上）前照灯的光轴会自动上升，加强远方的照射性，前照灯照射距离为 235m，宽度为 30m 左右，可确保高速道路下的远方辨识性。分速调控功能如图 8-39 所示。

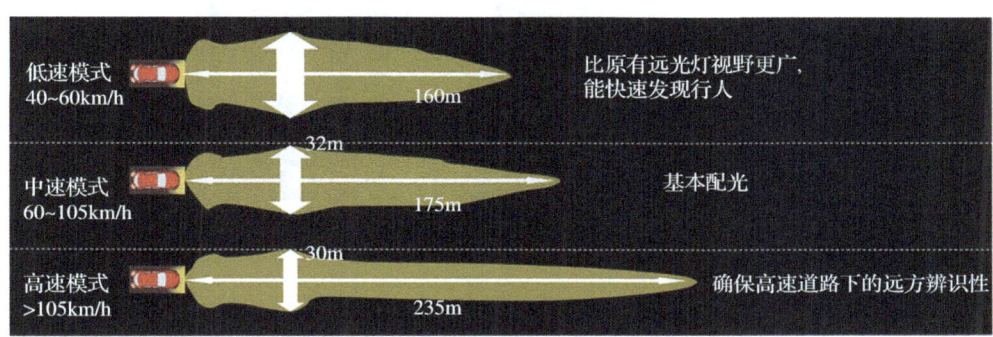

图 8-39　分速调控功能

3．配光控制

阿特兹的自适应照明系统具有先进的配光控制系统。该系统可以根据转弯的半径和转向盘的角度来调整光束,可分为 6 个阶段进行,可对应不同的转弯半径进行调控。转弯半径越大,光束的偏离角越大,并且在转向过程中阿特兹的左右前照灯可以进行配光重叠,配光重叠后的照射距离可达 130m。配光控制功能如图 8-40 所示。

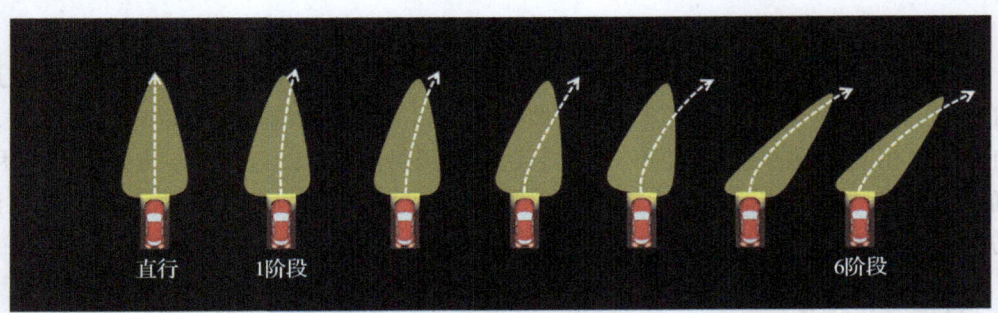

图 8-40　配光控制功能

8.8　自动泊车辅助系统原理与应用

自动泊车辅助系统(微课)

8.8.1　自动泊车辅助系统的定义

自动泊车辅助系统(Auto Parking Assist,APA)是利用安装在车辆上的传感器感知周边环境,对车辆可停泊的有效区域进行计算与泊车的一种系统,如图 8-41 所示。自动泊车辅助系统是一项非常便利的应用系统,它可以帮助驾驶员将车辆自动停入指定车位,并且可以在停车时避免剐蹭,大大降低了驾驶员的操作负担和泊车时的事故率,是一种较为智能的便利化系统。

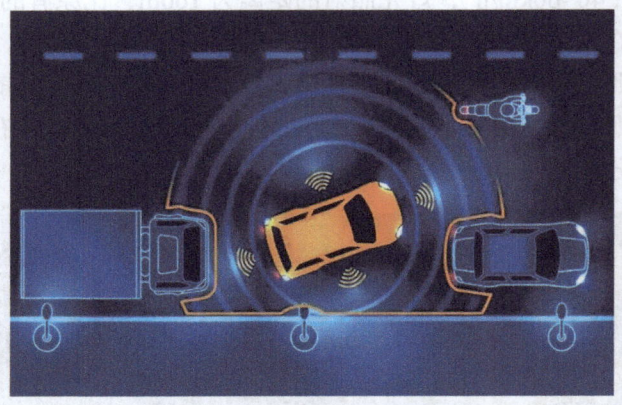

图 8-41　自动泊车辅助系统

8.8.2　自动泊车辅助系统的组成

自动泊车辅助系统主要由环境感知单元、电子控制单元和执行单元组成,其系统结构如图 8-42 所示。

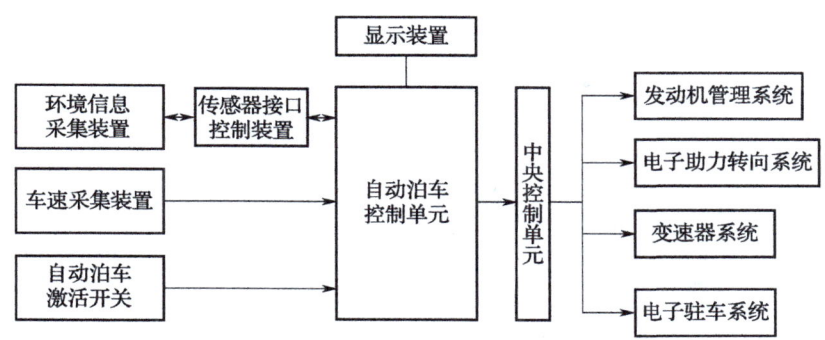

图 8-42　自动泊车辅助系统结构

1．环境感知单元

环境感知单元的主要作用是在车辆泊车时感知当前车辆的位置以及周边的环境情况，主要由超声波传感器和摄像头组成。超声波传感器的主要作用是感知车辆与周边物体的距离，防止车辆与周边物体出现碰撞或剐蹭。摄像头传感器的主要作用是感知当前车辆的位置信息，并将数据发送给电子控制单元。

2．电子控制单元

电子控制单元的主要作用是根据环境感知单元传输的信息，综合计算分析当前车辆的周边环境以及车辆当前的位置，并计算规划路径，将计算结果输出给执行单元。

3．执行单元

执行单元的主要作用是接收电子控制单元的指令并且通过执行器执行指令，主要由 EPS 系统、EMS 系统和制动控制系统组成，EPS 系统接收电子控制单元的信号进行精准转向操作，EMS 系统接收电子控制单元的信号控制发动机，制动控制系统接收电子控制单元的信号对车辆进行制动。以上系统配合使用，可以保证车辆能够准确根据规划路径进行行驶，并且在接收到中断停止信号时紧急制动。

8.8.3　自动泊车辅助系统的原理

自动泊车辅助系统工作原理是通过摄像头和超声波传感器感知车辆周圆的环境，对周边环境进行分析，确定可以停泊的车位并获取车位的尺寸、位置等信息，使用泊车辅助算法计算泊车路径，之后自动转向操纵汽车进行泊车。该系统的工作流程主要分为四步，如图 8-43 所示。

1．激活系统

汽车进入停车区域后缓慢行驶，驾驶员手动开启自动泊车辅助系统，或者根据当前车速自动启动系统。

2．车位检测

通过车载传感器获取环境信息，传感器主要采用超声波传感器和摄像头，识别出可以停车的车位。

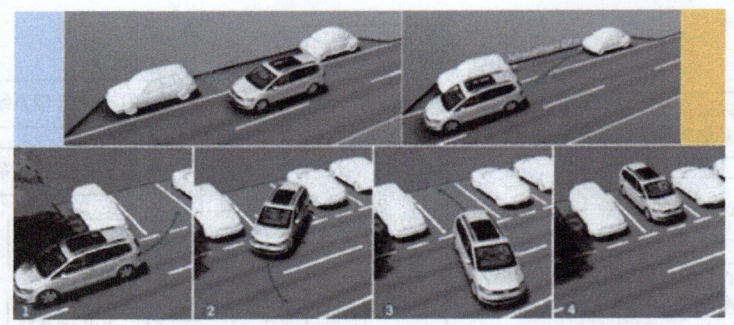

图 8-43 自动泊车辅助系统的工作流程

3．路径规划

根据系统感知的环境信息，电子控制单元计算出一条能直接安全泊车的行车路径。

4．路径跟踪及调整

通过转向、发动机和制动模块的协调控制，车辆可以跟踪已规划路径并且在泊车过程中及时进行调整。

8.8.4 自动泊车辅助系统的实车应用

目前自动泊车辅助系统主要分为半自动泊车辅助系统和全自动泊车辅助系统。

1．半自动泊车辅助系统

半自动泊车辅助系统在自动泊车过程中需要驾驶员通过加速、制动、换档等操作参与泊车的过程。本书介绍的采用半自动泊车辅助系统的实例是长城哈弗 H6。在发动机起动状态下挂入 D 位，且满足车速低于 30km/h 时，方可通过按下自动泊车辅助系统按键开启半自动泊车辅助系统。

目前 H6 支持平行泊车模式和垂直泊车模式，需要驾驶员通过操作界面进行泊车模式选择，默认情况是只搜索前排乘客侧的停车位；若需要搜索驾驶员侧的停车位时，驾驶员需提前开启驾驶员侧的转向灯。完成以上步骤后，系统以适宜的车速控制车辆前行，并与即将停放入位侧的车辆或障碍物之间保持约 0.5~1.5m 的适当距离，以便半自动泊车辅助系统可通过传感器自动识别停车位，并测量该停车位空间是否足够停放车辆。哈弗 H6 半自动泊车辅助系统工作状态显示如图 8-44 所示。

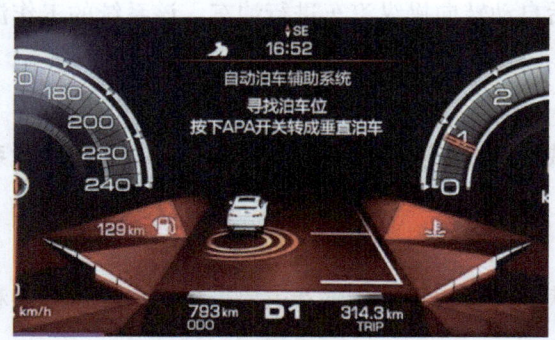

图 8-44 哈弗 H6 半自动泊车辅助系统工作状态显示

接下来，当发现合适的停车位后，车辆组合仪表上将出现相应提示，而半自动泊车辅助系统将彻底接管转向盘转动。此时驾驶员可将双手从转向盘上移开，只需按照仪表中的操作提示依次执行即可，从而充分享受泊车辅助技术所带来的便利。由于在接下来的整个泊车过程中，车辆的制动以及变速器在 D 位与 R 位间的档位切换工作仍需驾驶员完成，因此谨慎地根据距离来控制泊车车速以及及时进行制动就成为顺利完成本次安全泊车的关键。

2．全自动泊车辅助系统

本书讲解的全自动泊车辅助系统实例是小鹏 G3 车型。2018 年，小鹏 G3 发布了"全场景泊车"的特色功能，可适应垂直、侧方、斜方以及特殊共四种场景，可满足大部分应用场景。小鹏 G3 全车配备了 20 个智能传感器，其自动泊车功能通过视觉＋雷达协同实现，可以识别划线的停车位，又可以识别两车之间没有线的停车位。其系统界面如图 8-45 所示。

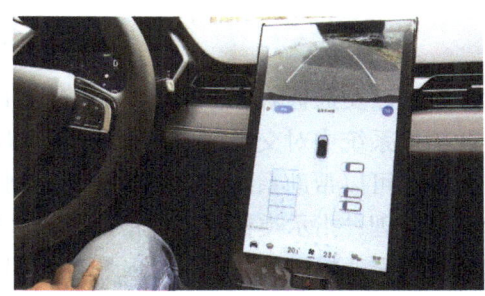

图 8-45　小鹏 G3 全自动泊车辅助系统界面

小鹏 G3 在研发全自动泊车系统过程中，搭建了包含不同停车场景的 400 个停车位的专门测试场景，包含是否有立标、墙体、挡车杆、地锁等多种场景。小鹏 G3 通过外后视镜可以检测该车位是否有专用的车位编码，可识别出是否是专用车位或私人车位等信息；用后摄像头可在驾驶员倒车入库时检测车位上是否有地锁或者挡车杆。如果存在地锁或挡车杆，则系统会判定为不可入库。小鹏 G3 还采用了一个高精度惯性测量单元，在自动泊车的过程中可精准控制车辆的行车轨迹，记住已经存在的空车位并可将该记忆车位进行系统还原。如果当前车位过窄，停车后不方便下车，还可以下车通过钥匙进行自动泊车。在车内设置好自动泊车功能，找到车位后挂入 P 位，然后便可以下车，长按 5s 自动泊车按键激活自动泊车功能，然后即可通过钥匙遥控的方式自动泊车入位。

小鹏 G3 的自动泊车系统是一套不断学习的操作系统，可根据后期的 OTA 对全自动泊车系统进行升级更新。

8.9　交通标志识别系统原理与应用

8.9.1　交通标志识别系统的定义及发展

交通标志识别（Traffic Sign Recognition，TSR）是指能够在车辆行驶过程中对出现的道路交通标志信息进行采集和识别，及时向驾驶员做出指示或警告，或者直接控制车辆进行操作，以保证交通通畅并预防事故的发生。在安装有先进辅助驾驶系统的车辆中，如果车辆能够提供高效的 TSR 系统，可及时为驾驶员提供可靠的道路交通标志信息，有效提高驾驶安全性和舒适性（图 8-46）。

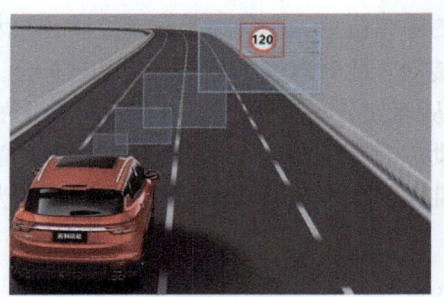

图 8-46　交通标志识别系统

道路交通标志和标线引导道路使用者有秩序使用道路，以促进道路行车安全，而在驾驶辅助系统中对交通标志的识别则可以不间断地为整车控制提供相应的帮助。例如，禁止类标志可以帮助系统提前进行危险预判；警告类标志可以帮助系统在某些情况下进行提前避障处理；指示类标志可以帮助系统进行控制预处理，以确保行车遵循道路指示。

对交通标示的正确识别及精准应用可以为先进驾驶辅助系统提供帮助，对于自动驾驶来说更是不可或缺的模块。

8.9.2　交通标志识别原理

TSR 是根据人类视觉系统辨识物体的特性，其识别原理是利用道路标志丰富的颜色信息和固定的形状信息进行特征识别。具体可将识别过程分为"分隔"和"识别"两个步骤。首先是分隔，在获取的图像中发现候选目标，并进行相应的预处理；其次是交通标志识别，包括特征提取和分类等，最后进一步判定目标的真实性。

1．交通标志分隔

交通标志分隔实际上是需要快速从复杂的场景图像中获取可能是交通标志的感兴趣区域，如图 8-47 所示。然后采用模式识别的方法对感兴趣区域进行进一步辨识，定位其具体位置。由于交通标志功能是起到指示性、提示性和警示性等作用，其设置都具有醒目、颜色鲜明、图形简洁、意义明确等特点，因此感兴趣区域通常是利用其颜色和形状进行的。交通标志分隔原理如图 8-48 所示。

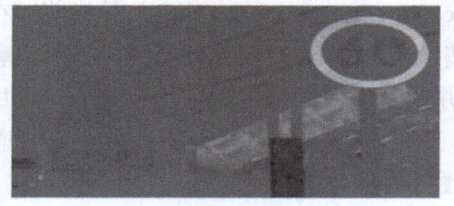

图 8-47　交通标志分隔

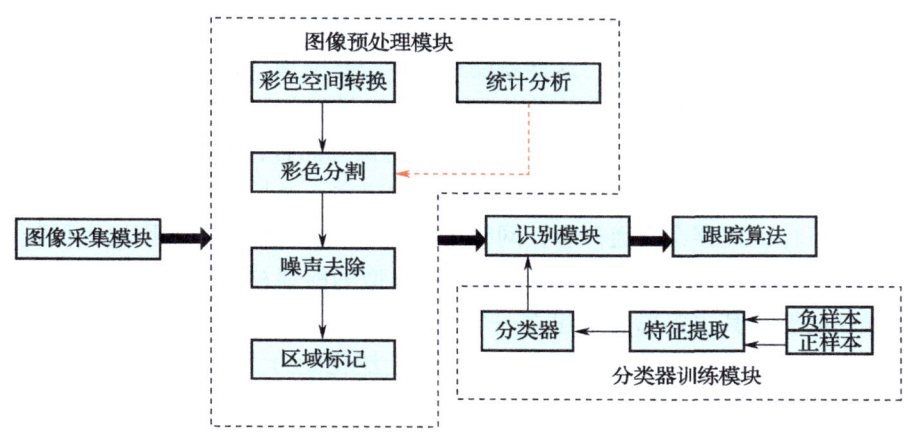

图 8-48 交通标志分隔原理

以下举例说明利用颜色如何进行分隔。

交通标志的颜色无疑具有显著性特征，以颜色进行检测和识别的方法有很多，包括对颜色空间的各个通道或其组合进行阈值分隔或聚类、区域分裂、颜色边缘检测等，用经过训练的人工神经网络作为分类器识别颜色，以颜色为索引，将目标在直方图与模板库中图像的直方图进行匹配，找出可能的若干模板，为下一步形状分析做准备。

目前，在交通标志识别中常用的彩色空间包括 RGB、HIS、CIE 几种，而 RGB 作为图像处理中常用的三基色，是构建其他各种颜色的基础，其他颜色表示方式可以用 RGB 变换得到。对于交通标志而言，大都颜色比较单一、固定，比如红色标志一般表示禁令，蓝色标志一般表示指示类，黄色标志一般表示警告类，这里正好利用 RGB 的三基色红、黄、蓝加以识别匹配来表示。由于对于驾驶辅助系统功能 TSR 通常是一个动态交互识别的过程，其对于光照、气候以及阴影等干扰的影响反应较为敏感，而 RGB 信息不仅代表色彩，也代表亮度，并且三基色之间存在着很大的相关性，因此，为了消除 RGB 颜色本身包含的亮度信息，可在 RGB 空间将颜色值 R、G、B 在亮度上进行归一化，从而将一个三维空间降到二维空间表示的颜色信息，这样 RGB 三基色颜色之间的亮度相关性就减小了。

2．交通标志识别

当从环境中分隔出来交通标志信息的感兴趣区域后，需要采用一定的算法对其进行判别，以便确定它属于哪一种具体的交通标志。一般的判别方法包括模板匹配法、基于聚类分析法、基于形状分析方法、基于神经网络分析法、基于支持向量机的方法。

1）基于模板匹配法。模板匹配法是对交通标志建立相应的模板库，当系统分隔出感兴趣区域时，通过像素遍历的方式与模板库中的形状进行匹配，通过统计校验误差值，选择误差值最小的模板库中的标志作为匹配到的实际交通标志。该方法简单，但运算量大、适应能力差，效果不一定如预期。

2）基于聚类分析法。聚类算法是一种建立在统计基础上的算法，抗噪声能力强，适用于自然场景的图像处理。聚类算法检测识别主要用在对颜色的识别上，由于交通标志的颜色是固定的,因此初始聚类中心是已知的,这就能达到很好的分类效果。也可通过对已经聚类完成的区域进行二次聚类,这样就能进一步去除噪声,达到更好的效果。

3)基于神经网络的方法。神经网络是模拟人脑神经细胞元的网络结构,由大量神经元相互连接而成的非线性动态系统。对于交通标志认知而言,利用该方法建立一个三层神经网络,分别对应于 RGB 空间三通道,另外通过建立一个控制单元,网络作为一个相关检测器,如果目标区域存在交通标志,网络输出相应的高频信号,否则输出低频信号。

4)支持向量机的方法。支持向量机是一种典型的前馈神经网络方法,用于解决模式分类和非线性问题,其主要思想是建立一个最优决策超平面,使得该平面两侧距平面最近的两类样本之间的距离最大化,为分类提供更好的泛化能力。对于非线性可分模式分类问题,需要将负责的模式分类问题非线性地投射到高维特征空间,因此只要变换是非线性的且特征空间维数够高,则原始模式空间能变成一个新的高维特征空间,在该空间中,其模式以较高的概率变得线性可分。其中变换过程要求生成一个核函数进行卷积,用于实现一个单隐层感知器神经网络。

8.9.3 交通标志识别应用

目前交通标志的识别技术还无法做到较高的灵敏性、稳定性和准确性,特别是针对受到不同季节、天气条件影响下的光照条件有所不同导致采集到的图像复杂多样;而道路交通情况的复杂性可能造成交通标志污损、颜色、形状发生变化,而树木、建筑物的遮挡又可能导致其无法被及时地识别到位;同时在高速驾驶过程中,由于车辆行驶抖动等因素,可能造成图像帧匹配过程中出现误差,从而无法稳定地识别出相应的交通标志。因此,交通标志识别目前在驾驶辅助领域还未能得到广泛的应用,较为成熟的应用方案有如下几种。

1. 基于限速标志的自动限速

基于限速标志的自动限速(图 8-49)主要是利用识别到的限速标志显示的限速值,自车提前进行预判。这里我们设置几种不同的速度值进行比较: v_{real} 表示本车当前实际巡航车速; v_{target} 表示本车目标巡航速度; v_{lim} 表示限速值信息; v_{front} 表示识别到的前车车速。

根据自身车速这一敏感信息,进行如下不同程度的限速策略。

图 8-49 基于限速标志的自动限速

(1)本车定速巡航

1)当检测到本车 $v_{real}>v_{lim}$ 且 $v_{target}<v_{lim}$ 时,系统自动根据目标巡航车速进行减速控制,此时需考虑限速值大小,发送较大的减速度确保本车减速到限速标志时,其速度不大于限速标志。

2)当检测到本车 $v_{real}<v_{lim}$ 且 $v_{target} \geqslant v_{lim}$ 时,系统自动根据识别到的限速值 v_{lim} 进行减速。

3)当检测到本车 $v_{real}<v_{lim}<v_{target}$ 时,系统控制本车加速度斜率,确保本车通过限速牌

时其速度值不大于限速值。

4）当检测到本车 $v_{real}<v_{target}<v_{lim}$ 时，可按照正常的加速逻辑加速至目标车速，此时需考虑加速度斜率不能出现加速过猛引起的驾驶恐慌。

（2）本车跟随前车行驶

1）当检测到本车 $v_{real}>v_{front}>v_{lim}$ 时，系统在确保本车不与前车碰撞的情况下进行自动减速控制。

2）当检测到本车 $v_{real}<v_{lim}<v_{front}$ 时，系统确保本车在识别距离内不超过限速值的情况下进行适当加速控制。

3）当检测到本车 $v_{lim}<v_{real}<v_{target}$ 时，系统控制本车在一定识别距离内减速到限速值，不跟随前车进行加速。

4）当检测到本车 $v_{front}<v_{lim}<v_{real}$ 时，本车既可以按照目标前车进行减速控制，也可以按照限速值进行控制，输出的减速度值大小需确保在一定距离处自动减速到限速值处。

（3）通过限速牌后控制逻辑

以上本车进行自动限速后，当车辆行驶通过限速牌，同时识别到新的限速牌时需要重新进行速度控制，如新的限速牌限速值比当前值小，则根据（1）、（2）中的逻辑进行进一步限速；如新的限速牌限速值比当前值大，则需要根据当前更新后的本车实际车速、前车车速、本车目标巡航车速进行加速度重分配，确保限速和碰撞优先考虑的同时进行适当控制。

2．基于并道策略的提前并道

对于车辆行驶在高速路情况下来说，驾驶车辆需要考虑在不同场景下进行提前变道的问题。目前有两种可行方案：

1）当在一定距离前检测到前方有并道标志信息时，通过语音或仪表图像提前提示驾驶员对车辆进行变道控制，将车辆变道至目标车道（图8-50）。

2）当在一定距离前如果系统接收高精度地图相关车道级别信息，则可以直接控制车辆变道至目标车道，期间需要检测目标车道线是否为虚线、目标车道是否变道安全等（图8-51）。

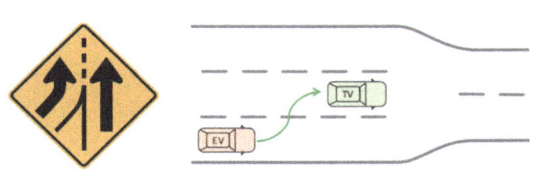

图 8-50　提示变道

图 8-51　系统接收信息并进行相关检测

3．基于红绿灯识别的提前制动

基于红绿灯标志识别的驾驶辅助系统，要求在系统基于识别到的红绿灯提前对车辆巡航及变道进行控制。主要有以下几种控制场景策略：

1）识别到绿灯。若本车处于跟随前车行驶状态，前车以较低速度行驶，本车在确保碰撞安全的前提下，继续跟随前车行驶，并同时实时监控车灯变化，一旦变成黄灯，则立即停止跟随策略，保持一定的减速至停车。若本车处于自车定速巡航模式，本车已达到定速值，则进行匀速控制，若本车未达到定速值，则根据定速值进行匀加速控制，期间需要实时监控信号灯变化，同时控制加速斜率。

2）识别到黄灯。若本车识别到黄灯，则不管本车是否处于跟车状态，均需要控制本车减速至停车，期间减速过程可进行舒适性减速，由发动机反拖转换为制动切入。

3）识别到红灯。若已经识别到红灯，则根据前车停止状态，确保避撞的前提下，控制本车急减速至停车，保持本车停车状态下与前车 1m 以上的距离。

抬头显示系统（微课）

8.10 抬头显示系统（HUD）原理与应用

抬头显示（Head Up Display，HUD）又被称作平行显示系统（图 8-52），它是利用光学反射原理，将汽车驾驶辅助信息、导航信息、检查控制信息以及其他信息以投影方式显示在前风窗玻璃距离约 2m 的前方、发动机舱前端上方，阅读起来非常舒适。它还可以显示来自各个驾驶辅助系统的警告信息，避免驾驶员在行车过程中频繁低头看仪表或车载屏幕，对行车安全起着很好的辅助作用，如图 8-53 所示。

图 8-52 抬头显示系统

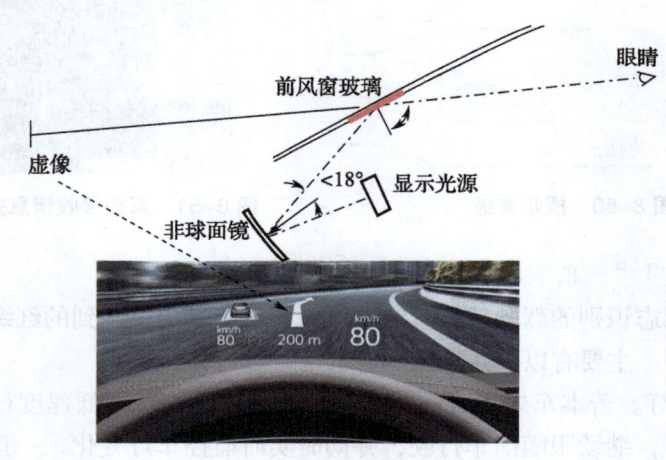

图 8-53 HUD 工作原理

带抬头显示系统的车辆安装的是特设的前风窗玻璃，其与传统前风窗玻璃的区别在于两侧扁平玻璃中间的 PVB（聚乙烯醇缩丁醛）膜的厚度不是恒定不变的，而是略微呈楔形，这样的结构使驾驶员不会看到重影。

抬头显示系统是普遍运用在航空器上的飞行辅助设备。"抬头"的意思是指飞行员不需要低头就能够获取所需要的重要信息。抬头显示最早出现在军用飞机上，以降低飞行员需要低头查看仪表的频率，避免注意力中断以及丧失对状态意识的掌握。因为 HUD 的方便性以及能够提高飞行安全，民航飞机也普遍跟进使用。随着抬头显示技术的逐渐成熟，成本控制压缩到了汽车行业可以接受的地步，已经逐渐装配到高档乘用车上。从数量上来看，搭载抬头显示功能的车型占比从 2014 年时不足 3%，上升到 2017 年的 14%。抬头显示提供的图像质量以及提示的信息内容也得到了极大的提升。如今绝大部分豪华车型上已经配置或可以选配 HUD 显示系统。以宝马为例，宝马的第一套抬头显示系统于 2004 年出现在宝马 5 系车型上，比其他汽车厂家的同等性能产品亮相要早。而新款宝马 7 系的抬头显示系统可提供多种有助于提高交通安全和驾驶舒适性的功能，如可显示定速巡航控制系统、导航系统、检查控制信息以及车速等方面的信息。

目前，国内企业也开始关注抬头显示技术并逐渐开展研究开发活动。如惠州华阳多媒体电子有限公司、华创车电技术中心股份有限公司、浙江吉利汽车研究院等企业和机构申请了抬头显示技术方面的专利。从这些专利中可以看出，国内对抬头显示技术研究越来越趋向于多元化的显示信息系统发展，能够将车速、发动机转速、倒车雷达、胎压、温度、车道偏离警示、车辆碰撞预警、盲区监测、燃油量、多媒体等信息都能在 HUD 上显示，为驾驶员提供舒适的驾驶体验。

8.10.1 抬头显示系统的组成

汽车抬头显示系统主要由图像源、光学系统、图像合成器三部分组成。

1．图像源

图像源一般采用液晶显示屏，实现 HUD 系统的各种功能，并输出视频信号。

2．光学系统

光学系统将视频信号投射出去，并且可以调节大小、位置等参数。

3．图像合成器

将前风窗玻璃作为图像合成器，把外部景物信息和内部投影信息合成到一起。投射的图像在前风窗玻璃上发生反射，以达到和前方路况信息叠加、融合的效果。

8.10.2 抬头显示系统工作原理

HUD 本质上是一个光学器件，其工作原理与投影仪基本相同，就是将需要显示的信息投影到驾驶员前方的透明介质上，如图 8-53 所示。

HUD 主要由图像生成单元（PGU）和光学显示系统两大部分构成，图像生成单元用以生成 HUD 输出图像，光学显示系统用于显示图像，如图 8-54 所示。目前主流的 HUD 系统主要有以下几种技术方案。

图 8-54　HUD 结构拆解

1．前风窗玻璃映像式抬头显示系统

从图像源发出光经过投影透镜折射和风窗玻璃反射，与外部的景物光一同进入人眼，人眼沿着光线的反向延长线观察到位于风窗玻璃左侧的虚像，从而保证驾驶员能够在观察前方路况信息的同时也能观察到仪表板上的信息。风窗玻璃一方面能透射外部景物光，另一方面又能反射图像源经过投影透镜的光。这种系统的优点是驾驶员在能够观察到投影像的同时还允许一定范围的头部移动；缺点是图像小，亮度低，视场角小，重量和体积都较大。

2．前置反射屏式抬头显示系统

该系统是在车内设置独立的半反射半透射的反射屏，图像源发射出的光线经过反射屏进入人眼，驾驶员沿着该反射光线的反向延长线方向能够观察到悬浮在前方的虚像。在这种结构中反射屏与风窗玻璃是相互独立的两个部分，并不需要对风窗玻璃做处理。此外，反射屏可以前后转动，投射角度比较灵活。但是反射屏的设置会使车内空间变小且结构复杂。

3．自由曲面抬头显示系统

汽车的风窗玻璃不是一个平面，而是带有一点弧度的曲面，因此可以用自由曲面来代替传统结构中风窗玻璃所在的面，包括两个自由曲面和一个折叠反射镜。

图像源发射出的光先经过折叠反射镜反射，再经过自由曲面像合成器反射进入人眼，其中，自由曲面像合成器是风窗玻璃所在的面。这种结构形式简单灵活，像差平衡能力强，成像质量较好，但制造成本较高。

4．菲涅耳透镜抬头显示系统

在抬头显示系统中，为了获得较大的观察图像范围，通常需要较大口径的光学透镜。光学透镜的口径越大，透镜的体积越大，重量越大，透镜越不易加工，且成本越高。为了在保证透镜口径的前提下减少透镜厚度，可以使用菲涅耳透镜。

菲涅耳透镜平视系统通过两片菲涅耳透镜的放大，最后经过风窗玻璃的反射进入人眼。该结构形式简单，透镜体积小，重量轻。

5．与仪表板相结合的抬头显示系统

与仪表板相结合的抬头显示系统包括一个图像源、一个分光镜、多个平面反射镜和一组光学系统。

图像源发出的光经过分光镜分成透射部分和反射部分,透射部分的光经过平面反射镜反射,将透射图像反射到仪表板上作为显示信息;反射部分的光经过光学系统折射和风窗玻璃反射进入人眼。仪表板系统和抬头显示系统采用同一个图像源,可以保证二者显示信息的实时性,充分利用仪表板前面可用空间,减小系统的体积。

8.10.3 抬头显示系统的应用

本书介绍的抬头显示系统实例是奔驰公司的抬头显示系统。奔驰公司从 2014 年开始引入平视系统并在其高端车型中应用,该系统可提供车辆速度和速度限制的数据,并从驾驶辅助系统发出导航指令和警告,补充了仪表板上的信息。以奔驰 S 级车型上的平视系统为例,在按下抬头显示系统的功能按键后,与驾驶相关的重要信息被投影到风窗玻璃上,驾驶员视线无须离开前方道路,即可查看与驾驶相关的重要信息,从而有效地避免分散对前方道路的注意力,保障了行驶安全,如图 8-55 所示。

图 8-55 奔驰抬头显示系统

该抬头显示系统可以提供导航信息、当前车速、探测到的指示和交通标志,以及在驾驶员辅助系统中设定车速(如定速巡航控制)。此外,当驾驶员接听电话时,来电信息也会出现在抬头显示系统上,在音频模式下,当音频源正在播放时,会暂时显示电台名称或曲目。

抬头显示系统常与智能驾驶辅助系统配合使用,在使用车道保持、智能限距、智能巡航等功能时,能够很好地把这些功能在风窗玻璃上投影显示出来,给驾驶车辆带来极大的方便,提高了行车安全系数。

HUD 投影技术由图像生成器形成图像,通过一系列光学手段将图像放大、拉远后呈现在驾驶员前方。目前 HUD 使用的投影技术主要有 TFT-LCD 投影、DLP 投影、MEMS 激光扫描投影和 LCOS 投影四种。

1. TFT-LCD 投影技术

TFT-LCD 投影技术(图 8-56)以 TFT 作为 HUD 的投影单元,投影原理是 LED 背光源发光,随后以电场控制液晶分支的旋转方向,从而改变光的行进方向和呈现颜色来成像。TFT-LCD 由于技术基本成熟、成本较低,成为当前最主流的 HUD 投影技术方案,广泛应用于 W-HUD 产品中。然而 TFT-LCD 存在投影距离较近、耐高温性能较差等问题,在 AR-HUD 产品上的应用需要攻克以上难题。

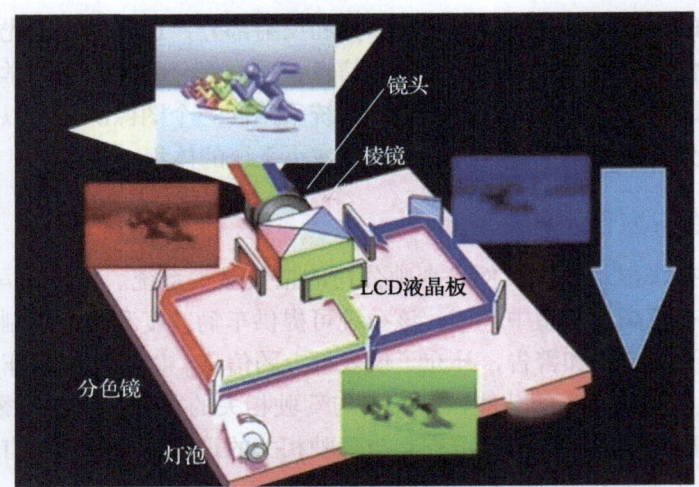

图 8-56　TFT-LCD 投影技术

2．DLP 投影技术

数字光处理技术（Digital Light Processing，DLP）是美国德州仪器（TI）的专利技术（图 8-57）。在 DLP 投影技术中，图像是由数字微镜器件（Digital Micro-mirror Device，DMD）产生的。DMD 集成 50 万～130 万个微型镜片，每个镜片代表 1 个像素，通过控制镜片的转动来反射需要的光，同时通过吸收器来吸收不需要的光，实现对图像的投影。

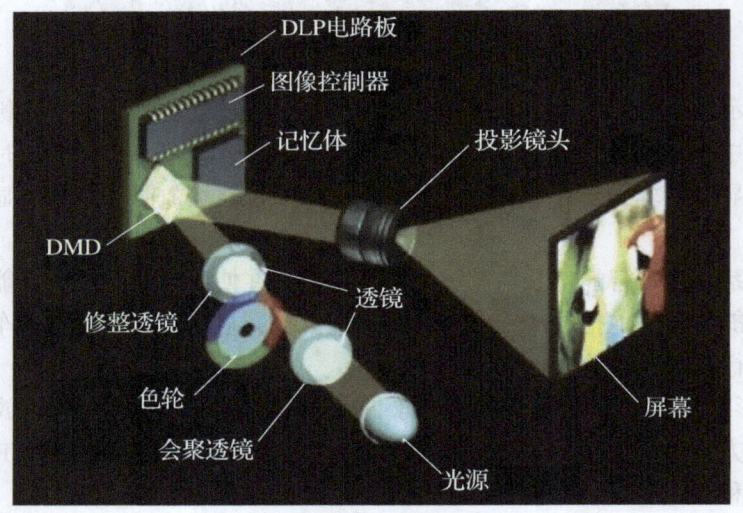

图 8-57　DLP 投影技术

DLP 具有高亮度、高对比度和高分辨率等优点；工作温度区间 -40~105℃，满足车规级要求；能够实现 5m 以上的成像距离，满足 AR-HUD 的宽视角工作场景，因此成为当前 AR-HUD 的最优解决方案。但由于 DLP 投射的是整个屏幕，为改善显示效果需要针对不同的风窗玻璃定制高精度的反射非球面镜，导致整体成本较高。DLP 是目前最受认可的 AR-HUD 技术路径。

3．MEMS 激光扫描投影

MEMS 激光扫描投影（图 8-58）是将激光模组与微机电系统（Micro-Electro-Mechanical Systems，MEMS）结合的投影显示技术方案。MEMS 投影技术属于扫描式投影显示，在 MEMS 扫描振镜扫过显示区域时 RGB 彩色激光二极管将同步施以脉冲，将图像直接投射于风窗玻璃上。MEMS 投影技术采用聚焦的激光束投射图像，不需要重新对焦，因此能大幅度简化光学系统的尺寸和复杂度、降低整体成本，同时实现较高的对比度和亮度。

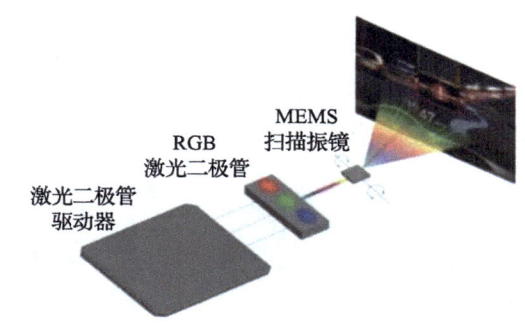

图 8-58　MEMS 激光扫描投影

但 MEMS 投影目前仍然存在两个问题：分辨率不高导致图像较为模糊，并且改善分辨率成本较高；激光二极管耐高温性较差，目前难以实现车规级应用。

4．LCOS 投影

硅基液晶（Liquid Crystal On Silicon，LCOS）投影技术（图 8-59）是一种基于反射式的微型矩阵液晶显示技术。硅基液晶可视为 LCD 的一种，传统的 LCD 是做在玻璃基板上，LCOS 则是做在硅晶圆上。LCOS 结构中液晶分子填充于上层玻璃基板和下层金属反光层之间，金属反光层和顶层 ITO 公共电极之间的电压共同决定液晶分子的光通性能并展现出不同的像素灰阶，而显示驱动电路直接在硅基板上完成制备。同时，为了避免入射光对硅基板内部晶体管照射形成光生载流子，影响驱动电路性能，通常在电路走线层和金属

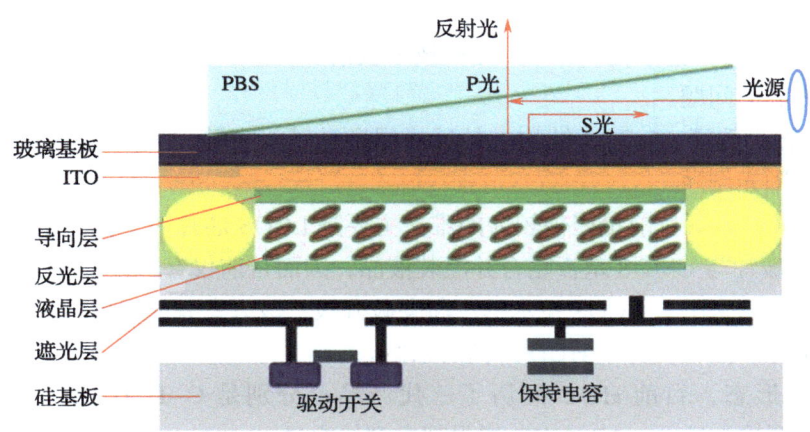

图 8-59　LCOS 投影技术

反光层之间添加一层金属遮光层，实现对入射光的屏蔽目的，导向层可以确定液晶分子的有序排列。LCOS 的显示原理是通过施加在液晶层像素两端电压大小来影响液晶分子的光通性能，进而决定该像素的显示灰阶。具体而言，当液晶层像素的外加电压为零时，入射光经过液晶层后将不发生偏振并经过 PBS 棱镜沿原光路反射回来。此时光线不进入投影光路，即此时不进行成像。相反，当液晶像素存在外加电压时，入射光经过液晶层后将发生偏振，并经过 PBS 棱镜发射至投影光路并在屏幕上显示成像。

此外，为优化成像效果，目前，市场上主流 LCOS 成像方案均采用三片式 LCOS 光机，即由激光光源发出白色光线，通过分光系统分成红、绿、蓝三原色的光线，而每一个原色光线照射到对应的反射式 LCOS 芯片上，系统通过控制 LCOS 面板上液晶分子的状态来改变该块芯片每个像素点反射光线的强弱，最后反射的光线通过必要的光学折射汇聚成一束光线，经过投影机镜头照射到成像面上，形成彩色的图像，如图 8-60 所示。

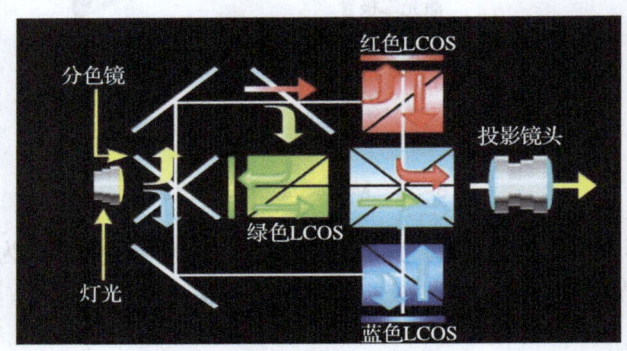

图 8-60　LCOS 成像方案

LCOS 技术方案成像效果可观、并且可摆脱 DLP 技术受限于 TI 专利的问题，但短期内量产难度较大。LCOS 的优势具体包括以下几点：

1）光利用效率高、像素更为平滑、画面更为自然。由于 LCOS 的晶体管及驱动线路都制作于硅基板内，位于反射面之下，不占表面面积，所以仅有像素间隙占用开口面积，因此在 LCOS 方案下画面中的像素栅格结构几乎不可见，光利用率达到 40% 以上。相对于 DLP 方案，LCOS 成像像素边缘将更加平滑，画面更为自然。

2）核心技术可自主掌控。LCOS 光机技术被诸多厂家所掌握，避免了 DLP 技术是德州仪器独家专利的问题。

3）避免阳光倒灌。LCOS 结构中的反光层和硅基板电路之间具有一层金属遮光层，可以有效防止阳光倒灌。

不过，LCOS 方案目前量产仍较为困难，主要是 LCOS 芯片对封测技术要求较高，工艺上需将 ITO 玻片与 CMOS 基板贴合并灌装液晶，因而目前仅有部分工程试验 HUD 产品采用这一技术。未来随着 LCOS 技术的不断突破升级，该方案有望凭借其优秀的性能以及技术可自主掌控的独特优势被 HUD 厂商所采纳。

按照产品形态，目前 HUD 经历了三代产品，分别是 C-HUD 组合型抬头显示、W-HUD 风窗型抬头显示、AR-HUD 增强现实型抬头显示。

第一代是 C-HUD（Combination Head Up Display）组合型抬头显示，投影成像载体

为驾驶员前方的一块 6~8in 的透明树脂玻璃，投影成像距离小于 2m。成像信息包括车速、导航、油耗、温度等，多为数字信息，显示形式较为集中且单一。主要缺点为：车内零部件数目增加，在发生事故时容易对驾驶员造成二次伤害；投影距离较近，驾驶员在行车过程中视线远近切换容易导致晶状体调焦疲惫，影响驾驶状态。但它的总体成本较低。

第二代为 W-HUD（Windshield Head Up Display）风窗型抬头显示，投影成像载体变更为汽车前风窗玻璃，为目前主流使用的 HUD 形式。W-HUD 量产较晚，核心因素在于曲面风窗玻璃成像会出现重影，致使生产专用成像风窗玻璃制造成本较高。相比于 C-HUD，W-HUD 尺寸在 7~12in，显示范围变大，投影距离增加至 2~6m，显示内容增加中控娱乐信息、来电显示、周围路况、天气、行车告警等信息。但它仍然存在成像距离较近，驾驶员实现远近调焦影响状态等问题。

第三代为 AR-HUD（Augmented Reality Head Up Display）增强现实型抬头显示。AR-HUD 在 W-HUD 基础上有以下变化：成像距离（VID）、成像广角（FOV）、显示信息增加。但 AR-HUD 也存在较多困难，如阳光倒灌、体积较大。

《 本章小结 》

本章主要讲解了智能网联汽车先进驾驶辅助系统的定义与类型，以及前方碰撞预警系统、车道偏离预警系统、车辆盲区监测系统、驾驶员疲劳预警系统、车道保持辅助系统、自适应巡航系统、自动泊车辅助系统、自适应前照明系统、交通标志识别系统、抬头显示系统的定义、组成、工作原理及应用等。通过学习，学生可以较全面地掌握智能网联汽车先进驾驶辅助系统的基本知识。

《 课后习题 》

一、名词解释

1. 先进驾驶辅助系统

2. 前方碰撞预警系统

3. 车道保持辅助系统

4. 驾驶员疲劳预警系统

5. 自适应巡航系统

二、填空题

1. 《中华人民共和国道路交通安全法》规定：机动车在高速公路上行驶，车速超过100km/h时，安全车距为_____以上；车速低于100km/h时，最小安全车距不得少于_____。
2. 目前经典的安全距离模型主要有_____、_____以及_____，均为基于距离的FCW算法。
3. 汽车AFS照明模式主要有_____、_____、_____、_____、_____和_____等。
4. 汽车视野盲区主要有_____、_____（包括A柱盲区、B柱盲区和C柱盲区）、_____和_____，其中，最容易引发交通事故的是_____和_____。
5. 汽车ACC系统工作模式主要有_____、_____、_____、_____、_____和_____等。

三、选择题

1. 网联式先进驾驶辅助系统使用的传感器是（   ）。
   A. 毫米波雷达　　　　　　　　　B. 视觉传感器
   C. 激光雷达　　　　　　　　　　D. V2V
2. 不属于L2级智能网联汽车ADAS的是（   ）。
   A. 拥堵辅助驾驶系统　　　　　　B. 换道辅助系统
   C. 全自动泊车系统　　　　　　　D. 车道保持辅助系统
3. L2级智能网联汽车可以不配备的传感器是（   ）。
   A. 超声波传感器　　　　　　　　B. 毫米波雷达
   C. 激光雷达　　　　　　　　　　D. 视觉传感器

4. 不属于智能网联汽车自适应巡航系统的传感器是（　　）。
   A. 测距传感器　　　　　　　　B. 转速传感器
   C. 节气门传感器　　　　　　　D. 陀螺仪
5. 车道保持辅助系统的执行单元不包括（　　）。
   A. 报警模块　　　　　　　　　B. 转向盘操纵模块
   C. 发动机控制模块　　　　　　D. 制动器操纵模块

四、问答题

1. 前方碰撞预警系统的工作原理是怎样的？

2. 车道保持辅助系统的工作原理是怎样的？

3. 自动泊车辅助系统的工作原理是怎样的？

4. 驾驶员疲劳检测的方法主要有哪些？

5. 汽车抬头显示系统有哪几种类型？

参考文献

[1] 陈慧岩，熊光明，龚建伟，等. 无人驾驶汽车概论 [M]. 北京：北京理工大学出版社，2014.
[2] 庞宏磊. 智能网联汽车概论 [M]. 北京：机械工业出版社，2022.
[3] 崔胜民. 智能网联汽车先进驾驶辅助系统关键技术 [M]. 北京：化学工业出版社，2019.
[4] 吴荣辉，吴论生. 智能网联汽车概论 [M]. 北京：机械工业出版社，2022.